増補 部落史紀行

黒田伊彦【著】

柘植書房新社

増補版刊行にあたって

今年二〇二二年は、全国水平社創立一〇〇年の節目の年であります。だが同時に新型コロナ感染症のパンデミック（世界的大流行）に喘ぐ中、ロシアの隣国ウクライナへの侵攻により無辜の民が虐殺され、兵士たちは殺し、殺されることが強制されている悲憤の状況下で、部落解放同盟の全国水平社一〇〇年記念集会が開かれました。そして「人の世に熱あれ、人間に光あれ」の水平社宣言の今日的意義を確認しました。

「殺され、生存権が否定される命など存在しない。」「戦争は最大の人権侵害」なのです。

水平社宣言は「人間は尊敬すべき存在」とのべています。この言葉はロシアの作家ゴーリキー（1968—1936）が、一九〇二年に発表した戯曲「どん底」の浮浪者サーチンのセリフに由来しています。「にんげん、素晴らしいもんだ。豪勢な響きがするじゃないか。にいーんげん、人間は尊敬すべきものなんだ。憐れじゃいけねえ。同情なんかで侮辱するのじゃねえ」とのべています。社会の底辺に押し込められた者の言葉です。

水平社宣言に「人間を勦《いたは》るかの如き運動は、かえって多くの兄弟を堕落させた事を想へば、此際吾等の中より人間を尊敬する事によって自らを解放せんとする者の集団運動を起せるは、寧《むし》ろ必然である。」とあります。

英語で「わかる。理解する」という単語に understand というのがあります。金八先生流にいえば「社会の底辺に押し込められた人々」、差別され虐《しいた》げられてきた人々の苦しみ、痛み、憤り、怒りの立場に立って、はじめて事の本質が理解できるということです。

米軍支配下の沖縄、フクシマ原発事故で棄民された人々。みずからの生存権を守る為、闘わざるを得ない在日韓国・朝鮮人やアイヌの人々。障がい者や被差別部落の人々、等々の「心の声」を聞き、怒り、憤りに共振する心を持ってこそ国家権力とそれを支えるマジョリティの同調圧力。そして闘いの方向が「わかる」ということでもあります。

「己れに厳しく、他人《ひと》に優しくあれ」とはこの事でしょう。優しいことは、憂い—苦しみ、痛み、悩み—に寄りそう人と書きます。

E・H・カーの「歴史とは過去と現在の絶えざる対話」は「未来」の為にあります。人の世が熱に満ち、人々が光り輝く未来を創り出す主体形成の一助に本書がなることを願っています。二月に息子顕彦を、六月に弟征彦を亡くした失意の中で、未来に希望を託してこの序を草します。

二〇二二年一〇月一日

増補した事項

I部　部落史の風景

十二　二〇二一年度大阪府の中学生チャレンジテストの「一休のとんち話」出題の部落差別性を糺す

Ⅱ部　部落差別と天皇制

五　全国水平社一〇〇年~部落解放と天皇制との闘い

Ⅲ部　部落史こぼれ話

はじめに

『部落史紀行』は大阪府立高等学校同和教育研究会の機関誌「同和教育」や実践報告集「同和教育実践の広まりと深まりを」に記載してきた現地研修フィールドワークの報告を中心に編集したものです。

府高同研三〇年誌の編集・刊行を終え、一九九七年三月に一六年間任にあった府高同研理事を退任致しました。同年八月一日に有志相集い「囲む会」として過分にも労をねぎらって頂く集いを催していただいた時に、二、三の拙文を加え、私家版「部落史紀行」として、お礼として配布させて頂きました。

その後知人、教え子等から頒布の要請が多くあり、そのたびごとに増刷してきたのですが、先輩の薦めもあり、一書として刊行した次第です。

司馬遼太郎に『街道をゆく』という紀行文の名著があります。そこでは、歴史の中で重層的に育まれてきた「風土」とそれに培われてきた人間が、どのように時代や歴史に性格づけを与えてきたのかを跡づけしようとしています。

私は「部落」(被差別部落)に視点をおいて、歴史や時代がどのように「部落」の風土と精神を形成してきたのか、その基層をなしている核は何であるのかを探っていきたいと考えています。

したがってこの書の問題意識は、

一、権力支配、天皇制の支配と部落差別の関係を部落の側からの視点で明らかにしたい。

二、部落悲惨史論を克服して、部落へのマイナスイメージをプラスに変えていく事実を提起すること。

三、部落差別の重みと差別への闘いが、被差別民衆の「地域に生きる意識」「地域を創る人々の親和力」としてどう働いているのかを探る。

四、一九七〇年代にフランスで起こった「アナール派」の民衆の生活次元、生活感情から歴史事実の性格を明らかにしようとする視点で、「地域」と地域で形成されてきた「コモンセンス（共通感情）」から歴史の逆照射を試みる。

等であります。それはまた「教育実践と結びついた研究活動を活性化したい」との願いでもあります。

今でも府高同研の事務室には、鈴木祥蔵関西大学名誉教授の色紙が掲げられています。

そこには「学ぶとは誠実を胸に刻むこと。教えるとは共に希望を語ること。研究とは事実に即して自己変革することである」と記されています。

フランスの抵抗詩人ルイ・アラゴンの詩句をひいたこの文言は、常に私たちの教育実践に自己省察を迫る観点でありました。

『部落史紀行』はこの観点を共有し「誠実」と「希望」と「自己変革」を求めて、いそしんできた多くの仲間の営為の報告書であり、元気を与えて頂いた「地域」の人々へのお礼状でもあると考えています。有り難うございました。

一九九八年一〇月一日

母の病床の傍らにて　　黒田伊彦

増補　部落史紀行◆目次

Ⅱ部　部落差別と天皇制

III部　部落史こぼれ話

Ⅰ部　部落史の風景

一　山椒太夫伝説と部落問題

説経節と「さんせう太夫」

「さんせう太夫」は仏の功徳を説く説経節として石童丸の「苅萱」や「信田妻」等と共に、中世から散所の民の唱聞師の唱導文学として語りつがれ、江戸時代には「くぐつ」「操り人形」ら人形浄瑠璃や寺社での三味線を伴奏とする祭文語りとして広まり、被差別部落の担う大衆芸能の一つでもあった。それ故虐げられた民衆の解放への願いが込められている。

柳田國男は「山荘太夫考」（一九一五年）で、山荘太夫は長者伝説の一つで「最初あの話を語ってあるいた伎芸員が、或算所の太夫であったが、いつの世にか曲の主人公の名と誤解されたのである」とのべている。この説は説経節が散所の民の所業であった一面を物語っている。

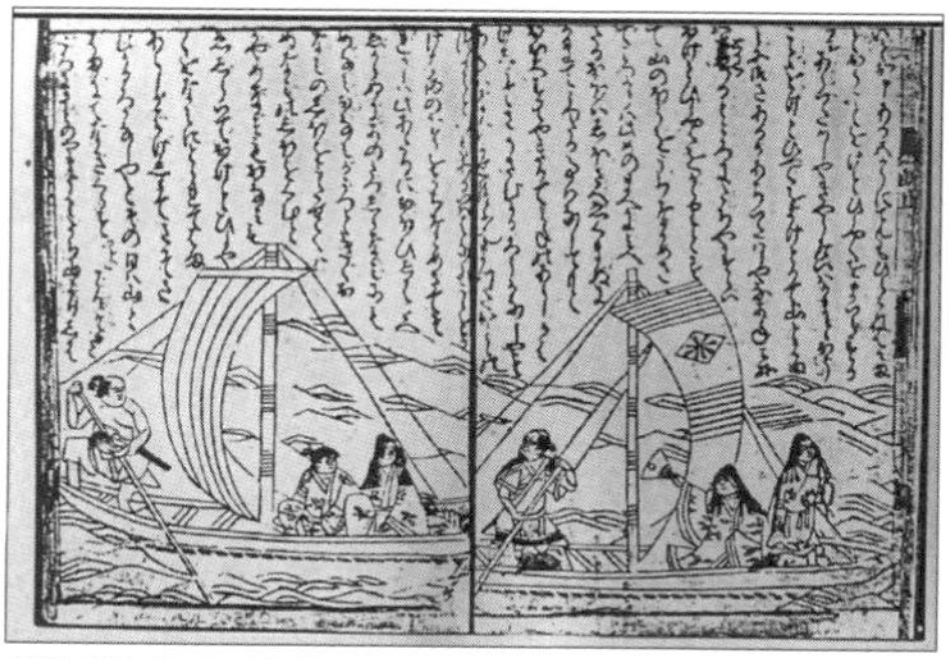

説経節与七郎本

部落の起源としての散所と散所太夫論

林屋辰三郎は「山椒太夫の原像」で「この由良長者といわれる『さんせう太夫』自身が散所太夫として散所の長者ではなかったかと思う」とのべている。

散所は荘園の一部や社寺の境内において、地子物（年貢）を免除されている地域をいうのであり、荘園の年貢運搬や手工業に従事する労動力の供給地で、散所の多くは水陸交通上の要衝に設置されたとものべている。散所を人頭的に支配する宰領が散所太夫である。散所の民は卑賤視され、被差別部落の起源をなすものとも主張されている。

最近の散所論争では「散所の中心は声聞師といわれる雑芸能者に乞食、癩病者などを含む集団を京都では散所または散所非人といい」（『部落史用語辞典』柏書房　一三六頁　脇田晴子）室町時代以降賤視されたとされていて、「さんしょう太夫」の村上天皇の天歴年間（九一六～九六八）は散所は差別されていないともいわれている。

丹後由良の三庄太夫伝説と伝承地

説経節では奥州五四郡の掾であった岩城判官正氏は「ざん言」により筑紫へながされたが、無実を天皇に直訴するため安寿と津志王と母と乳母の四人が京都へ旅立つ途中、直井の浦（直江津）で山岡太夫により母は佐渡に売られ、乳母は海に入水自殺し（直江津で嫗獄明神《うばたけみょうじん》として祭られている）安寿と津志王は由良のさんせう太夫に売られた。由良の到着地が北野御前宮とされ安寿の

「こっぽり」が祭られている。石浦に由良、岡田、河守の三つの庄の代官となったという、三庄太夫の屋敷跡地として七世紀ごろの古墳の石室が露出している。由良川には馬場や亭(あずまや)があったとされる中州が分断されて残存している。安寿に汐汲みを課した伝承地として汐汲み浜の碑が建てられているが、江戸時代塩田が営まれていた遺跡として由良神社内の郷土資料館に、発掘された塩の結晶のこびりついた塩桶が保存されている。津志王は柴苅りを命ぜられるが、なれぬため里人が同情し三荷の内二荷を苅ってやったという柴勧進の碑(一七七六年建立)が旧北国街道の七曲八峠に建てられている。

さんせう太夫の三男三郎はいつもゆううつな顔をしているのが気に入らぬと安寿と津志王の額

三庄大夫の碑

古墳の石室

汐汲み浜の碑

に焼金をあて虐待するが、母から託された地蔵像により傷が消えたとされる「身代り地蔵」が由良神社裏の如意寺にある。もと舞鶴市鹿原の慈恩寺金剛院にあったものを明治初期に祭ったといわれ、右肩に焼けた痕がある。年一回地蔵盆（八月二三日）にのみ公開される秘仏とされていて、常時は写真をかかげている。

安寿と津志王が共に山へ柴苅りに出された時、津志王を逃がすが、その為に安寿は水ぜめ湯責め、はしごにくくりつけられ、火責めにされ虐殺された。津志王は国分寺にのがれたとされている。その国分寺跡が和江の毘沙門堂とされているが、「説経正本」では対岸の中山の国分寺とされている。

柴勧進の碑

身代り地蔵

安寿姫塚

森鷗外の文学碑

由良に伝わる米屋甚平本の「山庄略由来」では安寿は佐渡の母をさがすため国分寺を出たが、途中「かつえ坂」で倒れ死んだとあり、その跡地に小さな地蔵が祭られている。里人は下東の山奥に塚をつくってとむらった。それが安寿姫塚で宝筒印塔がある。この印塔は一五五七（天正七）年細川藤孝と戦い敗れ、この地で自刃した丹後守護一色義道のものだとも伝えられている。

森鷗外は「山椒太夫」の中で安寿は佐織池に身を投じて死んだことにしている。

説経節では更に国分寺の聖により「皮かご」に入れられ京都朱雀権現堂へ津志王は運ばれ、腰がたたなくなったので、乞食人たちにより土車にのせられ四天王寺へ連れてこられ、石の鳥居にふれると歩けるようになった．四天王寺で奉公していると梅津院（藤原基実は梅津殿といった）が養子選びに来て、末席の津志王を選び、素性をただしたところ、事実が明らかとなり、奥州の所領は回復し丹後の国守となった。そして「さんせう太夫」の首を「のこぎり」で三郎に引かせて打首とし、三郎は街道わきに首まで埋め、旅人に「七日七夜」のこぎりで引かせた。由良では七曲八峠の柴勧進の碑の横に首挽松と供養塔があるが、「さんせう太夫」の首を竹鋸で引いて処刑した跡と伝えられている。

森鷗外の「山椒太夫」と「山庄略由来」

一九一五（大正四）年、森鷗外は「中央公論」に「山椒太夫」を発表した。由良では一九七九（昭和五四）年一一月に高さ五・五メートルの文学碑を建てた。鷗外は山椒太夫の結末を、「厨子王は丹後の国守となり、丹後一国で人の売買を禁じた。そこで山椒太夫も悉く奴婢を解放して給料を支払うことにした。太夫が家では一時それを大きい損失のように思ったが、此時から農作も工匠の業も前にも増して盛んになって、一族はいよいよ富み栄えた」としている。「歴史離れした小説を書く」意図の現れかも知れないが、説経節の報復としての処刑の方が賤民の自力解放の思想がこめられている。

のこぎりで引く図

由良の「山庄略由来」は金山を開発し、地頭大江時康の和江国分寺普請の下命を利用して「金銀を思ひのままに取りあつめ、自らのたくわへとなし、七珍万宝蔵に満、大福円満の長者とはなりぬ」と語り出しにあるが、結末はやはり「山庄太夫はけんそくのこらず御仕置あり」として首挽松の紹介をしている。

地域開発の長者として描くのは共通しているが、この結末のちがいは、説経節に託した差別された民衆の想い—寺をアジールとして描き、四天王寺での奇跡のように、死を生に転換する力を宗教に求める想い—復讐の解放感への共感を持ちうるかどうかにかかっているといえる。

二　最後の一向一揆を歩く

貝塚・近木《こぎ》川の対決

一五八〇年、正親町天皇に織田信長と本願寺顕如が起請文を出して、石山本願寺の一向一揆は勅命講和でもって終結させられたのだが、勅命講和に反対した顕如の子、教如は和歌山の鷺の森別院に入り、雑賀衆や門徒衆に檄をとばして徹底抗戦を呼びかけた。

根来寺は泉州での徴税権(加地子＝かじし)の防衛のため、太田党等と結託して、秀吉の支配に対抗していた。

一五八五年三月、秀吉の一六万人の軍勢と雑賀、根来の一万五、〇〇〇人の一揆勢とが近木川を境に攻防戦を展開した。今の千石荘病院内の千石堀城へは、根来衆を中心に一、六〇〇人、キリスト教宣教師によれば老人、子ども五〜六、〇〇〇人が篭城したといわれている。三月二一日、豊臣秀次、筒井順慶の諸軍は火矢を射かけ、火薬庫が爆発し、一揆勢は全滅したという。今、谷をへだてて砦跡が残されている。

千石堀城跡

熊野街道に接する積善寺城の根来衆九、五〇〇人は蒲生氏郷らの軍勢に包囲された。その跡地は近木川に面し、鬱蒼として樹木と夏草に覆われている。

浜側の紀州街道をはさんだ、沢城は、雑賀衆や淡輪《たんのわ》衆らの海の民ら六、〇〇〇人がこもり、高山右近らの軍勢と対峙した。沢城の東端は今の宝蔵寺付近と考えられる。

秀吉は積善寺城、沢城への和平工作を行わせ、積善寺城は三月二二日、沢城は三月二三日に開城した。

「百姓の持ちたる城」といわれた畠中城は三月二一日、自ら火を放ち、一揆勢は離散した。中心の土豪、神前是正の屋敷跡は、大きな土塀に囲まれ、屋敷林を擁して、昔日の面影をしのばせている。

近木川の対決で一揆勢を打ち破った軍勢は秀吉にひきいられて、根来寺に殺到した。

根来寺の多宝塔

根来共和国とその崩壊

根来寺は一一三四年、高野山の覚鑁《かくばん》上人が開いた新義真言宗の総本山で、室町時代は山内子院（寺院）数二、七〇〇、領地七二万石の大勢力で、南北朝時代より自衛のための僧兵を擁していた。

紀州・和泉の土豪らが一族の子弟を根来寺に入れ子院を建て、その氏人を寺僧とした。泉南の中家は成真院、紀州雑賀の土橋家は泉識坊を持っていた。氏人は荘園領主とは別に荘園の荘官として年貢を取る権利である加地子名主権を握り、年貢の請負、高利貸しを行っ

紀州名所図絵

て富裕となった。子院は彼等の財産の保管庫としての意味があったといえる。僧兵は行人と呼ばれ、この加地子名主権を守るために武装闘争をしていた。

秀吉は太閤検地を行って年間収穫高と年貢負担者を決め、直接農民から税を取り立てる政策で荘園制を解体していった。

秀吉は根来寺に「領地をすべて差し出せば、あらためて二万石を与える」との最後通牒を出した。根来寺はこれを拒絶し、一向宗門徒と結んで決戦を行ったのである。

種子島に伝来した二丁の鉄砲のうち一丁が、津田監物によって根来寺「杉の坊」に伝えられ、堺の芝清右衛門という鍛冶師に造らせた鉄砲で武装した僧兵軍団を形成していた。

だが、僧兵のほとんどは貝塚・近木川の戦いで玉砕し、三月二三日の秀吉の根来攻めの時、留守部隊は戦わずして敗走した。全山三千坊といわれた根来寺は兵火にかかり、大塔（多宝塔）、大伝法院、経蔵の一部を残して全滅した。大塔には今も弾痕が残されている。

一九八〇年からの発掘調査によって地下五〇センチメートルから焼けただれた石垣が現れ、火勢のものすごさを示している。玉石を敷いた庭園跡や井戸も発見された。

宣教師フロイスが「根来寺共和国」と呼んだ根来寺はついえ去った。紀州名所図絵には炎上する火勢の中で逃げまどう僧や僧兵の姿が描かれている。

太田城の水攻め

秀吉は翌三月二四日、六万の軍勢で和歌山太田城を包囲した。太田城は一五七六（天正四）年、太田源太夫が築いた小さな平城で、太田左近に率いられた太田党侍一、〇〇〇人と家族四、〇〇〇人が立てこもった。秀吉は三月二八日から周囲六キロメートル、高さ二間から三間半（四〜六メートル）の堤防を四六万九、二〇〇人の人夫を動員して築かせた。土のう運搬には降伏した毛利水軍が使われた。その堤防の一部が残されており、上部は畑作に利用されている。

紀ノ川の水を宮、小倉の二ヵ所から引き入れ太田城を水攻めした。約一ヵ月間交戦した後、指導者五三人の磔を条件に、四月二三日開城した。「太田惣光寺中古縁起」には炎上する根来寺とともに、水中に孤立する太田城が描かれている。

太田城跡の碑は来迎寺に建てられている。

太田城水攻め堤防跡

中古縁起の水攻の図

太田左近ら五三人の指導者は磔の後、大阪阿倍野でさらし首とされた。秀吉は「雑賀一揆奴原」と卑賤視観を露骨に示し、もう一度五三人の死体を斬らせている。太田左近らの首を葬った「小山塚」が太田城本丸跡の来迎寺裏に建てられている。

雑賀孫市の最期

雑賀鉄砲衆の指導者、鈴木孫市の墓が平井の蓮乗寺に残されている。天保三年に造られ

日としている。

孫市の墓

た主石には「平井孫市郎義兼の墓」とし、没年を天正一七年五月二日としている。

司馬遼太郎の『尻啖え孫市』には「単騎風吹峠を越えて粉河寺に入った。……孫市は死んだ。

……孫市四〇……天正一三年四月半ば紀州風吹峠を越えてゆく孫市をみたのがひとびとにとって最後となった」とある。孫市の墓といわれるのは五カ所あり、孫市複数説を裏づけている。

一向一揆と樫井部落の起源説

泉南、紀州の雑賀一向門徒の弾圧の後、一五八八年に刀狩で兵農分離を行った秀吉は、一五九四(文禄三)年泉州、紀州の検地を行った。樫井の検地帳一一枚の断片に「すなこ五郎二郎・スナコ与太郎」等「すなこ」の肩書き六人、「かこ四郎右衛門・かこ助右衛門」ら「かこ」の肩書き四人、その他「たんのわ衆左近兵へ」等の肩書きがあり、海に関係した名称で、雑賀の水軍との関係が考えられる。

また「養秀・道心・山の道仙・来迎院・安楽院」など七名の僧名が記されている事実は、根来、雑賀一揆の残党とも考えられる。

これらの人々が樫井川のそばの「川原田」の湿地帯に居住させられ、樫井部落の起源になったとも考えられている。

三　大和川付け替え工事と矢田の部落の起こり

部落の起源―近世封建社会と部落の形成

高校日本史教科書『詳説日本史　改訂版』（山川出版社）は江戸時代の賤民制度について次のように記述しています。（一七〇頁）

> 封建的な秩序
>
> 　幕府や藩は、支配を維持し強固にするために、社会秩序を固定しておく必要があった。そのために士農工商という身分制度を定め、それぞれの職業をかえにくいようにした。さらに農工商の下にえた・非人などとよばれる賤民身分をおいた。
>
> ……（中略）……
>
> えたとされた人々のうち、一部の人は農業にたずさわったが、多くは牛馬の屍体処理や、皮革製造・わら細工などの零細な手工業、行刑の雑役などの生活をしいられた。非人は種々の遊芸や雑業に従事した。ともに居住地を制限され、服装なども差別をうけた。幕府や藩が、彼らにさまざまの制約を加えたのは、農民や町民の武士に対する不満をそらすためであったと考えられている。

「えた、非人」等の賤民制度を作った目的を①「農民や町民の武士に対する不満をそらすため」劣悪な条件を強制したとのべていますが、②町民や農民が団結しないように対立、分裂させるために作られたという目的は記述されていない問題点があります。「えた」と「非人」の別は記述されています。「えた」身分の死牛馬処理と行刑の役負担にふれているのは評価できますが、それ故の「穢れ」観念にふれないので、なぜ差別されたのかわからず説得性のない記述になっています。

葬式から帰ると塩で清める風習が今もあるように、死牛馬の処理、死刑執行という死穢に関する役負担を課せられたが為に、死の穢れにふれている（触穢）は悪や凶事の原因となると考えられ忌避されたわけです。この観念が今も残されていて、部落への差別観念の根拠を成しているのです。

えた身分はいつ頃成立したのかを考えるとき一六世紀末に渡日した宣教師らの記録が参考になります。

一五六九年六月一日付「耶蘇会士日本通信」（下）にルイス・フロイスは「マラバルのボレミヤの如き日本で最も賤しい民族なる穢多に引渡さしめたり、彼らは死したる獣類の皮をはぎ、また死囚の首を切ることを職とせり」と書いています。この事実からも一六世紀末には成立していた。即ち近世封建社会の形成過程で成立したと考えられるわけです。

「かわた」百姓から「えた」百姓へ

どのようにして、部落が作られたか、一六〇〇年に関ヶ原の戦いを境にして、それまで豊臣秀吉が天下を統一しようとしていた安土桃山時代に、「かわた」という珍しい名前の百姓が、江戸時代になると、「穢多」という名前に変えられているんです。例えば、一五九四年の「文禄検地帳」、これは、秀吉が全国の土地の広さを測ります。土地が誰の持ち物か、どれだけの広さか、ということを測っていくときに持ち主を決めなければなりません。その持ち主を決めるときに誰の誰兵衛の持ち主だ、と書くときに、今まで歴史上出てこなかった、「かわた」という名前が初めてその土地の広さを測った帳面に出てくるのです。

矢田の場合も同じです。例えば更池、松原では、一六六〇年の「更池村家数万改帳」などの戸籍帳によりますと、同じ名前の人の肩書きが「穢多」というように書き換えられています。「河内の国更池村太閤検地帳」（文禄三、一五九四年）によると「かわた屋敷」が作られ、土地の広さ八歩（坪）一年の収穫量が二升九合の与太郎が住まわされ、孫次郎、助五郎らが住まわされています。

矢田の場合も同じで一五九四年（文禄三年）の「城蓮寺検地帳」に「かわた」百姓十人の記載があります。この「かわた」百姓が「矢田部落」の起源になります。後で詳しく見ていくことにします。

その「かわた百姓」がどういう目的で作られたのか、というのをはっきりさせたら、「穢多」身分ができてきた理由がはっきりするので、それを説明していきます。

亀岡の城主であった明智光秀が京都の町衆、商人たちにそそのかされて、直接的には最後の足利将軍義昭にそそのかされて、一五八二年に本能寺の変を起こし織田信長は「もう、最期だ」というので火の中で切腹して死にました。

① しかし、明智光秀は三日天下で、山崎の近くで豊臣秀吉に攻撃を加えられて農民の竹槍で殺されたのです。一五八二年、明智光秀をやっつけた豊臣秀吉が太閤検地を行いました。日

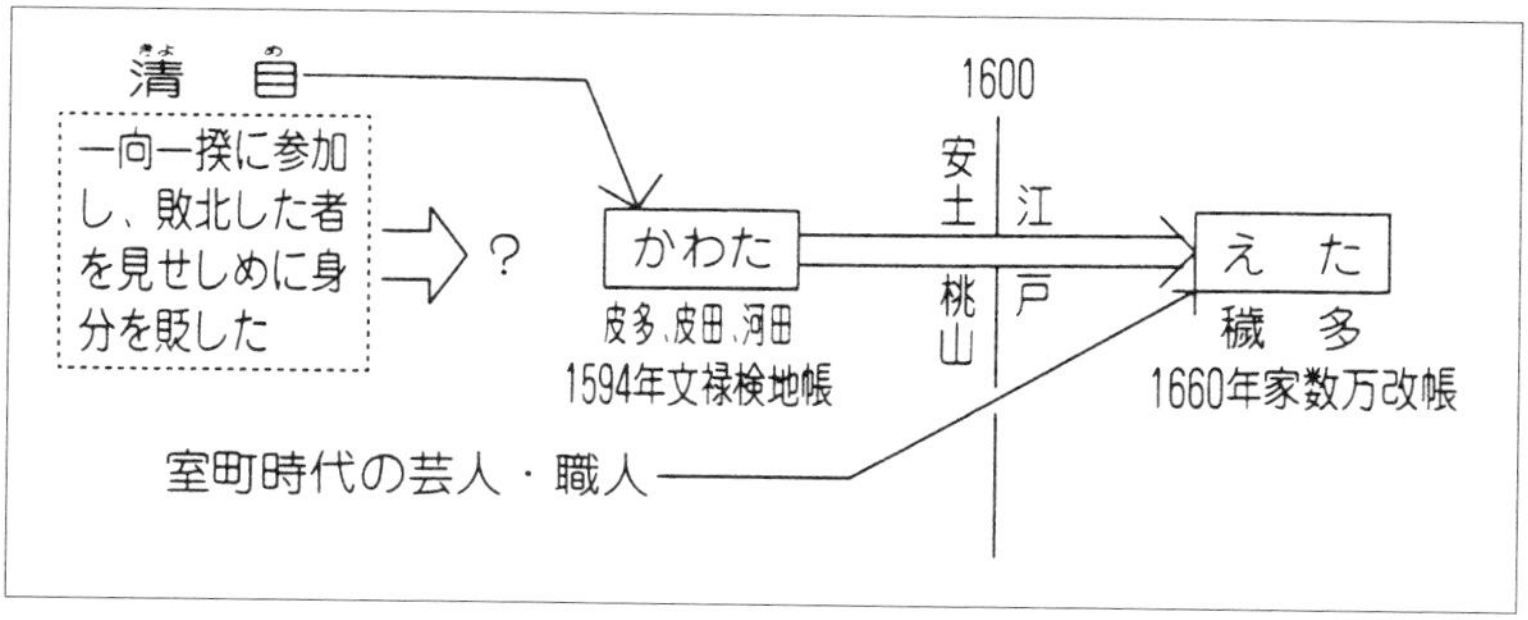

本を平定するのはお金が要ります。お米というのはその当時、お米を年貢で取って、それを町に住んでいる商人やその他の人々に売って、お金に換えて、そのお金で鉄砲や鎧などを買わなければいけない。ということで、全国の土地の広さを測ったり、田畑を隠していないかを調べるために、役人を遣わせました。

例えば、矢田の辺りは長束正家という大名が来たことが分かっています。地主は自分が働かないで、左うちわで小作人を働かせて、その上がりをピンはねして生活しています。その地主のピンはね分を税金でぶんどるわけです。そのためにはどうしたら良いかというと、一つの土地には一人の耕作人が決められます。一地一作人制だとして、小作人にただで土地をやったんです。小作地をただでやったのです。ちょうど、マッカーサーが日本にきておこなって戦後の農地改革とよく似ていて、一反＝三百坪を七五〇円で与えました。七五〇円といえば、その当時の初任給が六〇〇円です。で、今の初任給が一四万三、〇〇〇円くらいですから、一六万くらいになります。それで三〇〇坪の土地を与えたのです。土地を小作人にやって小さな地主にしたんです。

② 土地を取られたら地主はどうするんですか。腹立って仕方ないんです。「何で、私の土地、取りやがんねん、何の権利があって取ってん。」秀吉が小作料分を税金として取って、その収入で六〇万の軍隊を養ったんです。ナポレオンが持っていた軍隊が三〇万、ジンギスカンが一二万です。その当時六〇万の軍隊、当時田植えとか、稲刈りの時にみんな、村に返したんです。秀吉はそんなことしない、専門のソルジャー、兵士として長い槍持たせたり、短い槍持たせたりして訓練して人殺しの方法教えていたのです。もう農民に戻るな、農民であったけれども、もうお前ら侍じゃ、といって六〇万、い

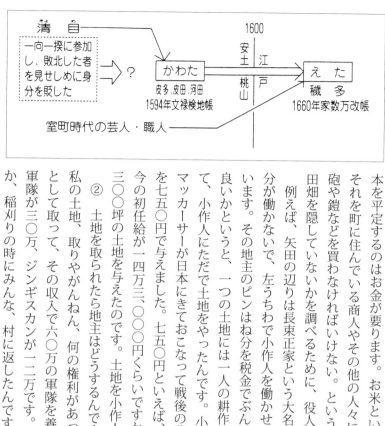

つでもどこでも行ける軍隊、こういうものを作っていたのです。

③　そこで地主のピンはねをして、収穫の三分の二を直接税金として代官所に納めさせたのです。徳川時代でも大体五割です。これは六割六分。すごい税金をお米で取ったんです。地主は「こんちきしょう、秀吉、憎いんやー、あいつをやっつけないかん」ってこう思いますが、やっつけるために鉄砲や槍を整えても、それを持って秀吉の軍隊に一揆を起こしてやっつけてくれる人が自分たちの手下であった旧小作人なんです。どうして秀吉に刃向かって、自分がわざわざもらった土地を手放すことができますか。絶対に地主と小作人は団結できないんです。秀吉に刃向かうことはできない。対立です。分裂です。対立が生まれるんです。むしろ、生み出したんです。

④　しかし、地主は腹が立って仕方がありません。「まあまあ地主、そう言うな。お前らの土地取ったけど、あの連中はお前らと同じように百姓するけれども、お前らより身分が低いんじゃ。」と言って「皮多百姓」という名前を与えたんです。皮が多い、皮の田んぼ、と書きます。しかし、大概は「かわた」と言うんですね。平仮名で書かれている場合が多い。

⑤　このようにして、秀吉は全国統一するために、そして六〇万の軍隊を養うために、しかも、その六〇万の軍隊が全国を平定した後、一六万の軍隊でもって小西行長と加藤清正、この二人を隊長にして朝鮮に押し渡って朝鮮を侵略しました。で、虎を連れてきたのですが、虎を大坂城で生かすために、大阪の野良犬が全部いなくなった、という物語が残っています。これは事実です。朝鮮侵略をしていくのです。それは何故かと言えば、国内に軍隊を置いておかなくても、侍を置いておかなくても一揆ができないからです。一揆を起こさないようにして、このような一地一作人という制度によって「かわた」が作られて、分裂を持ち込んで、団結できないようにしていったのが秀吉なんです。

大和川付け替え工事と矢田部落の起こり

① 矢田部落も「かわた」百姓から始まります。一五九四（文禄三）年の「城蓮寺村検地帳」に十人の「かわた」百姓の記載があります。検地帳によれば、中田で土地の肥料分は中くらいしかないが、四間と六間で二四歩、歩というのは坪のことです。九升六合しか一年にお米は取れな

文禄三年十一月城蓮寺村検地帳・長谷川正彦氏文書

中田四間　四間 六間　同 廿四歩　九升六合　かわた 与三郎
下田十間半 廿二間　はりまか内 七畝廿一歩　七斗七升　かわた 孫三郎
下畠七間 三十二間　同 七畝十四歩　五斗九升八合　同 与三郎
中畠七間 三十四間　同 八畝十五歩　八斗五升　同 人
中畠五間 三十三間　同 五畝十五歩　五斗五升　同 孫七
下田一間 十二間　同 十二歩　四升　同 人
上畠十三間 廿二間　は九まか内 五畝十六歩　壱石一斗 四升四合　やたへ 又左衛門

城蓮寺村への入作

村　名	名請人	保有高	村高に対する比
	人	石	%
城蓮寺	39	100.969	21.6
住道	36	172.321	36.8
矢田部	31	77.468	16.6
枯木	3	5.461	1.2
池内	4	3.476	0.7
砂	4	5.461	1.2
山之内	3	2.169	0.5
庭井	1	0.331	0.1
冨田	16	68.714	14.7
被差別部落	10	31.815	6.8
計		467.915	
検地帳高		466.503	

いが、「かわた」の与三郎という人の土地である。隣の土地は一年にたった七斗七升しかお米が取れないが、少し広い「かわた」の孫二郎という人の土地である。お隣は一年に五斗九升八合のお米が取れるが、「かわた」の与三郎の土地である。次は「かわた」の孫七……というようにして、検地帳という、土地の広さを測る帳面に「かわた」という名前が初めて登場したんです。

②「松原市史」第一巻二八五頁には「かわた」百姓の住んでいた所を『かわた』は被差別部落を指し、当時、阿麻美許曽神社の東北の西除川沿いにその居留地があり、枯木領であった。宝永元年（一七〇四）の大和川の付け替えによって、その居住地は完全に新大和川の川底になった。」と記されています。

明治二二年三月頃の「大阪中央部新田地図」の引用によると、大和川の中に一ヶ村が完全に川底に入れられています。これが「かわた」村なのです。今の地図で見てみますと、阿麻美許曽神社があって、下高野大橋があり、横に近鉄が走ってます。近鉄と下高野大橋の真ん中くらいの近鉄のガード下辺りに「かわた」百姓が住んでいた、と考えられるのです。

③ 大和川付け替え工事の翌年の一七〇五年の「乍恐口上」（おそれながらのこうじょう）にいう「城蓮寺村記録」による『穢多』の家屋敷

「穢多」の屋敷地が大和川の川底になった文書

穢多持御代地枯木領国役堤
枯木御代地入宮本
両側屋敷床西瓜破同断　共
今川ノ下
弐町八反弐畝廿八歩
是ハ往古穢多共枯木村領在之所、川違ニ付、居屋敷迄川床へ入候ニ付、当村へ被下置候代地之内へ屋敷床被遣引越申候ニ付、枯木領持地穢多分引続へ御代地被遣候分并堤両側屋敷とも、且又宮ノ西枯木村へ被遣候御代地、今川ノ下西瓜破へ被遣候御代地、右二ヶ村少々義故、当村支配被相頼、仍之町歩一縄ニ城蓮寺村へ御渡被遊候

この文書は、「城蓮寺村記録」の中の乍恐口上宝永二年（一七〇五）七月二一日。（松原市史第五巻一三〇頁）

が大和川の川底になった文書」によりますと、「穢多」持ち御代地、枯木領、と書いてありますが、その横に、「これは、昔、穢多ども、枯木村領に在し所、川違いにつき、家屋敷まで川底に入り候につき、当村に下だし置かれ屋敷などを実は引っ越し申し候につき、それを許可した。」と「その代わりに代わりの土地をもらう」とこういうような言い方の文書があるんです。大和川を付け替えたのが一七〇四年、いつ頃のことかといえば、赤穂浪士が討ち入りをしたのが一七〇二年、だから、一七〇四年といえば赤穂浪士討ち入りより二年後の時期です。

そして、その翌年にもう「穢多」という言葉が使われています。これが矢田の部落の起源を示す二つ目の根拠です。

④　矢田の光明寺が正徳二（一七一二）年にできた、と書かれています。付け替え工事があった後八年で「村」としてまとまっているわけです。川底に沈められた後、西除川の干上がった河原に移住させられます。西除川というのが狭山から流れていました。阿麻美許曽神社の横の矢田七丁目の坂の辺りを流れて、幅の広いところで約六〇メートルありました。大和川の堤防で西除川を横切ってしまうので、西除川が干上がってしまいました。干上がった後に土を入れるのです。堤防を崩して土をどんどん川の中に入れるのです。入れて冨田新田というのができました。昔から、冨田町というのが近鉄のガードから城南の近くにありました。冨田新田の後で川筋が曲がっていくのがよくわかるのが消防署と区役所。内科の島田病院の裏から山本酒店までがすこしへこんでます。消防署と出張所の前が堤防だったのです。そして、近鉄のガードを越えて、お好み焼き屋や電気屋の前を通って福徳銀行の前を北に上がります。南は阿麻美許曽神社の前を通って、池内まで川が流れていた、そこまでが冨田新田なのです。

しかし、冨田町として名前が残ったのは大阪の部分、すなわち、矢田冨田町これは冨田新田、

	城蓮寺村	冨田新田
総　　高	291.2 石	25.6 石
総 戸 数	42 戸	44 戸
高待戸数	22 戸	28 戸
水呑戸数	20 戸	16 戸
人　　口	198 人	206 人
男	99 人	103 人
女	99 人	98 人
牛　　数	5 匹	3 匹

元文元（1736）年８月の「村名細帳」による

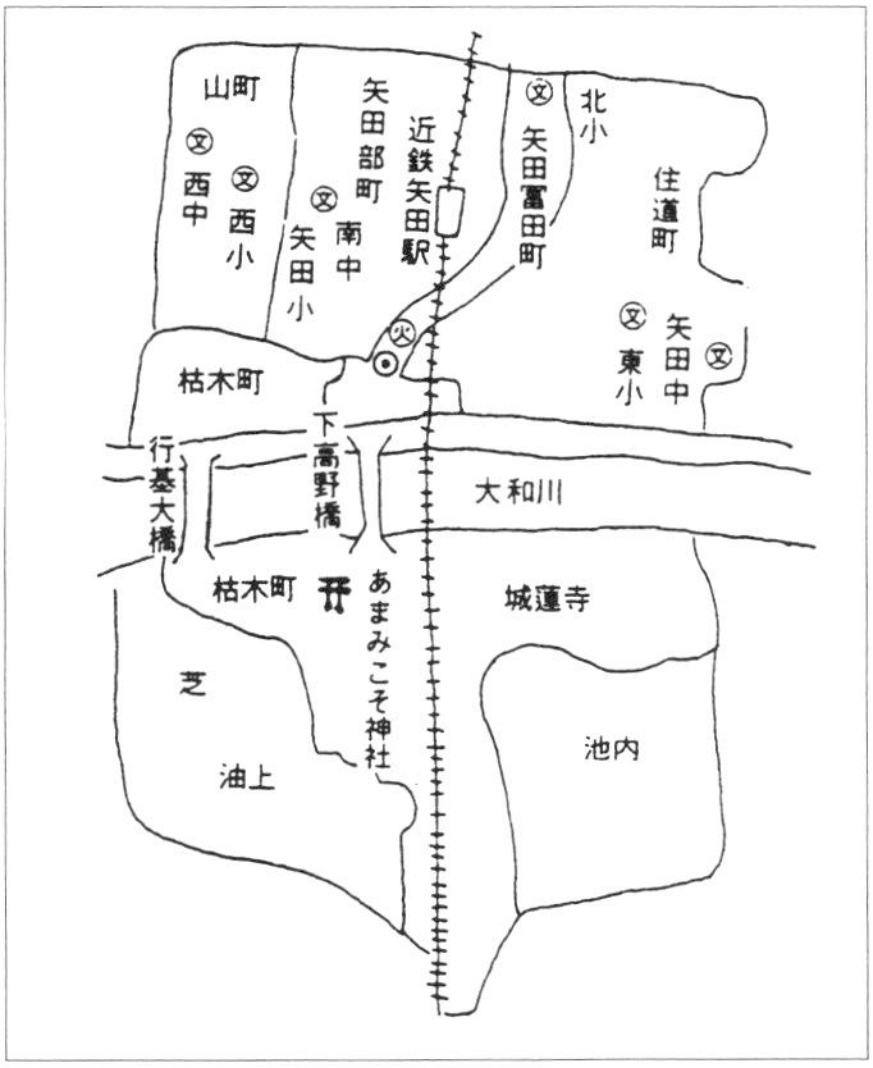

新しい土地、ということです。ちょうど干上がった所に住みついたのです。矢田の人々は近鉄のガードの下に住んでいて、川を作るために家屋敷を全部取られて川底に沈められてしまいました。「何しやがんねん！」と抗議できる「寄り合い」に入れてもらえないわけです。のけ者にされているんです。代わりに土地をやろう、といわれた所は八尾の「植松」というところで、JRの辺りです。その植松まで土地を耕しに行けといわれたんですが、そこまで直線距離で六キロあるんです。毎朝、行き帰りして、夏の田植えなんてできません。そこで、「こんなん、でけへん」と抗議しました。それで、西除川の干上がった所に土地を与えよう、ということであたえられます。植松の土地はどうなったのか、城蓮寺村はもらった土地を売って儲けてるのです。

そうして、人々は西除川に住みつきました。ところが、下が川だったので、いくら田植えをしても、水を張っても下が砂利なので、水が下に抜けていきます。仕方がないので、井戸を掘りました。その水を三日に一回かけないと畑が干上がって田んぼが割れてしまいます。このような苦労をしながら、畑をしていたのが矢田の先祖なんです。

一七三六（元文元）年の「村明細帳」によりますと、本村の城蓮寺村と同じ位の戸数人口なのに、収穫石高は二九一・二石に対し二五・六石約一二分に一しか冨田新田はありません。だから貧しいわけです。が、暮らしを支えるために副業を行います。
青物売り（野菜の行商）、雪駄直し、下駄の歯入れ、馬、牛の商いの博労などをして収入を得て、たくましく生きてきました。「貧しくて死ぬ者はいない。が、差別で死に追い込まれる者がいる」とはこのことをいうのでしょう。

一向一揆と被差別部落

船橋昌さんの『被差別部落形成史の研究』に一向一揆と部落の形成に関する貴重な資料が紹介されています。その「荒田対策令」ともいうべき資料を見てみましょう。

浅野長政の天正十四（一五八六）年の条々「定」の第三条
一、前々より走候百姓よひかへし、田地あれさるやうに可申付候。荒地は半納、年々荒ハ来年之御百姓ニとらせ候。立かへり候百姓、来年夫役可令用為候。荒地をひらき、又ぬしなしの旧地作毛付候を、末代さい　はんすへき事、
船越昌『被差別部落形成史研究』

「前々より走り候百姓呼び返し田地荒れざるように申しつけ候」、前々より村を捨ててどこかへ逃げていった百姓、呼び返せ、そして田地が荒れないようにさせよ。荒れた土地は税金を半分にする、年々荒れていて今年はちょっとしか収穫がないという場合は、来年これをお百姓に取らせて、お百姓の土地にして税金を取ります。立ち返ってきた百姓、村に帰ってきた百姓も来年から苦役、税金等を申しつける、荒れを開いて、また持ち主がいない土地を田植えができて稲ができるようにすると末代までその人の土地にしてあげますよということです。荒れた土地を開拓したら、自分の土地にしてやるという秀吉の御触れなんです。

これは摂津国川辺郡といって猪名川の上流に小さな村があり、そこの村の帳面を見ましたら、やっぱり「かわた百姓」が居て、荒れた土地を耕しています。「あれ」「あれ」「あれ」と書いてあります。いっぱい荒れた土地を耕しています。しかも「か

わた」という名前がちゃんと書かれているのです。

この荒れた土地を耕して年貢を納められるようにしたのが「かわた百姓」です。その「かわた百姓」はこの場合は走り候。どこかに行ってたのです。立ち返ってきたのです。どこから帰ってきたのだろうか、どこかへ行っていたのだろうか、というと有名な一向一揆であろうと考えられているのです。一向宗というのは浄土真宗です。光明寺と一緒です。親鸞さんの教えなんです。西の方向、一つの方向に向かって「なむあみだぶつ、なむあみだぶつ」と言うから、一向宗なんです。百姓が戦争になったら、一番損するのです。

まず、自分が兵士に取られて足軽となって槍を持たねばならない、命を取られます。お米を貯めていたら、兵糧米でぶんどられます。妻や子どもは強姦されます。畑は戦場となって踏み荒らされます。そういった戦争となって何の得にもならないのが農民なんです。そこで、同じ死ぬのだった

	等級	畝歩	石高	名請人	延宝検地頃の記録
1	下あれ	畝歩一一・〇〇	石合九九〇	無主	村分
2	中あれ	一七・〇〇	一、八七〇	〃	〃
3	下畠	七・一〇	三六七	死人二郎太郎	〃
4	下畠	七・〇五	三六四	左衛門	欠落
5	〃	六・一五	三九二	〃	〃
6	〃	一・〇〇	五〇	〃	〃
7	下あれ	八・〇〇	七七〇	かわたノ太夫	〃
8	下	三・〇〇	二七〇	かわたノ左衛門	〃
9	中あれ	二一・〇〇	二、三一〇	無主	村分
10	下	一五・〇〇	一、三五〇	かわたノ左衛門	欠落
計		九六・〇〇	八、六三三		

安達五男『被差別部落の研究』
地字「皮田村」名請人

ら、ひとつ自衛隊を作って秀吉や家康に税金納めないというわけです。そのお金で俺たちの自治国家を作ろう、農民の国家を作ろうといって戦ったのが今の石川県の加賀一向一揆なのです。

一五七〇年、一番最後の戦いが石山本願寺合戦といいます。今の大阪城の天守閣はまだなかった。あそこにお寺がありまして、一万七千人の門徒衆が共同生活しています。昔、武士だったとか、大名だったとか、そんなのはおかまいなくみんな平等、食べ物も配給、食べ物まで平等に配分して平等世界をつくっていた。信長にもちろん税金を納めません。大阪のど真ん中です。その税金を納めない独立国家をやっつけろーと信長は躍起となるのですが十年間戦ったのです。それに味方したのが毛利輝元です。お米を八、〇〇〇俵、「えったがみさき」という所からお米を運びます。約三万人の食糧だっていうんです。「えったがみさき」は『信長公記』に書いてあるけれども、わからないのです。木津の方面ではないかとの説もあります。今、松坂屋がありますが、あそこに渡辺橋というのが天満橋の次にかかっていたのです。で、そこら辺りではないか、との説もあります。『信長公記』という信長の一代記を書いたところに、そういうように石山本願寺が姫路の城主、毛利と手を結んで食糧を運び込んだ、と書いてあるんです。

天下分け目の戦いをあの大阪城の石山本願寺でやるのです。十年後に負けるのです。その門徒衆を「かわた」にしたらしいんです。全部落の寺院の九〇パーセント近くが浄土真宗の本願寺系で、東本願寺は少ないんです。東本願寺は一六〇二年に家康が土地を寄進して出来たのです。だから西本願寺系が部落の九〇パーセントなのです。しかも一向一揆に関わった可能性がある。京都にあった金福寺はえた寺の中本山であって、摂津、河内、山城、丹波、丹後、播磨の六カ所の元締めをしていた。その控え帳には天正年間に本願寺により丹後から三千人の軍勢が織田信長と戦った、と書いてある。紀伊国那賀の打田町の蓮乗寺という所では「鉄砲を一〇〇丁送ってくれ」

という文書がお寺に残っているのです。大阪では一向一揆に参加した文書に残っているのが、中城部落と沢良宣の部落です。

和歌山の太田城三、〇〇〇人が一ヵ月にわたって秀吉と戦います。しかし、五三人が「わしらが切腹するから」と言って三、〇〇〇人を助けてくれる約束をして切腹をするのですが、秀吉は「雑賀一揆奴輩」という、何か吐き捨てるような「奴輩」という軽蔑する感じを明らかにして、五三人を今の阿倍野の大谷墓地の近くで磔にするのです。「もう一度しゃれこうべをぶった切れ！」と命令して切らせてるのです。そのくらい、独立国家を、税金を納めなかった一向一揆を秀吉は憎むんです。このようにして一向一揆に参加した人を見せしめのために「かわた」身分に貶めたと考えることができるわけです。

矢田の「かわた」身分が一向一揆に参加したかどうかは、資料がないのでわかりません。平野から分れたんだ、という説もあるのです。平野に円満寺というお寺があるのですが、そこの和尚さんはそのように言っているのです。これもわかりません。文書がないのです。そう伝えられているというだけです。だけどのこの「かわた」身分というのはどうも可能性が非常に強い。一向一揆は、今でいう独立国家を作ってその時の政権に刃向かったんです。そういうグロリア、栄光というか、名誉ある民衆なのです。

部落悲惨史論の克服—被差別民衆こそ労働生産、技術の担い手であり、日本文化のルーツ

それに加えて、私が言いたいのは、被差別民衆こそ日本の文化、芸術、芸能のルーツであった、

ということです。千利休に並び称されるお師匠さんの北向道陳は堺の触松《へのまつ》の部落の出身です。千利休の先生です。触松といえば、「吹けばー飛ぶようなー将棋の駒にー」という、あの、坂田三吉が出た所なのです。その部落の皮問屋の主人なのです。茶道の武野紹鷗という人も同じ触松の皮問屋の主人なのです。

能を大成した世阿弥という人は大和郡山の賤民の出身です。江戸時代、役者は河原者といって卑しめられ、箱根の関所の通行手形には「役者一匹」というように犬畜生扱いされて通行手形に書かれていて、有名な歌舞伎役者も、人目についたらいけないということで、深編み笠を被せられていたのです。富嶽三十六景といって永谷園のお茶漬けを買ったら入っている絵を描いた葛飾北斎というのは江戸時代の非人の出身なんです。九二回も一生に宿替えをしたんです。なぜかわかりません。当時、アメリカの船なんかがやってきた時に各藩が砲台を作ります。砲台を作るためにはしっかりした岩盤で、今で言えば原子力発電所のあるような、そんな所に作らなければならない。太平洋側が多いんですが、どんな所に砲台を作ったかということのスケッチを北斎が幕府の隠密として行ったのではないかと。そういう幕府の隠密であることを隠すために宿替えしたのではないか、という説をＮＨＫが紹介していました。

それから、長柄という所に生まれた与謝蕪村は、江戸へ行って非人部落に身を投じて坊さんになった人です。俳句をやった人です。それから秀吉の時代に大阪城の石垣を作ったのは比叡山の麓の穴太《あのう》という部落の人が現場監督として石垣を作ったんです。藍染であるとか、獅子舞とか、みんな部落の仕事でした。部落の者こそが大衆芸能の担い手であったわけです。

だから現在でも三国連太郎は自ら言ってますね、「私は部落出身だ」と。お父さんは棺桶を作る大工さんだった、と言ってますね。あの人ぐらいでしょう、はっきりと自分は部落出身者だと宣言したのは。芸能界にもたくさんの人が居ます。だけど、言えないんですね。差別の世界で足を引っ張ろうとする人がいますから。芸能界では部落民宣言ができないという、厳しい情況があるからだと思います。

だけれども、大衆芸能を支えていたのは、差別された人だ、ということを考えて欲しいと思うのです。

全国水平社宣言の中に「兄弟よ、我々の祖先は自由、平等の渇仰者であり、実行者であった。陋劣なる階級政策の犠牲者であり、男らしき産業的殉教者であったのだ。ケモノの皮を剥ぐ報酬として生々しい人間の皮を剥ぎ取られ、ケモノの心臓を裂く代価として暖かい人間の心臓を引き裂かれ、そこに下らない嘲笑の唾まで吐き掛けられた呪はれの悪夢のうちにも、なほ誇りうる人間の血は涸れずにあった。吾々がエタであることを誇りうる時が来たのだ。」とあります。この全国水平社宣言こそ部落の虐げられた祖先の誇り、そして今、受け継がなければならない精神を表現しているといえます。

大和川付替反対の百姓は人夫の民宿をした

にんげん4年「大和川の付替」の問題点

一九九二年四月より「にんげん」四年生に「大和川の付替」の新教材がのりました。が三つの再検討したい記述があります。

それは四二頁の、

① 工事ではたらく人びとは、近くの川すじの村や遠い地方からもあつめられました。

② 昼も夜もこうたいではたらいたのです。

③ これらの人々は農民でしたので、農業のいそがしい間も工事の仕事をしなければなりませんでした。

の三点です。

反対派百姓は人夫の民宿をした

① 川筋百姓の使役について

イ 一般的には大河川の築堤などは国役普請として、摂河全域から一〇〇石につき五人（銀十一匁）が徴収され、国役河川周辺の人足が村役として（一人一日五合の扶持米で）工事に参加する。（村田路人摂河における国役普請体制の展開、七六頁他、『近世大阪地域の史的分析』御茶の水書房より）だが幕府負担分三万七、五〇三両分は、新田開発の地代金、三万七、一七〇両で賄われている。

付替工事のあった一七〇四（宝永元）年に国役銀が更池村は一〇〇石に付き五匁一分、交野郡野村七匁四分九厘と差異をもって集められているが、大和川工事に充当したとは考えられないし、使役に出ると負担額（一人一日二匁二分）が少なくなるが交野郡は遠隔地で動員に参加して減額されたとは考えにくい。

ロ「柏原兵衛家文書」には「日用人足大勢相集り当村にも大分宿借り御座候」「日用人足並請負人小頭等相対を以て宿借し申候はば」と一日一匁五分（約二千円）の賃金を貰う日雇人夫の民宿を川筋の百姓はしている。

ハ「日雇人足日本六十五州より追々集まりその数五十万人なりき」と大和川堀替由来記にある。

ニ 付替工事に反対した百姓らを使うことは「恭順」の一札をとっているが堤防を破壊したり工事を妨害される危険がある。

ホ 御手伝普請は自前で人夫を調達する軍役的性格があり、姫路藩は三六〇人（足軽仲間、小頭三一五人）を自領でそろえ工事に入っている。

以上の諸点から、川筋百姓の使役した記述には疑問である。

夜も昼も働いたのは推量

② 夜も昼も後退で働いたことについて

イ「柏原市史」では「工事は夜に日をついで進められ」（三巻七六頁）と断定し、布施市史は「おそらく夜に昼についで工事を督励したことであろうが」（二巻四一一～四一二頁）と推定している。大和川工事史（畑中友次著）には近畿建設局高橋清吉所長の見解として「仕事の大きさの割に竣工日数が早いのは封建時代の請負制度であるため夜に昼をついで土工を督して工事をすすめたためで現在は到底不可能である」（六一頁）と推量を述べているに過ぎない。

ロ「八尾市史」には「太田村には見通しの杭が立てられた。これは竹に紙の吹ぬきがついていて、早朝より立て夜分は保管するよう命ぜられ」（前近代五四五頁）と夜は働いていないと考えられる状況が書かれている。民宿する日雇人夫の風呂・食事や風紀監視と昼は農作業で川筋百姓は夜は使役労働に従事できなかったと考えるべきであろう。

ハ　短期間で出来たのは、あまり掘らず土をもった堤づくりが多かったこと、天領が約半分あり土地収用が簡単だったことが考えられる。「柏原市史」は「幕府直轄領である天領（代官支配地）が全体の半分を占めたことも、こうした工事をわずか八ヶ月で完了せしめることが出来た理由の一つであろう（三巻九〇頁）とあり、布施市史も同主旨を記述している。

③　農業と工事の両方は出来ない

農業と付替工事に従事したことについて

イ　国役普請による動員には米が一日五合づつ支給されるが、付替工事の七万余両の費用のうち六万両あまりは賃金である。日雇人夫による労働と考えるべきで当然農耕と工事の両方に従事したとはいえない。

ロ　夜と昼交代で働いたから両立は可能だとの考え方もあるが、夜の工事をしたとは断定できないので、妥当ではない。

参考文献の誤った紹介をただす

指導の手引きの参考文献に「畑中友次著　大和川付替工事史　新和出版社」とある。畑中友次の著は八尾市役所内、大和川付替二百五十年記念顕彰事業委員会発行の非売品である。新和出版社のものは、藤原秀憲著（川違え）工事史で文献紹介が間違っている。

共同の調査、研究の呼びかけ

「松原市史」に「工事に使用された人夫については何ら書き残されたものがない」（一巻六二〇頁）とある。付替工事に従事した二四五万人も、見積書からの推定でしかない。資料発掘は難しい状況だが正しい教材作成のために共同の調査研究を呼びかけたい。

四　渋染一揆史跡探訪

渋染一揆とは

渋染一揆とは、一八五六（安政三）年六月、岡山藩五三ヵ村の部落が結束して、渋染の着物の強制に反対して勝利した一揆のことであります。

黒船来航以来、幕府より房総半島の沿岸警備を命ぜられた岡山藩は、大阪の鴻池より借金し、一五〇〇人の洋式軍備を整えたが、その借金が岡山藩の年収入の三倍にも達し、返済のため農民から多額の年貢を搾り取らねばなりませんでした。

そのため、一八五五年一二月に「二統御倹約御触書」二九ヶ条を出しました。最後の五ヶ条が部落に対するもので、「別段御触書」といわれるものです。百姓に下には下がある「上見て暮らすな下見て暮らせ」というために過酷なものを強制したのです。

それは「衣類無紋、渋染あい染に限り候」と柿やどんぐりの渋で染めた着物を着ることを強制したのです。

その上、村中では栗下駄をはき、見知りの百姓に会えば下駄をぬいでおじぎ

常福寺

をせよ、年貢を納めていない家の妻や子は雨傘をさしてはいけない、など厳しいものでした。

このような渋染め着用が一八四二（天保一三）年に出されましたが、撤回させています。

その経験から五三カ村の判頭が嘆願書を出すことを一八五六年一月二八日に決定し、提出したのです。

だが、同年四月六日に嘆願書が差し戻されました。

四月一二日に五三ヵ村の判頭は国守村の常福寺に集まり、惣寄合をしました。

今後、厳しく調印の強制が来るが、団結して断固拒否することを確認しました。

この常福寺は真言宗でしたが、一七八二（天明二）年に幕府の差別強化政策の一つとして、浄土真宗への改宗が強制されました。

部落と寺はこれを拒否し、住職は抗議のため辞職し、無住の寺であったのですが、一七九六年もとの真言宗に戻って再興されたという抵抗の歴史を持った部落寺院であります。

一揆当時のものとしては銀杏の木がそのまま残っています。一九〇二（明治三五）年三好伊平次、岡崎熊吉らによる備作平民会の結成大会もこの寺で行われているのです。

一里塚の榎

次々と調印させられていく状況の中で、神下《こうした》村は家老伊木若狭の虫明陣屋への強訴、一揆決行を決定し、藩内五十数ヵ村へ一五歳から六〇歳までの男子は六月一三日に八日市の吉井川河原に集まるよう連絡をとったのです。

集結地点は一日市《ひといちし》の一里塚の二本の榎のふもとの舟の渡し場を越えた、福岡城跡のお稲荷様の所です。

竹藪稲荷

亀井戸の台地

現在一里塚には樹齢二〇〇年の当時の榎が一本残されています。

集結地点の福岡城跡から一里塚の榎を見たところです。

福岡城跡は、一四八三（文明一五）年に赤松・浦上連合軍と山名・松田の連合軍が激しく攻防したところであります。

今は、福岡城跡の碑が残り、その頂上には稲荷がまつられています。一揆の史料では「竹藪稲荷」に集結とあります。

一、五〇〇人の強訴隊の押し出し

対岸のある妙見堂から約一、五〇〇人の強訴隊が出発し、虫明街道を家老伊木若狭の陣屋に向けて押し出しました。それは竹槍もむしろ旗もない素足の部落の百姓たちの無言の行進でありました。

千田川の土橋に村役人らが竹垣を作り六尺棒で一揆勢を阻止しようとしましたが、押しまくり佐山までつき進みました。

荒池、南池をすぎ、榎塚まで来て、伊木の鉄砲隊の軍勢に阻止されました。

榎塚から東一〇〇メートルの亀井戸の台地に伊木勢は陣を敷いていました。家老伊木若狭のいる陣屋は、この八反峠を越えた虫明にありました。

当時の伊木若狭は尊皇派で、別段御触書を出した家老日置元八郎と対立していたのです。この対立に眼を付けて、交渉のほこ先を開明派の伊木若狭に向けたのは賢明な戦略でした。

伊木若狭は明治維新後、岡山藩大参事となり、廃藩置県後は官を辞して茶の湯三昧の風流な生活を送ったといわれ、その茶屋跡の碑が横山製鋼の工場敷地内に残っています。

軍勢と対峙すること三日、飲み水とした近くの須恵の部落の井戸は干上がってしまったといわれています。帰り道千田川土橋ふもとの稲荷山の万次郎は、若者四～五人を雇って水をふるまったと伝えられています。

伊木氏茶屋跡の碑

万次郎の井戸

その時の井戸が残っています。

すわり込む一揆勢に対し藩側は妥協して、「調印すれば撤回はしないが強制はしない」との申し渡しがあり、戦いは勝利しました。だが、八月一日に一揆の指導者一二人が獄につながれました。

入牢者の釈放の嘆願書は長泉寺を通じて藩主の菩提寺である曹源寺へ出されました。一人はすぐ釈放されましたが、六人は獄死、残る五人が釈放されたのは二年後でありました。

渋染一揆の中心は神下村でした。現在岡山

若宮大明神の碑

渋染一揆の碑

市教育委員会により渋染一揆資料館が一九八七年六月一四日に開館されました。

この資料館には、渋染の着物の試作品や関係史料のコピーや資料が展示されています。渋染一揆を記録した『禁服訟歎難訴記《きんぷくしょうたんなんそき》』のコピーも展示されています。

この記録は当時手習いの師匠をしていた豊五郎によって書かれたといわれ、その屋敷跡が残されています。手習いを教えたという部屋も保存されています。

また国守村の豊吉が書いた『屑者重宝記《せっしゃちょうほうき》』は原本は所在不明ですが、コピーが保存され展示されています。

一揆の中心だった神下村は一二人の入牢者中五人の獄死者を出したところです。判頭が渋染着用承認の印を押さないので、生爪をはがされたり数々の拷問をうけた村人に怒りがあったといわれています。村人は犠牲者を若宮大明神として、まつりました。

碑には、権十郎、助三郎、卯左衛門、忠左衛門、惣吉の五人の名が刻まれています。この碑は今より少し離れた民家の横にありました。それを若宮神社五〇年祭記念碑と共に地域改善事業の実施によりこの地に移されたのです。五〇年祭記念碑には、犠牲者の名前が刻まれています。一九八六年四月二〇日、渋染一揆一三〇年を記念して、渋染一揆の碑が建てられました。碑には、『禁服訟歎難訴記』の中の、一揆に参加する前夜の別れの記録の一節が刻まれています。「弥《いよいよ》六月一三日我が地を退出致さんとて、老父老母や女児に至るまで、養余る身分の程を、語り置きの暇乞、有為転変の思ひこそ、殊に哀れの物語り」とあります。

更に「随分と露命養育いっち大切、互いに涙泫の思いに決り、親子の契り魂緒もここに信友血恩の別れ、内外皆々十方にくれ、胸の刻《きざみ》は鐘つくごとく、涙を出る有様は、殊に哀れのものなりし」とあります。

渋染一揆は、日本の人権の闘いの夜明け

碑の裏には、神下支部が一九八六年四月に建てたことを記してあります。

近くの神下教養館辺りは、嘆願書を討議するため寄合をした大西助三郎宅跡であります。助三郎は入牢し獄死しました。

神下村より北、笹岡に強訴の時の嘆願惣代の良平の墓があります、彼は二年後釈放されましたが、獄中での病のため、まもなく死亡しました。三三歳でした。

墓石の側面に甥の岡崎熊吉により「資任深に沈して常に学を好み諸史に通ず……」と墓誌が刻まれています。その岡崎熊吉は、三好伊平次らと共に一九〇二（明治三五）年備作平民会を作った人です。

彼は全国水平社創立大会に参加しています。

内田良平の墓

三木静次郎の碑

岡山水平社の本部は神下村に置かれ、三木静次郎が委員長になりました。彼は新聞記者でしたが労働農民党にも参加し、無産者運動に活躍する一方、松本治一郎委員長と共に全国水平社大会では副議長をつとめ、その公正な議事と円満な人格は信望を集めました。

彼の家は高松結婚差別事件の闘争本部となって、糾弾闘争を指導し、また差別事件の糾弾闘争で天皇奉迎式を中止させるに至った厚生小学校差別糾弾闘争を指導しました。一九三六年八月、四三歳で死去しました。

国守の常福寺、神下の渋染一揆資料館、笹岡の良平の墓、八日市の吉井川河原、榎塚、亀井戸、虫明と渋染関係の史跡を探訪した私たちは、

渋染一揆は、日本の人権の闘いの夜明けであり、全国水平社宣言にいう「我々の祖先は、自由、平等の渇仰者であり実行者であった」「犠牲者がその烙印を投げ返すときが来たのだ」「吾々がエタであることを誇りうる時がきたのだ」との思想の源となる闘いであることを痛感するのであります。

五　渋染一揆の墓石と牛窓海遊文化館の朝鮮通信使資料室

渋染一揆と神下村の犠牲者

渋染一揆の跡

黒船来航以後、幕府は岡山藩に房総半島と摂津の防衛を命じました。岡山藩は一、五〇〇人の洋式軍隊編成のための鉄砲、大砲購入の戦費を、大阪の蔵元鴻池などから二四、六七七貫（現在の三二五億七〇〇〇万円）、当時の藩の収入の三年分の借金をして整えました。借金返済のために百姓からの年貢を増やすそうと倹約令を出し、「上みて暮らすな、下みて暮らせ」と不満をそらすため、えた身分には一目でわかる「渋染、無紋等のみ着用」という別段御触書を強要しました。この触書撤回に勝利したのが一八五六年の渋染一揆であります。

一八五六年六月一三日夜半から吉井川河原に集まり一四日明け方から約一、五〇〇人が虫明の家老伊木若狭に強訴のためくり出し、榎塚で鉄砲、大砲で武装した二五〇人、役人一、〇〇〇人の軍勢と対峙、一五日伊木側に嘆願書を受け取らせて夕刻に解散しましたが、八月一日に善処するから調印せよと迫られ、指導者の取調べが行われ、一八五七年閏五月六日一二人が捕えられ、うち六人

権十郎の墓

忠左衛門の墓

が獄死しました。六人の獄死者のうち五人までが一揆の中心になった神下村の住民であり、五人は若宮大明神として小さな祠にまつられています。

二人の墓石発見

神下の教養館の岡山市教育委員会同和教育指導室の矢延雄行先生の案内で百間川をこえ山麓の長楽寺の墓地におもむきました。

道端に「峰自休信士　権十郎　安政五年午十月十四日　行年七七歳」とある。記録によると権十郎と年令、獄死の日も違っているが藩命に抗した極悪人とされた人の墓地故、本当のことは刻めなかったのではないかと考えられます。

長楽寺の墓地の端に、草むす中に「清水自光信士　忠左衛門　安政六年四月十九日」とある高

名前	年齢	身　分	一揆での役割	獄死の日	墓の死亡日付
権十郎	70	判　頭	運動の中核	安政4（1857）10.23	安政5.10.14
助右衛門	55	判　頭	運動の中核	安政5（1858）1.31	
惣吉	42	六五郎内別	嘆願惣代	安政5　5.23	
卯左衛門	26	判　頭	運動の中核	安政5　4.19	
忠左衛門	23	判　頭	運動の中核	安政5　4.19	安政6. 4.19
忠五郎	44	忠八内別	嘆願惣代	安政6（1859）6.14 釈放	
岩五郎	33	要介内別	嘆願惣代	安政6　6.14 釈放	

（判頭とは村の世話役であり、内別は分家が許されたものだが家長の下にある者をいう）

さ五〇センチばかりの墓がありました。

死亡年は一年違いだが日付は「忠左衛門」と一致しています。たぶん他の指導者が釈放された安政六（一八五九）年としたのは後難をおそれて、後に建立したものと考えられます。

獄死した人の個人墓をつくることは、家族や村人は罪人としての意識ではなく、誇りをもって死を悼んだと考えられるわけです。

部落悲惨論の克服と水平社宣言

全国水平社宣言に「我々の祖先は、自由、平等の渇仰者であり、実行者であった。……（中略）……呪われの夜の悪夢のうちにも、なお誇り得る人間の血は涸れずにあった。……（中略）……吾々がエタであることを誇り得る時がきたのだ」という一節があります。

部落悲惨史論を克服し、部落をプラスイメージでとらえ直すためにも、渋染一揆は大切な教材であります。「にんげん」小学六年に取り上げられていますが、今年は小学校教科善の日本書籍、大阪書籍、東京書籍、教育出版の四社に取り上げられています。中学校教科書、大阪書籍、歴史的分野一四九頁に渋染一揆の嘆願善の一部要約をのせ、「千数百人の部落の人々は団結して反対し……（中略）……、藩でもついに倹約令を撤回しました。」と半頁を扱って記述しています。

高校日本史教科書では、実教出版が脚注で「また一八五六（安政三）年におこった岡山藩の渋染一揆は、被差別部落民が藩の風俗規制に反対したものとして知られる。」(一九〇頁)とあり、三省堂『詳解日本史』には注に「また一八五六(安政三)年岡山藩領では、日ごろの差別に加え、さらに渋染めか藍染めの無地の着物を強制することに抵抗する一揆がおこっている(渋染一揆)。」と記述されているのみであります。

「人の世に熱あれ、人間に光あれ」の全国水平社宣言の「人間を尊敬することによって自ら解放せんとする者の集団運動を起こせるはむしろ必然である」とする渋染一揆の授業実践が高校においても行っていくことが大切だと痛感します。

牛窓の地名伝承

牛窓は古くから開けた港町であります。万葉集にも柿本人麻呂が「牛窓の浪のしほさい島とよみ、寄さえし君に逢わすかもあらむ」と詠んでいます。伝説によれば神功皇后の船団が寄港した時、海中より八つの頭をもつ塵輪鬼(ちんりんき)が牛鬼と化して炎を吹いて船におそいかかってきた。その時住吉大明神が蓬の矢で射ると牛鬼はバラバラになってとび散り、とび散った頭が黄島、胴が前島、尾が青島となったといわれ、それ以来この地を「牛転(うしまろび)」となり、それが訛って「牛窓」となったと伝えられている所であります。

朝鮮通信使の宿泊地としての牛窓

牛窓は江戸時代の朝鮮通信使の寄港地であり、経王山、本蓮寺は一二回の通信使中、

一六三六、一六四三、一六五五年と連続三回の宿舎となっております。その後五回の通信使は牛窓の御茶室を宿舎にしています。

徳川政権は鎖国体制の中で「通信の国（外交関係の国）」朝鮮、琉球と「通商の国（貿易船渡来の国）」中国、オランダ以外の国交関係を認めなかったのです。

朝鮮通信使は、秀吉の朝鮮侵略後国交が断絶していたのを一六〇七年に国交回復して、一八一一年まで将軍襲職慶賀としての五〇〇人前後の学者や画工、書家などを含む一二回の使節団をいいます。初期三回は日本の遣使通書に対し朝鮮が回答使を送ってきて、秀吉の朝鮮侵略時の捕虜を調査し連れ帰る刷還使でありました。

一大文化使節団ともいうべき朝鮮通信使の残した文化交流の事跡が各地に残され、それを「朝鮮通信使資料室」として「だんじり展示室」と共に展示しているのが、牛窓の「海遊文化館」であります。海遊とは一七一九（享保四）年の通信使の製術官であった申維翰の日本紀行「海遊録」からとられています。

海遊文化館の船だんじりと朝鮮通信使の資料

入って正面に「だんじり展示室」があり、一八一八（文政元）年の御船だんじりや、竜頭船の一八四五（弘化二）年の関町だんじり等四基が展示されています。これらの山車は岡山県指定重要有形文化財で八基あり、毎年一〇月の第四日曜日に飾りたて笛や太鼓のはやしに合わせて町中を巡行します。この祭りの状況をビデオで紹介してくれます。

朝鮮通信使資料室で一際目をひくのは、羽川藤永の朝鮮人来朝図、江戸駿河町の越後屋呉服店

船だんじり

朝鮮人来朝図

（三越の前身）付近を行進する礼装姿の通信使一行の図であります。西洋画の透視遠近法を取り入れ、浮世絵の手法で描かれています。更に江戸城入場のきらびやかな情景を描いた江戸図屏風があります。

民間の文化交流のありさまを描いた、英一蝶の「小童馬上揮毫図」があります。庶民が画紙をかかげ、もう一人は硯をもって馬上の小童が筆を動かしている図であります。まことにほほえましい構図です。

正使、副使の服装の等身大人形も「唐子踊り衣装」と共に色彩の鮮やかさがきわだちます。

牛窓に伝わる唐子踊りの由来

唐子踊りは牛窓紺浦の疫《やく》神社の祭り（一〇月の第四日曜日）で踊られるもので、すそのピンとはった服に、先のとがった笠をかぶって二人の子どもが笛や太鼓に合わせて対舞するものであります。かつては「神功皇后三韓征伐のとき新羅から連れてきた王子の踊り」とされていましたが、最近の研究で朝鮮通信使から伝えられたものと解明されたものです。李進熙さんは『李朝の通信使』で牛窓の唐子（韓子）踊りについて、一七一九（享保四）年第九次の通信使は「小童」一九人が参加し、町屋を宿舎にしており、更に第一〇次の一七四八（寛延元）年には帰路荒天のため一八日間も牛窓に滞在していることから「一度や二度の実演で学べないとすれば、それを学んだのはおそらく一七四八年であろう」とのべています。

三重県津市の唐人踊りの人形模型、岐阜県大垣市竹嶋町の朝鮮王の幡をつけた朝鮮軸（やま）の西陣織の衣装をきた人形も展示されています。

唐人踊り

日本のエーゲ海に日朝連帯の絆

牛窓は今、日本のエーゲ海と名づけて、グルメと白いペンションで若者のリゾート地として開発されています。一九八二年七月六日ギリシャのレスボス島ミティリニ市と国際友好姉妹都市提携の調印をして以後、町おこしとして若者のメッカをめざしています。だが海遊文化館が警察署の旧舎を改装して作られ、しかもハングル文字の案内書も出されているし、近くに大坂城築城の残石群もあるというこの歴史の重層性の中で、真の朝鮮との友好連帯とは何かを考える場になるべきだと考えます。

牛窓は　とかく水鶏の名所かな　松尾芭蕉

渋染一揆の参加者は約一五〇〇人が妥当

六つも異なる一揆の参加者数

副読本「にんげん」小学校六年生の教材に川元祥一作の「物語、渋染一揆」があります。「呪われの夜の悪夢のうちにも人間の血は涸れずにあった」（全国水平社宣言）は部落悲惨史論を克服する教材として学習されていますが、岡山、吉井川原に集まった一揆の人数が本によって異なっています。

ビデオ「渋染一揆に学ぶ」は三つも違う参加者数

① 「にんげん」教材が四千人から二千人に改訂された。

② 大阪人権歴史資料館が企画、製作した部落史学習ビデオ１「渋染一揆」（十七分）には、

(1) ナレーションは「数千人」と二回述べている。

(2) 解説書五頁「一五〇〇名でした」

(3) テープ表紙帯解説「……千人もの被差別部落の人々が…」

と一つの教材に三つの異なった人数が示されています。

この件について一九九二年三月七日に大阪歴史資料館に以下の要旨を書いて「一五〇〇人位又は千数百人」と統一表記することの検討を申し入れました。

人数	書かれている本
数千人	川元祥一著　渋染一揆旧版
	ビデオ　渋染一揆に学ぶナレーション
4000 名	にんげん　中学生旧版
	にんげん　小学校６年旧版
	新書にんげん５　水のしずめに
3000 名	川元祥一著　渋染一揆改訂版
2000 名	にんげん　小学校６年改訂版
1500 名	ビデオ　渋染一揆に学ぶ解説書
千数百人	川元祥一著　渋染一揆改訂版解説、年表
1000 人	ビデオ　渋染一揆に学ぶ帯表紙解説文

一五〇〇人が妥当の根拠

① 『禁服訟歎難訴記』には「凡七八千ばかりと見え

にける」とあり

② 『屑者重宝記』には「迫り来る人数凡千人余り催し」とあります。

③ 「穢多共徒党一件留帳」には「凡惣人数千弐三百人も同所之寄集」と藤野村大庄屋七郎右衛門の見聞と記しています。

④ 柴田一著『渋染一揆論』では一八六九(明治二)年の岡山の部落総人口は九一二八人、男は四九六四人、集まった一五歳から六〇歳までの男は推定三〇〇〇人とし、不参加や病気、連れ戻された者などを考え、一五〇〇人と推定できると記しています。(同書一五一頁)

数千人、四千人は考えられず七郎右衛門の見聞も考慮し、一五〇〇名前後又は千数百人と考えるべきです。

藩側の兵力は鉄砲隊等二五〇人

一揆勢を迎え撃つ藩側の軍勢は、『禁服訟歎難訴記』には二五〇人で、大砲や鉄砲など六、七〇丁であったと記されています。

強訴参加村数と別段御触書撤回の有無についての教科書記述批判

東京書籍　中学校社会科教科書編集部様

前略

貴社中学校社会科歴史的分野の教科書「新しい社会　歴史」の一八二頁の渋染一揆の記載について質問し、訂正をご検討下さい。

> 江戸警備の費用がかさんで財政が苦しくなった岡山藩は、29か条の倹約令を出しました。とりわけ、「えた」とされた人々に対する命令は、衣類を渋染か藍染に限るなど、差別を強めるものでした。これらの人々は、農業も行い、年貢を納めているのに、このように差別されてはがまんできないと、領内53か村、千数百人が立ち上がり、倹約令を撤回させました。

① 文章での「千数百人」は吉井川原に集結して強訴に参加できた人数とされています。するとこの文章は強訴に53か村が参加したことになりますが、資料的に別紙のように22、23、28か村の三文書があります。どれをとっても53か村全部が参加できておりません。訂正が必要と考えます。「領内53か村中約半分の村から千数百人が一揆に立ち上がり」が適当ではないでしょうか。

② 「倹約令を撤回させた」とありますが、これでは29か条すべてが対象になります。渋染一揆は末尾5か条の「別段御触書」といわれている部分への闘いでした。第一学習社　日本史Bは『別段御触書』は撤回されなかったものの…」と記しています。日本文教出版は「最後の5か条は…」と述べ、最後に「この倹約令は実施されなかった」とあるので、最後の5か条が対象であることが理解できます。

③ 「倹約令を撤回させました」とありますが、史実は撤回せず、藩の面子のため承認の印を押させて実

> **渋染一揆**
>
> 財政に苦しむ岡山藩は、1855（安政２）年、倹約令を出した。その中の最後の５か条は、被差別部落の人たちに対して、新しく着物を作るときは、渋染め（茶色）か藍染め（紺色）のものに限ること、雨天の時に外で顔見知りの本百姓にあったときは下駄をぬいであいさつをすること、などを命令していた。
>
> これに対し、被差別部落の人たちは、年貢を納め、農民としての役割を果たしているのに差別はおかしい、と主張した。そして、翌年、成年男子の千数百人が一揆をおこすと、この倹約令は実施されなかった。
>
> 日本文教出版

質上守らなくてもよいことにしたのです。別紙柴田一「渋染一揆論」（１８４頁）を同封します。なお清水書院は、「この政策を実施させなかった」と記し、日本文教出版も「この倹約令は実施されなかった」と記しています。また、高校教科書　第一学習社日本史Bでは、「撤回されなかったものの実施されることはなく、結局賤民身分の側の勝利となった」と記されていますので参考にして下さい。

〈付記〉

一九九八年一〇月三〇日付で東京書籍より「領内五五か村が嘆願書を出し、そのうち約半分の村から千数百人がたち上がったので、藩は倹約令を実施できませんでした」と文部省に訂正の申請をしましたとの返事がありました。

郡	村	①	②	③	備考
和気郡	藤野	○	○	○	
	森	○	○	○	
	稲坪	○	○	○	
	香登	○	○	○	③には香登西
	伊部	×	×	○	
邑久郡	福里	○	○	○	
	福山	○	○	○	
	久志良	○	○	○	
	宿毛	○	○	○	
	飯井	○	○	○	
	須恵	○	○	○	③には東須恵
赤坂郡	河本	×	×	○	
上道郡	神下	○	○	○	
	笹岡	○	○	○	
	一日市	○	○	○	
	久保	○	○	○	
	岩田	○	○	×	（注）1.
御野郡	竹田	○	○	○	
	国守	○	○	○	
津高郡	西坂	○	○	○	
	富原	○	○	○	
児島郡	山田	○	○	○	
	利生	×	×	○	
	林	×	×	○	
	郡	×	×	○	
	稗田	×	×	○	
備中	子位庄	○	○	○	
	真壁	○	○	○	
	中原	○	○	×	
	秦	×	×	○	
不明	牛追原	×	×	○	
		22	23	28	

（注）1. 上道郡岩田は正式村名不明。

2. ①建部、加茂（②には上加茂）、矢原の各村は6月15日上道郡笹岡村まで来る。同村良平がわけを話し帰村さす（強訴行動には加わっていない）

①『禁服訟歎難訴記』②『屑者重宝記』③『穢多共徒党一件留帳』

大森久雄著『概説渋染一揆』（部落問題研究所）16頁

六　真崎稲荷と七分の一の命事件

七分の一の命とは

解放教育読本「にんげん」に「七分の一の命」の教材があったが、史実かどうか分からないとの理由で数年前に削除された。

作家土方鉄によって教材化された事件とは、次のような内容であった。一八五九（安政六）年、江戸山谷の真崎稲荷の初午の祭に浅草の被差別部落の青年が参詣に行ったところ、「エタだ、エタだ。こいつが来ては境内がけがれる」と騒ぎ出し、「おれも人間だ。神様は人間をわけへだてしないはずだ」と抗議したら、「なにを！　つべこべいうか」とよってたかってなぐり殺された。浅草のエタ頭弾左衛門は北町奉行所に訴えたが、奉行の池田播磨守は「エタの命は、おおよそ町人の七分の一に相当する。エタが七人殺されたのでなければ、町方から一人の下手人を出すことはできない」と判決を下した、というものである。

明治の朝野新聞で紹介

この「七分の一」事件は、一八九二〜九三（明治二五〜二六）年の朝野新聞に報ぜられたとされている。

ついで、一九〇一（明治三四）年に柳瀬頸介が「社会外の社会穢多非人」で「（三）命の割合」と題して記述し、「此裁判の後は若者輩の喧嘩の中対手若し穢多なれば『打殺してしまへ』と云うに至りゐたの身分倍々卑賤の地位に下れり」（一〇五頁）と述べている。

一九二四（大正一三）年、高橋貞樹は『特殊部落一千年史』で紹介し、この判決を「武士階級に絶対服従した当時の江戸の民は之を『名裁判』として誉め讃えた。まことに人間の浅間しさを語るものである。」と論評している。

雑誌「部落解放史　ふくおか」に福岡県教育委員会発行の「明るい社会」を転載し、高橋貞樹が紹介したとされているが、先に柳瀬頸介が紹介した事実に触れていない。

葛葉稲荷

大阪でも「五、六人殺してもたたりなし」の中村稲荷事件

「七分の一の命」の事件が事実であったかどうかについては不明だが、上掲書にも述べられているように、江戸末期に身分制の意識が崩れてくる時に、きびしく身分秩序を維持するために、当時「穢多」身分の命は町人、百姓の「七分の一」とするのは「法理」として差別支配の常識とされていたといえる。

この実例を四件時代順に紹介したい。

①　一七二二(享保七)年三月、今の新潟県魚沼郡の出雲崎の役所の通達に、「武

石浜神社

家は申すに及ばず、百姓などへ意外がましき儀一（〝切〟が写しの時脱落したと考えられている）仕りまじく候」として「往来にて三間前道下に平伏仕るべく候、若し慮外においては七人までは切捨ての法の由」としている。出雲崎役所は幕府領の代官所であり、この通達は幕府の通達である。（『部落の歴史　東日本編』部落問題研究所　一六六頁〉

②　一七七二（安永元）年、大阪和泉の中村稲荷（現、葛葉稲荷）へ南王子村の若い女房や娘たち六人が夜参りに行ったところ、無理やり茶店に連れ込まれ、着物を引き裂かれるなど暴行された。四人が逃げ帰って事情を話し、男二人が抗議しに行くと茶店の簾でなぐりかかられた。更に二人を茶店に様子を見に行かせたところ「穢多の五、六人は打殺しても何方《いずかた》よりもたたりは無い」といい、茶碗や障子などを投げつけたという。その上、一橋家の役所へ南王子村が「今度の一件は自分たちの心得違いから起こったことで申しわけがない」と詫状を書かされた。「部落民が一般人と争いを起こすこと自体が、不埒な行為とされたのである。（盛田嘉徳他『ある被差別の歴史―和泉南王子村―』岩波新書　一一九、一二二頁〉

③　一八一二（文化九）年、岡山の笹岡の部落の親子が隣村の小作地で田の草取りをしていると、三、四〇人が「道普請用の芝を不法にとって隠している」と難癖をつけて襲いかかった。この事件を笹岡村は訴えたが、その訴状に、殴りかかった百姓村の言い分として次のように書かれている。

「その上徒党の人数申され候義、穢多共事七人まで殺し候とも、敵壱人これなき由、これ以後壱人にても立ち入る者これあるにおいては、見合い次第打殺し申す」と、即ち、「穢多を七人殺しても敵一人にも当たらない。だから村に立ち入れば遠慮なく殺す」というのである。（部落解放史　ふくおか　七頁）明確に部落民の命は七分の一だと述べている。

④　一八三九（天保一〇）年、今の群馬県の上野国で、百姓が「長吏は七人打殺し、下手人として白犬壱疋差出し候は世間一体の定めなど、以てのほかに過言申し候」ことから喧嘩となり、抗議した穢多百姓が集団で袋叩きに合った事件が起こっている。（前掲書　六頁）

穢多七人の命は白犬一匹に相当するというのである。

これら四例でもわかるように「七分の一の生命」事件は各地にあったといえる。

真崎稲荷の案内板

真崎稲荷は狐と田楽の名所

真崎稲荷は千住大橋近くの天照大神を祀った石浜神社にある。源頼朝が奥州藤原泰衡を攻略する時社頭で詠んだ和歌とされる、

神風や　伊勢の内外に大かみを　むさし野のふく　宮戸川なれ

が石壁に刻まれている。

荒川区教育委員会の建てた案内板には「真先（崎）稲荷は、天文年間（一五三二～一五五四）、石浜城主千葉常胤によって祀られたと伝える。もと隅田川沿岸にあり、その門前は景勝地として知られていた。また、奥宮の狐穴から出現する『お出狐』は、対岸の三囲稲荷と並んで有名であったという。

江戸中期から参詣する人が多くなり、宝暦七（一七五七）年頃には、吉原豆腐で作った田楽を売る甲子屋、川口屋などの茶店が立ち並んで、大いに繁盛した。吉原の遊客もよく当地を訪れ、『田楽で帰るがほんの信者なり』など、当時の川柳と真先稲荷、田楽、吉原を取り合わせた句が読まれている。」と記されている。真崎稲荷は真先稲荷として社殿に額が掲げられている。

矢田の太鼓の宮入拒否の言い伝え

江戸時代から矢田部落も「お宮が穢れる」として阿麻美許曽神社の境内で太鼓を叩かせてもらえず、大和川の堤防で口惜しい思いを聞けとばかりに叩いたと、古老たちから言い伝えられている。

江戸時代の矢田冨田は城蓮寺村の枝郷として本村支配を受けており、寄り合いにも参加させてもらえず、氏子にもなれていない。天保一四（一八四三）年の永代常夜燈の氏子中の村名の中に矢田冨田の名前は無い。矢田冨田が独立村に成ろうとする運動が江戸時代にあった。「河内国丹北郡城蓮寺村　冨田新田では一九世紀はじめ、本村からの支配を脱し自立したいという嘆願をしばしば行った」（『部落の歴史　近畿篇』二一四頁）のである。成功はしていないが平等への要求で村は団結したと考えられる。冨田新田が独立村となったのは一八八四（明治一七）年であった。

「七分の一の命」の教材は、江戸時代の被差別部落民への差別支配の典型として復活させて、各地の事例で普遍化した学習が望まれる。その中で矢田の太鼓の故事も位置づけることができるだろう。

七　吉田松陰の恋と部落問題

萩の街は雨だった。日本の司法制度の基を築きながら、萩の乱で刑死した松陰門下の前原一誠の号泣にも似た激しい雨だった。

女囚高須久子への想い

篠つく雨を吉田松陰歴史館にさけた私たちは、そこで吉田松陰の三十歳の生涯を「ろう人形」で十八場面に構成した展示を見ることになった。

第八場面に獄中より獄司や囚人に孟子を講義する松陰の左の房に一人の女囚の正座姿があった。目線の高さに、多くの俳句の短冊が張られている。

女囚の名は、「高須久」である。松陰と部落問題の接点に位置する女性であることは承知していたが、どんな顔立ちの人としてつくられているのか興味をもってのぞき込んだが、中は暗くて白装束だけが浮かび上がっているだけであった。

松陰が国禁を犯して黒船で密出国しようとしたが拒否され、自首して江戸伝馬町の牢につながれて後、藩預かりとなり野山獄にいれられた一八五四（安政元）年には、女囚高須久（子）は在獄二年の身で三七歳であった。

高須久子に関して松陰の次のような説明をつけた短歌が残されている。

「高須未亡人に数々のいさをしをものがたりし跡にて　清らかな夏木のかげにやすらへど人ぞいふらん花に迷うと　矩方」矩方とは松陰のことである。

「いさをし」は「手柄」「勲功」のことであるが、吉田松陰全集では「いさし」となっている。「いさし」は子細、くわしい事情という意味である。ついで「未亡人の贈られし発句の脇とて、

　　縣香《かけこう》のかをはらひたき我れもかなと
　　　はれてはぢる軒の風蘭

同じく

　一筋に風の中行く蛍かな
　　ほのかに薫る池の荷《はす》の葉

とある。「花に迷う」との心情に対し「はじる」「ほのかに薫る」と恋心をよみこんでいるようで、獄中のロマンスを垣間見る気がする。

展示の脇に、

「鴨立ってあと淋しさの夜明かな　久《女》子」という松陰が一年後の一八五五年一二月一五日、野山獄を出て、杉家に幽室される時の別れの句がかけられていた。「鴨」は「鴫（しぎ）」をもじっているとすれば、松陰の字（あざな）の子義を意味している。

一八五五年五月一四日、江戸へ処刑のために獄を出る時、松陰は、

「高須うしのせんべつとありて汗ふき送られければ、矩方　箱根山越すとき汗の出でやせん君を思ひてふき清めてん」「高須うしに申上ぐるとて　一声をいかで忘れん郭公　松陰」とよんでいる。この句がやはり張りつけられていた。三十歳で刑死した激しい松陰の人生の中で心がなご

む淡いロマンスに想いをはせ、ほっとため息をつくのであった。

平人同様のつき合いで仕置

高須久子は三百石取りの家に嫁いだが、三十歳頃に夫と死別、その後、好きな三味線による浄瑠璃、京歌、チョンガレ節などの当時の流行歌に凝り出し、これらの芸をよくする「部落民」を家によび演じさせ、時には酒食を出し、遅くなれば泊まらせたという。

このことが「不図《はからずも》恋情相過候哉ニ相聞」され（聞合覚　調書）御仕置きになったのである。当時「密通」はもとより、部落民との交際も犯罪であって、「穢多ニ交り候時ハ、即穢多同前之義、其身柄のみならず親類迄も穢レ候」とされていた。

彼女は「すべて平人同様の扱いをしていることから、密通の疑いをかけられているようです。決して肌身を汚したりしたことはありません」と供述している。一八六八年の藩令では「穢多宮番之類平人ニ交リ候義は古来より之御大法レ有之候処、近年紏方緩《ゆるが》せに相成候歟《か》、ちかく紛れケましき事有之候而巳ならず間々平民ニおゐいてもなれく敷取扱候ものも有之哉ニ　相聞」として身分制の規制を強めている。その見せしめに入牢処分としたが、武士階級の体面上「乱心者」として扱われたのである。

宮番登波の仇討を賞賛

久子から、松陰は子細を聞いて「平人同様に扱う」平等観に共感したと考えられる。淡い恋心も単に女性というだけでなく、人間観への共通感情が重なっていたと思うのである。だからこそ、幽室時、周布政之助より、部落民の宮番「登波」の仇討を孝道、節婦の模範として、松陰は碑文を依頼され、一ヵ月間資料をあさって「討賊始末」をまとめるのに情熱を傾けたのである。

登波の義理の妹の離婚話のこじれから、妹の夫が登波の父、妹、弟を殺害し、夫に重傷をおわせた一件で、十二年間全国を廻って敵を探し、見つけ出し藩に仇討を願い出たが、藩は許さなかった。藩は代わりに敵を逮捕したが、自殺され、死後犯人は斬罪され、首がさらされた。登波は良民として身分が引き上げられた。松陰は「宮番といえば乞食非人などに比べて穢多よりまた一段見下げらるる程の者なるに…（中略）…天晴大和魂の凝固せる士大夫にも愧ぢざる節婦なり」と賞賛している。

人間平等の期待を裏切った明治維新

松陰の部落問題への関心は弟子の吉田稔麿に受けつがれ、「屠勇取立」の意見書を出し、維新団、一新組、茶筅組などが組織された。

一村百人に五人を選び、「穢多之名目被差除《さしのぞかれ》」た。次いで農商工を中心に高杉晋作によって奇兵隊がつくられ第二次長州征伐の幕軍を打ち破る大きな軍事力となった。

高杉晋作は「見渡せば穢多も乞食もなかりけり吉田の里の秋の夕暮」と述べているが「門閥の習弊を矯め、暫く穢多之者を除之外、士庶を不問」と穢多を除くとしていたのである。戦死した者を招魂社（後の靖国神社）にまつる時、「但屠率はこの限りではない」とし、まつられなかったのである。命をかけた脱賤化への願いが兵数を増すのに利用されたといえる。

明治政府に対抗する松陰一族の悲劇

二百石取りの高杉晋作の旧宅の裏に日本共産党（日本のこえ派）の志賀義雄の生家跡があった。雨はまだふりつづいている。

一八七六（明治九）年前原一誠の萩の乱に松陰一族は参加し明治政府軍と闘っている。実兄民治は陰の後援者であり、長男小太郎は戦死（一九歳）、松陰を幼少より教育した玉木文之進は敗色濃い中、玉木家墓前で割腹自殺、養子正誼は戦死した（二四歳）。

松陰の志をよく知る者は敗れ、「周旋屋」と評された伊藤博文等の利権がらみの藩閥政治が生き残ったのだ。

降り止まぬ萩の雨はやはり歴史の非情さへの松陰一族の号泣であろう。

八　「破戒」の風土―藤村と部落問題

一部　小諸編

島崎藤村は一八九九（明治三二）年四月、小諸義塾の英語、国語の教師として小諸へ来た。二八歳であった。その後一九〇六（明治三九）年四月まで七年間小諸に住み、浪漫派詩人から自然主義作家へと自己を変えていったのである。

その記念碑的存在が小説「破戒」であった。

差別の町―小諸

小諸は浅間山の麓、千曲川に臨む、牧野氏一万五千石の城下町であり、北国街道と甲州街道が交わる商業の町でもあった。今でも本陣跡や、商家の古風な味噌、お茶の看板が残されている。

小諸城跡の懐古園は、かつて足軽であった人々が士族会をつくって経営している。古い差別意識が支配している町でもある。

小諸義塾の藤村

小諸義塾は木村熊二により、一八九二（明治二六）年につくられ、一時大手門を仮校舎とした私塾であり、一八九九（明治三二）年、三年制の私立の旧制中学校として、小諸駅裏に新校舎を建て再発足した。新築された校舎は現在、移築して旧塾生の田村医院として使われている。熊二は自ら西国立志編を講じ、山路愛山や内村鑑三、徳富蘇峰らの講演もよく行なわれ、気宇壮大の風を養ったといわれる。

木村熊二は一八四五（弘化二）年出石藩儒臣、桜井右門の二男として京都に生れ、一八六九（明治二）年米国に留学。マスター・オブ・アーツの学位を得て帰国し、三年後の一八八五（明治

田村医院

木村熊二のレリーフ

藤村旧栖地の碑

一八）年に明治女学校を開いた。明治女学校からは羽仁もと子、野上弥生子らが育っている。

藤村は木村熊二との出会いを「初めて先生を知ったのは一八八七（明治二〇）年の頃、当時わたしは東京神田の共立学舎に学ぶ一六歳の少年で、そこへ英語を教えに通ってこられた教師の一人が木村先生だった」とのべている。明治学院に入学して木村熊二よりキリスト教の洗礼をうけている。明治女学校教師―東北学院の教師を経て一八九七（明治三〇）年に『若菜集』を出版、『一葉舟』、『夏草』などで近代詩人として名声が高まる中で、新婚生活の生計のこともあり、熊二の要請を受け入れて小諸義塾の教師になったのは、つとに若い青春の邂逅の故であった。

一九〇二（明治三五）年塾主の井出静が死去した後、藤村は教員惣代、今の教頭となった。

藤村は、馬場裏に借家を借り、大手町の湯屋から三ノ門（懐古園入口）の踏切を通って、義塾に通っていた。

にわか百姓の馬場裏住い

藤村は「わたしの馬場裏に借りた家は古い士族屋敷の跡、二棟続いた草ぶき屋根の平家で壁一重へだてて近在の小学校へ通う校長の家族が住んでいた」（「雲」より）と書いている。この隣の校長とは、猪子蓮太郎と丑松のモデルになる大江磯吉のことを話した伊東喜知である。

藤村は冬子夫人（二二歳）と新婚生活をはじめた。冬子夫人は明治女学校出身で、小諸へ来てか

揚羽屋

ら、茶の間で手習い（習字）を教えていた。彼女の父泰慶治から藤村は「破戒」の自費出版の費用四〇〇円の援助を受けている。

藤村は、隣の畑をかりて野菜作りをはじめ簡素な生活がはじまった。「不思議な百姓が出来上がった。高瀬（藤村）は頬冠り、尻端折りで股引もはいていない。それに素足だ。柵の外を行く人はクスクス笑って通った。……毎日のように高瀬は塾の受持の時間を済ませておいて、家へ帰ればこの畠に出た」（「岩石の間」より）という。

一九五二（昭和二八）年、有島生馬の筆で、藤村旧栖地の碑が建てられたが、本当の場所は庭になってしまっている。隣りの醤油屋の土蔵が残っており、近くに藤村一家が使っていた車井戸の跡がある。今はポンプ式に変わったが使われていない。

藤村の旧居は一時料理屋になったが、一九二〇（大正九）年から本間隆代により佐久市前山にかわらぶきに改造し保存されていたが、一九七四（昭和四九）年、佐久市教育委員会により、茅葺きにし、前山の貞祥寺に復元されている。

浪漫詩人から自然主義作家への転換点としての『千曲川のスケッチ』

藤村が泳ぎにいった千曲川は水でえぐられ淵となっていた。『千曲川のスケッチ』の中で「川上の方を見ると暗い岩蔭から白波を揚げて流れてくる。川下の方は又、矢のように早い、それが五里淵の赤い崖に突き当って、非常な勢いで落ちていく」と述べている。現在ではダムができて、当時の面影がなくなっている。

一九〇二（明治二五）年、『落梅集』に収めた「小諸なる古城のほとり、雲白く遊子悲しむ……暮れ行けば浅間も見えず　歌悲し佐久の草笛……」と詠う「千曲川旅情の歌」は、人生の旅人としての青春の憂愁を表わしている。一九二七（昭和二）年に長男の楠雄の除幕により碑がたてられた。

藤村は「市井にありて」で「あの『千曲川旅情の歌』を作ったのは今から二七年前のことで、詩の世界もまだほんとに薄暗かった当時に、旅人として私がどんな心であの城址の石垣の間などを歩き廻っていたかを思って見てくれる人は、この私の気持を理解してくれるだろうと思う」とのべている。

好きなにごり酒を飲んだ一ぜんめし屋、揚羽屋には藤村直筆の看板がかけられている。

この揚羽屋での観察は、「破戒」の中で、没落士族で志保の父、風間敬之進が零落して酒を飲みに出入する「笹屋」となって生かされている。

風間敬之進のモデルは、小諸義塾の数学、物理の教師で（東京）帝大物理科卒の鮫島晋学士で、後、物理学校（現東京理科大）の設立者の一人であったが、藤村が「私はこの老学士と仲好しになって、自分の身内からでも聞くようにその抑えきれないような嘆息や、内に憤る声までも聞くようになった」というぐらい不遇であった。先妻との娘がいたことは「志保」の境遇と似ているといえる。

藤村が愛飲したにごり酒「浅間嶽」をつくりつづけている「大塚醸造」は今も昔の面影をとどめている。

小諸義塾の図画担当の三宅克巳は藤村と同じ明治学院の同窓生ということで親交が開け、その影響で、藤村は三脚をもって千曲川流域をめぐり、写生画を描くように、原稿用紙をおいて、情景を文章で写しとる訓練をした。

その結果生れたのが『千曲川のスケッチ』である。

この書には「破戒」に出てくる丑松の父親のかくれ住んだとされる西乃入牧場や、父親を突き殺した種牛を処分する場面のモデルになった上田の屠殺場などの描写など、不断に情景の原風景が出ている。

藤村が詩から小説へ転ずる方法論確立がなされるのはこの時期であった。藤村は「とうとう七年の長い月日をあの山の上で送った。私の心は詩から小説の形式を選ぶようになった」とのべている。

藤村の部落問題への接近―禰津《ねず》と加増《かます》荒堀

藤村は「破戒」の中で丑松の生家を小諸の向町の「お頭」の家柄とし、小県郡の禰津村、姫子沢の谷間にかくれ住んだと設定している。

禰津の姫子沢は「五十戸ばかりの小部落」で、父親は烏帽子岳の麓にある西乃入の牧場の牧夫の設定だが、これらは一九〇三（明治三六）年に画家丸山晩霞の案内で被差別部落をたずねたときの見聞をもとにしている。父を突き殺した種牛を殺す場面は、一九〇四（明治三七）年の元旦に訪れた上田の屠殺場の「牛のつぶし初め」の見聞がもとになっていることが、『千曲川のスケッチ』に同じ文章があることでわかる。

藤村は一九〇一（明治三四）年塾生小山英助の案内で、小諸荒堀の被差別部落のお頭、高橋弥右衛門を訪ねている。部落問題についての知識は弥右衛門さんから教わっているのである。

「破戒」の中で向町が「獄卒と捕吏とは、維新前まで、先祖代々の職務」であり、近在の百姓がその職務へのお礼として一年に一度稲を一束ずつ持ってきた「お出入り」の慣習を、逆転させて、

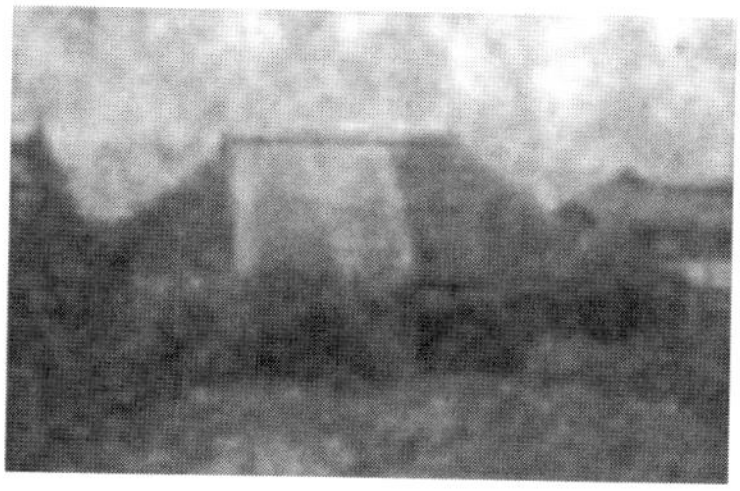

惟善学校

「穢多は……皆さん父親さんや祖父さんのところへ……御機嫌伺いに行き」と描いている。また「皆さんの履く麻裏を造ったり、靴や太鼓や三味線等を製えたり、あるものは又お百姓して生活を立てている」とも記述している。

「お頭はしっかりした、まぁ私（藤村）には確かに気性のすぐれた人物と思われた。落着いた人で……（略）……いろいろ聞いているうちに是方（こっち）が気恥しくなった位、田舎では珍しく話の解る人だ」と『新片町だより』の中でのべている。

「破戒」の中で丑松の父をこの弥右衛門に見立て「そもそもは小諸の向町（穢多町）の生れ」「四〇戸ばかりの一族の『お頭』と言われる家柄であった」と書いている。

荒堀部落と高橋弥文太の丑松モデル説

向町とは小諸市加増荒堀部落であり、役人村として首切り、牢番をさせられてきた長吏部落である。

深い蛇堀川を境に、橋向こうの街を形成し、「ムラ」の入口には馬頭観音の碑が建てられている。江戸時代、敵がせめてきたら、橋が切り落され、背水の陣で闘わされる仕組になっていたという。

高橋弥右衛門は士分格であった。小諸藩藩主酒井日向守の屋敷神であった白山社を転封のときに頼まれて引きつぎ加増の氏神としたといわれている。

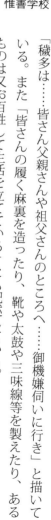

ご神体は首から上は人間の顔をした木の株でお面のように彫ってあり、雨乞いのとき、水源にご神体を持ち出して祈ったと伝えられている。

荒堀部落では丑松のモデルは高橋弥文太さんであるといわれている。弥文太さんは三味線をよくひき、自ら三味線の張替もしていた。書道もうまく、慶堂という号を持ち、各地を回って教えていた。

藤村はよくこの三味線屋に出入りをしていたという。酒屋の番頭をしていた時、娘の婿にこいといわれ、部落出身であることをかくしていたので、断って逃げるようにして帰って来た、という話も聞いたことであろう。弥文太さんは学芸に秀で村会議員もし、大正六年五九歳で死去している。

教育における差別はきびしかった。だが、部落の者は教育を受けないと差別が助長されると考えた高橋弥右衛門は、村長としての自分の敷地内に学校場をつくった。「惟善学校」と称し、学齢生徒四六人中二九人が学び、分校として認知させ、一八九七（明治三〇）年まで部落学校として継続した。

曹洞宗の葬式拒否差別事件と全村改宗問題

部落へのきびしい差別の実態は、一八九四（明治二七）年に起こった曹洞宗の部落の葬式拒否事件に端的に現われている。

荒堀の太鼓製造業者であった高橋長九郎が死去したとき、曹洞宗全宗寺の住職は三日たっても葬式にこなかった。「あの家は毛皮なめしをして臭気があるからいかない」という理由であった。

実は檀家の中の旧小諸藩士の下級武士の子孫が、「士族」を誇り、新平民と一緒の檀家になることをきらい、圧力をかけていたのである。

荒堀部落の人々は、「仏につかえる身が死者を差別するのか」と怒りいきまいたが、葬式を出さないと死体が腐ってしまうので、結局人を介して、全宗寺と訣別して、浄土宗光岳寺の檀家となることで宗旨改えをして葬式をすませたのである。

全宗寺の本寺である海応院では位牌を置く場所を旧士族と部落民を別々にして、部落の者はすみっこにおいやられていたのである。

それだけではない。部落の者に平然と差別戒名をつけていたのである。加増荒堀の墓地には、「僕男、僕女」、「童婢、童僕」と「しもべ、召使い」とさげすんだ戒名が現存する。「秋光童婢」は嘉永元年申（一八四八年）「貞庭良知僕男」は享和元年辛酉八月（一八〇一年）と彫られている。

小諸光岳寺の差別戒名「蹄軽畜男」と藤村との因縁

荒堀部落の人々が曹洞宗から宗旨改した浄土宗光岳寺は、小諸藩主をまつる寺で、小諸城にあった足柄門を今の山門にしているぐらいである。部落の人々は格の高い寺の檀家になることで鬱憤をはらしたと伝えられている。

藤村は小諸義塾からの帰路、光岳寺の鐘の音になれ親しんでいたという。境内には藤村の書いた義太夫をよくした「日向吉次郎」の碑が建てられている。

だがこの光岳寺にも差別戒名があった。寺の片隅に「蹄軽畜男」と彫られた墓石がある。「蹄は獣かまたは獣を扱う意味で、軽は身分の軽い、畜男は畜生のような男」の意味にとれる。

裏には「寛保二壬戊八月朔日　涌水老人溺死　塩川五右衛門眷属人馬水死……」と書かれている。

「戊《いぬ》の涌水」といわれるのは、一七四二（寛保二）年七月二九日から降り出し翌八月一日から二日にかけて東北信一帯の河川にあふれ出た大雨のことで、小諸では中沢川の上流で山崩れがあり、その泥水が六供、田町、本町の西側に押し出し瓦門（大手門）、三の門（今の懐古園入口の門）を押し流して千曲川へ流れこんだ。流失家屋三九二、死者五〇七人と伝えられている。

蹄軽畜男の差別戒名

本町の大商人、塩川五右衛門もこのとき水死したが、その使用人であった賤民の戒名が「蹄軽畜男」である。この差別戒名は住職の黒田説成も知らなかったもので、一九八一年七月一四日、黒田伊彦により発見されたものである。

塩川家は現在、本町で新聞とペンキを商いにしている。藤村の小諸在住当時は新聞と薬と鉄砲を商っていた。

この塩川家の長女、蝶子は藤村の妻冬子から習字を教わり、神津猛へ嫁した。神津猛は信濃銀行、志賀銀行を経営し、村長や農会長も務め「赤壁御殿」といわれる屋敷に住んでいた大地主であった。彼に藤村は借財を申し入れ、東京へ出、「破戒」を出版し得たのである。

部落問題を扱った「破戒」、塩川家と差別戒名と藤村、藤村の出入りした荒堀部落が歴史の糸でつながっている奇しき因縁が、歴史の奥深い暗部からほのかに浮び上がってくるのである。

二部　飯山編

蓮華寺のモデル―飯山の真宗寺

「蓮華寺では下宿を兼ねた」で「破戒」は、はじまっている。

その蓮華寺のモデルは、飯山市の浄土真宗、安養山真宗寺である。真宗寺は一二二〇（承久二）年親鸞の直弟子、教念によって開かれ、一六〇四（慶長九）年飯山に移った名刹である。

「寺は信州下水内郡飯山町二十何ヵ寺の一つ、真宗に附属する古刹で、丁度その二階の窓に倚り凭って眺めると、銀杏の大木を経てて飯山の町の一部分も見える」とある。真宗寺は一九五二（昭和二七）年の飯山の大火で大部分を焼失した。

焼ける前には大きな山門と銀杏の木があった。

今は大きな銀杏の切り株と石畳が、往時をしのばせるにすぎない。

焼け残ったのは、六角形の経堂のみである。

庫裡跡には、蓮華寺跡の碑がある。

本堂跡には、「破戒」の冒頭の一文の碑が建てられている。

瀬川丑松の下宿の部屋は庫裡の二階で「壁は壁紙で張りつめて、それが煤けて茶色なっていた」

真宗寺の門

「粗造な床の間、紙表具の軸、外には古びた火鉢が置いてあるばかりで、何となく世離れた、静寂な僧坊であった」とある。

その庫裡も焼けて今はないが、新しい庫裡の一室に、藤村の長男の楠雄による「蓮華寺跡」の額がかけられている。

蓮華寺跡の碑

藤村の飯山行―「破戒」の舞台設定

藤村は飯山の町を二回訪れている。第一回目は『千曲川のスケッチ』の一一に書かれている。小諸義塾の図画教師、丸山晩霞と一緒に訪れたのは、一九〇一（明治三四）年から一九〇三（明治三六）年の間の秋と考えられる。

真宗寺を訪れ、老住職井上寂英夫妻と語らい、特に、井上寂英の長女瑞枝の夫、藤井宣正が、一九〇二（明治三五）年、西本願寺の大谷光瑞《こうずい》の印度仏領探検隊に加わり、インド、セイロンの仏跡を探検した話や絵葉書をみせてもらい、それを素材に「椰子の葉陰」の一篇をつくり、雑誌「明星」に発表している。

第二回目の飯山行は、一九〇四（明治三七）年一月である。小諸義塾の女子学習会（女子部）の白檮山《かしやま》いそじと三村喜乃子が、一九〇三（明治三六）年一〇月から一九〇四（明治三七）年三月まで、飯山小学校を会場にした長野師範学校主催の、準教員の資格のとれる講習会に参加した。

彼女らの下宿が、真宗寺であった。

藤村は、正月休みあけの一月六日、この二人に同行し、「真宗寺へは二

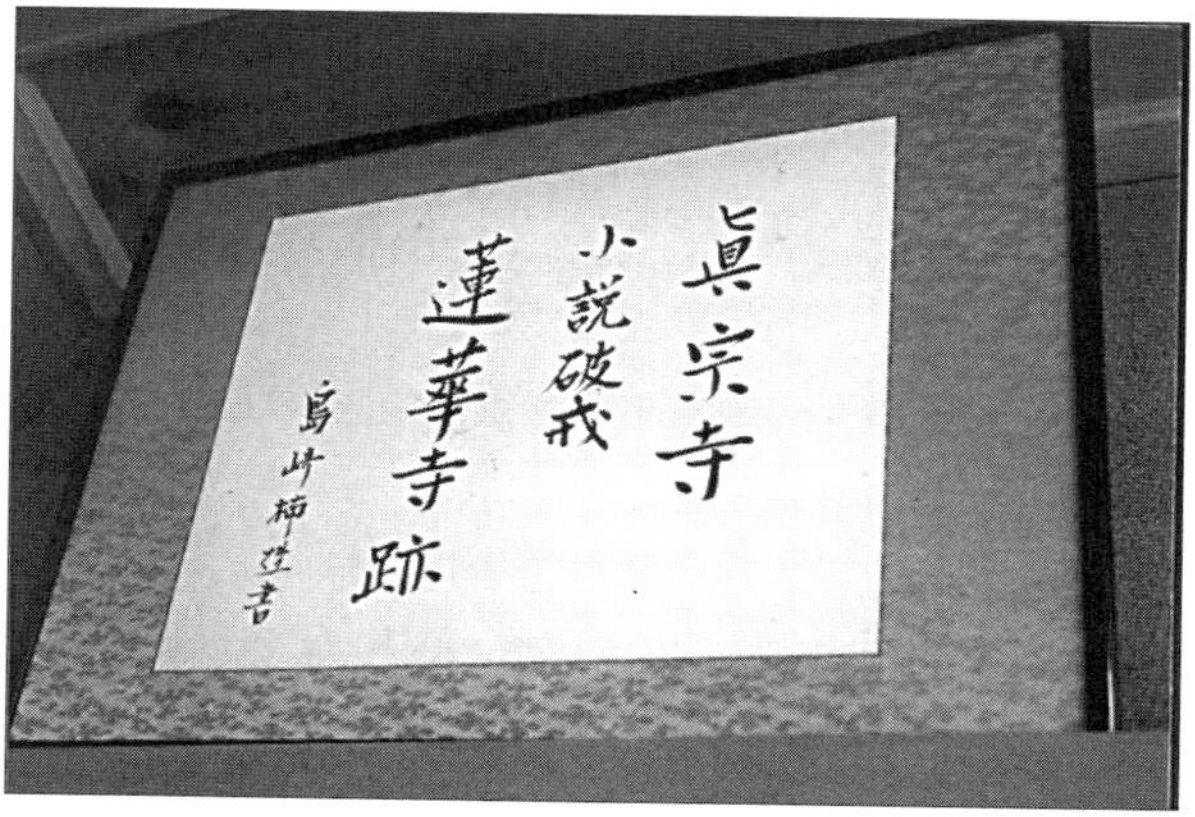

真宗寺の額

人のお供だといって決して島崎だといってはいけない」と口止めして、真宗寺に泊まった。

真宗寺の住職夫人に「そんなに手の白いお百姓さんはいない」と、すぐ島崎藤村だと見破られたという。飯山の冬の風物生活を取材し、真宗寺に下宿していた飯山小学校の首席訓導、清水謹一からも飯山小学校のことを取材したと考えられる。

真宗寺には、藤村が好んだという猫石が今も残っている。

部屋には、藤村が小諸を去るときに神津猛に送った写真をもとにして描いた肖像画がかけられているが、足袋が鼻緒ですり切れているところがそのまま描かれており、当時の藤村の貧しい生活の一端をのぞかせている。

この一月の雪の飯山行は、そのまま「破戒」の中で、父の葬儀を終えての帰り道の描写に生かされている。

「田中から、直江津行の汽車に乗って、豊野へ着いたのは丁度正午すこし過。」、叔母のつくってくれたにぎり飯をたべ、わらじのひもをしめ直し、一里ばかり歩いて蟹沢（かにざわ）に出た、となっている。

蟹沢は千曲川の川舟の出るところで、鉄道ができるまで、豊野～蟹沢間は「トテ馬車」が走っていた。

夕方、蓮華寺の鐘の音をききながら、雪の日の白く光る飯山の町に上った渡船場は、今日では、堤防の下に碑のみが残されているだけである。

川舟の「窓から、首を出して飯山の空を眺めると、重く深く閉塞《ふさが》った雪雲の色はうたた孤独な穢多の子の心を傷ましめる。残酷のような、可懐しいような、名のつけようの無い心地は丑松の胸の中を掻乱した」と書かれている。

飯山の町は、「破戒」の冒頭に「さすが信州第一の仏教の地、古代を眼前に見るような小都会、奇異な北国風の屋造、板葺の屋根、または冬期の雪除として使用する特別の軒庇から、ところどころに高く顕れた寺院と樹木の梢まで——すべて旧めかしい町の光景が香の烟の中に包まれて見える。」と書かれている。

藤村が飯山を「破戒」の舞台として選んだのは、奥信濃の雪にとじこめられた風物の中で形成される、隠微な精神風土であったといえる。

島崎藤村の額

丑松と蓮太郎のモデル―大江磯吉と差別事件

小諸の家の隣家にすむ小学校校長、伊藤喜知と、私的に英語を教えていた長野師範学校生らから、大江磯吉の話を聞き、彼をモデルにして丑松と猪子蓮太郎を創り出したのである。

藤村は「破戒」執筆の動機を「破戒の著者が見たる山国の新平民」の中で「其人のことを聞き得られるだけ聞いてみて、其の悲惨な生涯だと想い浮べた」「つまりあいう風に世の中から嫌われている特別の種族ですから……（略）……知識という方面……にそういう

大江磯吉

種族が発達し得るかどうか、それが私の深い興味をひいた」と述べてもいる。

大江磯吉は信州高遠（現飯田市）の生れで、長野師範学校教諭のとき、飯山での夏期講習会の教育学の講師として来て、光蓮寺に泊まったが、「穢多」であるということが、誰からか寺に伝わった。「さあ大変というわけで、早速出てもらって、畳の表替えをする、塩をまく、まるで伝染病の消毒宜しくという騒ぎであった」という。このいきさつは「破戒」の中では、大日方という御大尽が、「エタ」という噂がひろがって、まわりの者から飯山病院を放り出される部分や、丑松の引越の動機につかわれている。

大江磯吉はこの事件後、その職に止まることができず、一八九三（明治二六）年、大阪府立尋常師範学校教諭（現大阪教育大）に転じたが、被差別部落出身であると排斥され、二年後に鳥取師範学校に転じた。ここで彼は生徒の前で、自ら部落民であることを明らかにした。

一九〇一（明治三四）年兵庫県立柏原中学校長になった。その温容さと不言篤行は職員生徒から敬愛されたという。「忍耐と力をつけること」が彼のモットーであった。

一九〇二（明治三五）年の夏、腸チフスで倒れた母の看病で故郷の高遠へ帰って、不眠不休の看病をつづけるうち、自らが腸チフスにかかり、母より早く他界してしまったのである。

彼の字（あざな）は子廉であり、養子は猪子太郎であった。藤村が「猪子蓮太郎」の名を、彼をモデルにしてつくり出したのである。

「破戒」の中で猪子蓮太郎を「……生れは信州高遠の人……丁度長野の師範学校に心理学の講師として来ていた頃……同じ南信の地方から出て来た二三の生徒の口から泄れた。講師の中に賤民の子がある。この噂が全校へ播った時は、一同驚愕と疑心とで動揺した。……放逐、放逐、声は一部の教師仲間の嫉妬から起った。……いよいよ蓮太郎が身の素姓を自白して、多くの校友に別離を告げて行く時、この講師の為に同情の涙を流すものは一人もなかった。蓮太郎は師範校の門を出て、『学問の為の学問』を捨てたのである」と書いている。『懺悔録』を著し、差別と闘う闘士として世に出、暗殺されることが、丑松に「穢多であることをかくせ」との戒を破るきっかけとなった人物として設定されている。

モデルとなった住職井上寂英

二つの破戒の意味するもの——藤村の社会観

「破戒」では、穢多であることをかくせという父の戒を破る破戒と、蓮華寺の住職が養女の志保を手ごめにしようとする僧の破戒が描かれている。

真宗寺の住職の次女「つるえ」の夫で、東京音楽学校（現東京芸大）の教授で「兎追いしかの山……」で有名な「ふるさと」の作詞者でもある高野辰之は、一九〇九（明治四二）年「破戒の後日譚（ものがたり）」として、モデルになった住職井上寂英は「そのような破廉恥な人間でない」と抗議をしている。藤村も「あれでも私は小説のつもりで書いた。……事実の報告のごとく取扱われるのは遺憾である」と述べ「老僧は高徳の人」であったとも述べている。だが重要なことは、高僧の破戒は、世の中に明らかにならないが、丑松の秘事はだまっていても、世の人々により暴かれ、破戒へ導びかれるという対比の中に、当時の藤村の社会観をみることができるということである。

「高尚な宗教生活」をする僧の異常な情欲と淫行は、罪ではなくて「病気」とみなされ志保も奥様も「病気の回復」を願って哭くのみである。奥様に擬せられたのは井上寂英夫人「よし江」であった。

実父の風間敬之進は、「あまりにあさましく、馬鹿々々しいことで他（ひと）にも話ができない」と決して他言はしないし、ましてや丑松は愛しい志保の恥を口外することはない。

だが丑松の秘密は黙っていても、世の中が放っておかず、暴かれていくのである。罪の許しを乞わねばならないのは住職の方であって、丑松ではない。丑松はいかなる罪も犯していない。なのに謝らなければならないという対比の中に、藤村の社会観をみることができる。

前に述べた高野辰之は「そもそも飯山地方の穢多を忌むことの甚しきことは『破戒』にもある通りだ。決して同席もしないし、言語を交えようともしない」とその差別的な精神風土を語っている。

このきびしい社会（よのなか）にあって志保は丑松を信じ、「新平民だって何だって毅然とした方の方が、あんな口先ばかりの方よりは余程好いじゃ御座いませんか」「父親さんや母親さんの血統がどんなで御座いましょうと、それは瀬川さんの知ったことじゃ御座いますまい」といわせている。

没落士族の親と娘と息子の省吾の中に虐げられた人間同士が、愛と信頼で結びつけられていく共生観が「破戒」の全篇を貫くモチーフともなっている。

差別戒名にみる飯山の差別の精神風土

飯山のきびしい陰惨な部落差別の精神風土の典型を、死後も差別しつづける差別戒名にみることができる。飯山市戸狩、スキー場でにぎわう山麓に、浄土宗成相山光明寺がある。その墓地の二カ所に部落民の墓がある。

光明寺の差別戒名の自転革門

「自転革門」「順意革女」と墓碑にきざまれた戒名は、皮革業、死牛馬の処理に従事させられた被差別部落民を意味する「革」であり、一目で部落民の墓だとわかってしまう。「しかも自ら転んで」「意に順って」という不本意な戒名なのである。

「連寂《れんじゃく》」とは、賤業とされたかごかき、運搬業のことであり、荷物をはこぶ「しょいご」の連寂からきた賤称である。もちろん被差別部落を表わしている。

部落解放同盟の飯山市協議会の川谷功さんはこう語っている。「多くの差別戒名の墓を一ヵ所にあつめて、土の中に埋め、その上に新しい墓石を建てたのはつい最近のことです。この墓などがそうです。」

「これは、私の祖父の墓ですが、明治一三年に死んだとき、大金を積んで差別戒名からのがれることができたのです。」

「『相誉実善禅定門』俗名川谷善之松の墓です。それでも一番下の禅定門です。祖父は村に一つも電灯がないときに、寺に門灯を寄付したりして、つくしたのですよ。」

「本堂へきて下さい。」

「この大きな本堂の木魚をみて下さい。寄付人は、川谷為五郎とあります。私の父です。おやじです。喰うや喰わずの生活をしていて、お寺に大金を寄付する、これも末代まで差別されたくないという生活を賭けた闘いの一つの型だったのです。」

「この太鼓は二五円もしました。明治一九年にですよ。今なら一〇万倍の二五〇万円でも無いでしょうね」

「一般の人の檀家から馬鹿にされたくない、差別されたくないとの一心で、お寺に寄付をするのです。あの世での幸せのためじゃないのです。自分は飲まず喰わずの生活なのにね。身を削る、命を削る思いの差別との闘いですよね。人は融和主義だという、それはた易いことですよ。だが全国水平社も何の組織もないときの運動とはこんなものだった。しかもぎりぎりのものだったと思いますよ。」

川谷功さんはしみじみと語っている。

差別戒名はきびしい歴史の証人として今も私たちの目の前に歴然と建っている。

三部　部落解放運動編

飯山の自由民権運動の挫折と活動主義教育運動の台頭

人間の自由と平等を要求する自由民権運動の中で一八八一（明治一四）年福岡では部落差別への闘いの組織として「復権同盟」がつくられた。

飯山の自由民権運動は戸狩の沼田芸平（文化三～明治二三）から始まる。戸狩に顕彰碑が建てられている。芸平は、一八五六（安政三）年大阪北浜の緒方洪庵の適塾で、福沢諭吉らと共に学び、一八六一（文久三）年帰郷後、医者を開業した。時に芸平三二歳。北信濃唯一の知識人であった。この芸平に師事したのが、顔戸村の平井庄衛門（文化七～明治三〇）であり、彼は、顔戸開成所を開き「寿自由党」を結成した。だがこの自由民権運動には、部落解放への自覚はない。農民たちは顔戸村の夜学校で自由民権思想を学んだが、それは貧しい民の解放思想ではなかった。豪農民権は、日清・日露戦争の中で、ナショナリズムに吸収されていったのである。ナショナリズムを支えたのは森有礼以来の「校庭を練兵場と心得えよ」という国家主義教育であった。

沼田芸平の顕彰碑

小諸、飯田における国家主義教育へ抵抗した教師群像と丑松の教育観

小諸に藤村がいた頃、小諸小学校では和歌山師範閥と長野師範閥が対立しており、佐藤寅太郎校長は長野師範閥の小諸周辺の教師を集めて、この内紛を解決して、一九〇四（明治三七）年三月には長野県から表彰され、金牌をもらっている。

この佐藤校長は日露戦争後の実学尊重の風潮を背景に、小諸町に乙種商業学校の創立を働きかけ、小諸義塾への町の補助金を打ち切る策動をし、藤村が小諸を去った一年後に、小諸義塾は閉所、廃止されたのである。

「白く塗った建物」といわれた飯山小学校を舞台に、小説「破戒」では、金牌事件を、軍隊式規則主義教育を方針とする校長と勝野文平―郡視学と、自由主義教育を目指す丑松―土屋銀之助との対立として描いている。金牌をもらった校長はいう、「教育は即ち規則であるのだ。郡視学の命令は上官の命令であるのだ。もともと軍隊風に児童を薫陶したいと言うのがこの人の主義で、日々の挙動も生活も、凡てそれから割り出してあった。」と。

これに反対する丑松は、部落の仙太のテニスボールの相手に誰も出てこない状況の中で、自ら進んで相手をし、子どもの心の絆を強めていくのである。だからこそ、丑松が「エタ」であることを告白しても、児童らは「現に生徒として新平民の子もいる。教師としての新平民になんの不都合があろう」と校長に留任を要求する団体交渉を自主的に行なうことになる設定にしている。

この動きは、小諸小学校の伊藤長七や飯山小学校の清水謹治らによってすすめられていた「活動主義教育」の反映、聞き取りが素材となっている。

活動主義教育は、雪中登山、雪合戦、テスト廃止などを行ない、形式的注入主義の規則教育に対し、児童の自発性を養い、主体性をもった国家有為の人材をつくろうとした教育運動であった。

今日の飯山小学校で、往時の面影をしのばせるのは、ケヤキの大木のみである。

「破戒」のクライマックス―先行作品とドストエフスキーの「罪と罰」との関係

「破戒」で丑松が部落民であることを隠していたことを「許して下さい」と謝る場面設定は、「破戒」を差別小説とみるかどうかの重要な争点となるところである。

「破戒」の中では次のように書かれている。「……穢多が皆さんの御家へ行きますと、土間のところへ手を突いて、特別の茶碗で食い物なぞを頂戴して、決して敷居から内部へは一歩も入られなかった――。皆さんの方から又、用事でもあって穢多の部落へ御出になりますと……お茶は有ましても決して差上げないのが昔からの習慣です。……実は、私はその卑賤しい穢多の一人です。」「『皆さんが御家へ御帰りに成りましたら、何卒父親さんや母親さんに私のことを話して下さい——今まで隠していたのは全く済まなかった、と言って、皆さんの前に手を突いて、こうして告白けたことを話して下さい——全く、私は穢多です、調理です、不浄な人間です』とこう添加して言った。丑松はまだ詫び足りないと思ったか、二歩三歩退却して『許して下さい』と言いながら板敷きの上へ跪いた。何事かと、後列の方の生徒は急に立上った。」

部落民であることをかくしていることがなぜ罪となるのか、なぜいわねばならないのか。—そこにきびしい差別の社会意識の状況がある。丑松を絶望においこむ世の人々の差別への加害者性がある。

藤村はこの世の人々の加害者性の告発に重点をおくよりも、丑松の葛藤に重点をおくが故に、差別小説としての評価をまぬがれ得ないのである。

飯山小学校

藤村が「破戒」を執筆するまでの作品——「旧主人」「藁草履」においては、過去の情交の秘密がばれて、破滅する姿を描いている。

「老嬢」では、女の幸福は結婚だとする女と独身を貫く夏子を対立的に描き、夏子が荒れた男関係から私生児を生み、狂ってしまう破滅を描くのである。

「水彩画家」では、洋行中に妻が未婚時代の男性と文通していることを手紙をみて発見し、嫉妬し、離縁を考えるが、一方自分も外遊中世話になった女性を忘れられない。結局妻を許す自己犠牲で解決しようとする筋書である。これは「破戒」の中で、テキサ

老嬢の絵

ス行の自己犠牲により解決しようとする構想の先駆けといえる。

北村透谷の「内部生命論」に影響されていた藤村は、封建的なものに抗する近代的自我の格闘テーマとしてもち続けたといわれる。告白の場面設定は、ドストエフスキーの『罪と罰』に負っているところが多い。老婆が金を持つより、前途有為の青年が持つ方が神の正義にかなうと老婆を殺したラスコーリニコフに、ソーニャが「四つ辻へ行って、みんなにお辞儀をして、地面に接吻なさい。だって、あなたは大地に対して罪を犯しなさったんですもの。そして大きな声で『わたしは人殺しです』とおっしゃい」(米川正夫訳)とすすめた。ラスコーリニコフは乾燥広場の真中に膝をついて汚い大地に接吻しながら懺悔告白をするのである。これは教室の塵埃の中に額を埋めて告白する丑松の場面と同じである。

移民、棄民による部落解放論に影響されたテキサス行

丑松は、病院を追われた大日方の導きで、アメリカのテキサスに自由の天地を求めて旅立っていく。部落差別と闘うのでなく、「にげる」といういわゆる「丑松思想」の由来となったところである。これも争点の一つである。なぜ藤村はテキサス行きで解決しようとしたのだろうか。

瀬沼茂樹はテキサスの日本村に理想の村建設を夢みるのは、藤村の理想主義、浪漫主義の現われとみている。果たしてそれだけでいいのだろうか。藤村は「破戒」を書く前に、清水柴琴の『移民学園』（一八九九年）を読んでいる。清水柴琴は自由民権運動の活動家で、東京帝大農学部古在由直の妻で哲学者古在由重（よししげ）の母親である。『移民学園』は、新平民の妻をめとっ

た大臣が妻の出生がばれたとき、資産を整理して北海道で「移民学園」という学校をつくり、新平民の捨て子たちを集めようとする物語である。

明治期の部落解放論は、国内矛盾の解決を海外移住の名による棄民に求め、しかも海外侵略の尖兵たらんとすることにあった。

柳瀬頸介は、九州柳川の生れ、二九歳で台湾で死去したが、その遺稿が一九〇一（明治三四）年に『社会外の社会、穢多非人』として刊行された。その中で「戦勝の結果、台湾一島は我が版図に入り……（略）……年々二・三部落若しくは五・六村落を移住せしめれば、彼等が救済を得るは勿論、国家もまた之をもって南門の鎖鑰（さやく＝錠と鍵）に用いる所あるべし」と述べ、ペルー、メキシコ、カナダへの移住も提起している。

東雲新聞

東雲新聞

南部露庵は『教育私考』において、「部落の子弟を集め、風雲児養成所、冒険校をつくり、朝鮮の一島に自由郷を建設せん」と唱えた。

大正天皇の侍従、杉浦重剛は『樊噲（はんかい）夢物語』で「部落九万戸より一人ずつ壮丁を出し、南洋の島々で独立国をつくる事」を提起した。

これらの棄民による海外侵略という解放論に対し、「賤民こそが自由平等を実現する『選民』である」ことを主張したのは中江兆民であった。

兆民は、一八八七（明治二〇）年条約改正問題で、政府により反対派の一人として東京より追放されて、大阪の西浜部落に入り、「東雲新聞」を発行した。

一八八七（明治二二）年、「余は……昔日公等の穢多と呼びならわしたる人物なり」として、人間平等を説いた。「公等の脳髄胃腸と其形状果して相異なるか」と問い、「吾等の同僚の中に、死獣の皮をはぐものあり、公等の同僚中に死人の皮をはぐものあらずや、獣の皮をはぐ者これを穢多といい、人の皮をはぐ者これを医師という」と痛烈に支配者階級を批判した。

だが藤村の部落解放論は、棄民による海外侵略という主流の考え方を出ることがなかったといえる。

三児をなくした「破戒」出版の苦悩

藤村は小諸義塾をやめ、「破戒」の約半分の原稿をたずさえて、上京したのは、一九〇五（明治三八）年四月二九日であった。「破戒」が出版されたのはその一年後一九〇六（明治三九）年三月である。五〇〇部の自費出版であった。

東京での住居は、西大久保（現東京都新宿区）の借家で、今は案内板を残すのみである。「破戒」の残り半分の原稿を書く間、藤村は三児をなくしている。一九〇五（明治三八）年五月六日、三女縫子はハシカから急性脳膜炎を併発し死亡、行年一歳。一九〇六（明治三九）年四月七日、次女の孝子が急性腸カタルで東大病院で死亡、行年四歳。同年六月一二日、長女緑がハシカの予後が悪く結核性脳膜炎を併発して、東大病院で死亡、行年六歳。藤村は、緑の死亡を小諸の津金良助、伊藤五郎に知らせている。一九〇五（明治三八）年一〇月二〇日、長男楠雄が出生した。

藤村は、この状況を述べている。「あの著作に従事している間は、私の小さな生命は全く経験のない新生涯に移ろうとする不安のために動揺しつづけた。私が信州の山の土から引き連れていった三人の女の児を失なったのも、あの西大久保の郊外に移ってからだった」、妻冬子も、栄養失調から夜盲症にかかっている。まさに家族の生命を犠牲にして「破戒」は生み出されたともいえる。

しかも資金的には、神津猛と泰慶治の援助で出版され得たものである。

一九〇六（明治三九）年一月二七日「破戒」の原稿完了の葉書を神津猛に出している。

「人生の従軍記者のように」という気持を藤村は訴えているが、田山花袋の日露戦争の従軍記者に比して、藤村は日露戦争の傍観者だったと芥川龍之介は述べている。小説家として自立する悩みと家族の病気と相次ぐ娘の死亡、資金ぐり、それは彼にとっての内なる戦争であったといえよう。再版の序で「身をおこすまで」と書き加えた心情の所以である。

「破戒」執筆当時の机とすずりは、小諸を去るときに、神津猛におくっている。

机の裏に「七とせのわが友ぞ緑葉窓を掩うのあした白雪庭を埋むるの夕ふみよむ時のたすけとしてわれに親みしは言うも更なり……」と書き「明治三八年四月小諸馬場裏をいでて都にむかう日、藤」と記している。

ランプは掛川周三郎に贈っている。

部落民異民族説と絶版、再版の改ざんにみる藤村の差別性

「破戒」はこの苦闘の中で出版され、自然主義文学の金字塔として洛陽の紙価を高めた。だが同時にそれは、藤村の部落への差別的な認識を世に明らかにしてしまった書でもあった。

「破戒」の中で丑松の父が「かくせ」と戒める場面で「東海道の沿岸に住む多くの穢多の種族のように、朝鮮人、支那人、露西亜人、または名も知らない島々から漂着したり帰化したりした異邦人の末とは違い」、その血統は武士の落人から伝わったものと落武者起源説も述べている。

屠牛の場では「屠手として是処に使役われている壮丁《わかもの》は十人ばかり、いずれ紛《まが》いのない新平民

――殊に卑賤しい手合と見えて、特色のある皮膚の色が明白《ありあり》と目につく。一人一人の赤ら顔には、烙印《やきがね》が押当ててあると言ってもよい。中には下層の新平民に克《よ》くある愚鈍な目付を為《し》ながら是方を振返るもあり」と差別観を助長する記述をしている。

差別と闘う蓮太郎の自己認識として「いくら吾儕が無智な卑賤《いや》しいものだからと言って」と述べさせてもいる。当時の社会の認識を述べているとしても、藤村自身はそれを受け入れていたし、且つその差別意識の拡大助長に手をかしたともいえる。「破戒」は一九二九(昭和四)年新潮社版を最後に絶版となった。

一九三五(昭和一〇)年、関東水平社が「破戒」の差別性に抗議をし、「破戒の中の不適当な文字について協議した。その結果、出版元の新潮社が以後不適当文字を削除して出版するとの返答を得たので諒解して声明書を出している」。(『水平運動史の研究』第五巻　部落問題研究所)

その後一九三九(昭和一四)年改訂版が新潮社から出版された。「穢多」「新平民」を「部落民」「部落のもの」としたり、「素姓が素姓」を「生れは生れ」としたり、前述の「穢多の中でも卑賤しい身分のものと見え」を削除したりしている。異民族説は削除し、落武者説で統一してもいる。賤称語を言い変えて、果たして藤村の部落への差別観念は糺されたというのであろうか、否である。

再版の序で「これは過去の物語である」「風雪三〇余年、この作の中に語っているやうなことも又その背景も現時の社会ではない」と述べている。部落差別は一九三九(昭和一四)年には無くなっていたとでもいうのであろうか。

一九五三年の筑摩書房の初版本復元に際し、部落解放全国委員会は声明を出し、藤村の「破戒」の差別性を糾弾している。雑誌「文学」には北原泰作が「日本近代文学に現われた部落問題」

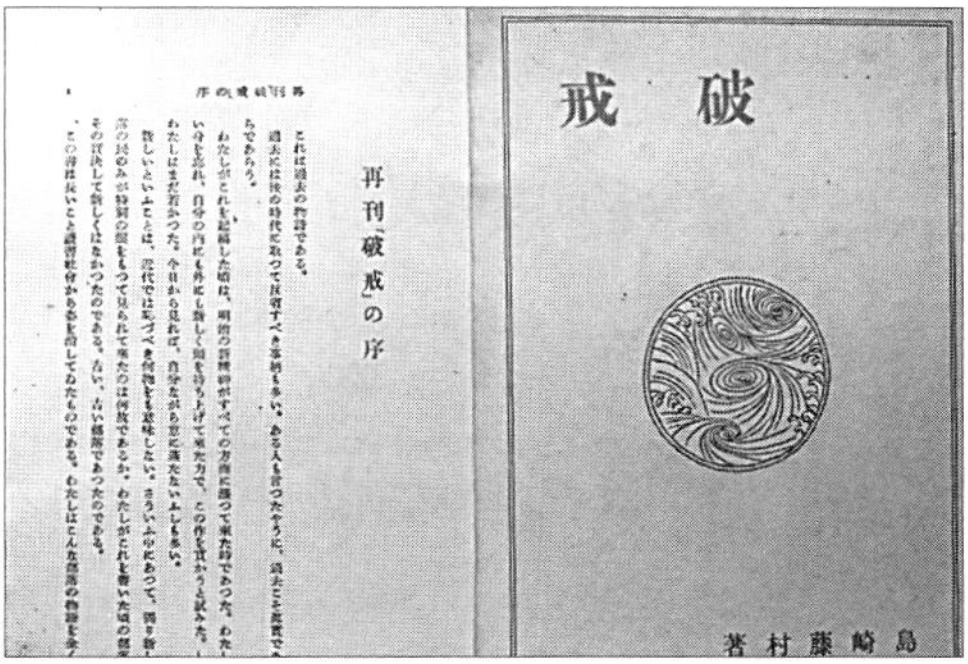

新潮社改訂版

（一九五九年二月）を書き同様の批判を行なっている。

現在、新潮文庫版は初版本に何の自己批判も解説もなく、もどっているのは問題であろう。

長野水平社の朝倉重吉の息子さんの米重さんは「藤村は『破戒』を書くまでは、よく荒堀の部落に出入りしていたが、『破戒』を出して有名になると、途端に一回も来なくなった。部落を利用しやがったと当時の人々は語っていた」「荒堀の者が『破戒』を読んだのは出版されてから五年の後だった。出版のおかげで、行商へいっても小諸から来たとは言えなかったと、いきどおる年寄りもいた」と語っている。

「破戒」を歴史と時代性の中に位置づけると共に、藤村の差別性はきっちりと批判し、時代を越えてせまる文学性について明らかにする必要が今日ますます重要になってきているといえる。

九　洞部落の強制移転と神武天皇陵

建国記念の日をデッチ上げた紀元節の復活

これから語る話は、歴史上存在しなかった神武天皇の御陵をつくるために、強制的に洞部落の立ち退きが行なわれたというものです。一九一七（大正六）年から、一九一九年の米騒動の時期でした。

「解放の父」松本治一郎は「貴族あれば賤族あり」といっています。それは菊と荊冠との闘い、天皇制と部落との闘いでありました。

二月一一日は建国記念の日だとされています。戦前は紀元節といわれていました。紀元前七世紀にカムヤマトイワレヒコの命、すなわち神武天皇が多くの豪族と戦って日本の支配者となり、橿原の宮で即位をした日が二月一一日だとされているのです。それをもとにして一九六六年に、政府が建国記念の日に決めたのです。

①16代仁徳天皇までの年齢
（『日本書紀』参照）

代位	名まえ	よみかた	年齢
1	神武	じんむ	127
2	綏靖	すいぜい	84
3	安寧	あんねい	67
4	懿徳	いとく	77
5	孝昭	こうしょう	114
6	孝安	こうあん	137
7	孝霊	こうれい	128
8	孝元	こうげん	116
9	開化	かいか	111
10	崇神	すじん	119
11	垂仁	すいにん	139
12	景行	けいこう	143
13	成務	せいむ	107
14	仲哀	ちゅうあい	52
15	応神	おうじん	111
16	仁徳	にんとく	143

天皇在位表

神武天皇など存在しなかったことはすでに御存知でしょう。

神武天皇というのは次のように考えられます。大化の改新後の壬申の乱のあと、大海人皇子、後の天武天皇が国の歴史を作らせました。そのとき、自分たちの行動を神武の大和統一の伝説としてつくりかえたのです。『古事記』、『日本書紀』が編纂された八世紀に、神武天皇以下の天皇がつくられました。だから天皇は大変長生きしたことになっています。神武天皇は一二七歳、仁徳天皇は一四三歳、一六名中一〇〇歳以上が一二名になっています。このことから考えても、仮空の人物で現実にあり得なかったことがわかります。

国民主権の今日、天皇が日本を支配したという伝説の日をなぜ祝わなければならないのでしょう。世界の国々の中で日本と韓国だけが神話をもとに建国の日を決めているだけです。イギリス、スウェーデン、デンマークには建国の日はありません。古い歴史のある中国、インドでも、また、フランス、アメリカでも国民が国の主人公になった革命や独立記念日を建国といって、共に祝っているのです。二月一一日を祝うことは、国民主権に逆らい、神武天皇がいたかいなかったかの学問上の自由な論争を、一方的に国の権力で封じこめ、学問の自由を保障している憲法に違反した行ないであります。

聖徳太子が辛酉革命説で神武即位をデッチ上げ

そもそも、神武天皇の即位の日を決めたのは聖徳太子でした。太子は一七条憲法で「国に二君なく、民に両主なし」とのべて、天皇中心の国づくりをしました。そして、六〇四年に暦をつくらせました。その時、讖緯説によって、辛酉の年には、革命が、ことに二一回目の辛酉の年には大革命がおこると考えました。辛酉の年は六〇年に一回やってくるので、二一回目は六〇×二一

＝一二六〇年になります。たまたま、推古天皇即位後九年の六〇一年は辛酉でした。そこでその年を起点として六〇一－一二六〇＋一＝六六〇、すなわち、六〇一年から一二六〇年遡った紀元前六六〇年の正月を、神武即位の年としたのです。この日を明治になって太陽暦になおして、一月二九日としたのですが、計算まちがいに気づいて二月一一日としたのです。初めは天皇の祖先の日を、下々の国民が祝うことはいけないとされました。だから、天皇家と役人だけが祝っていたのです。

一八八九（明治二二）年、二月一一日に憲法を発布しました。「大日本帝国ハ万世一系ノ天皇之ヲ統治ス」「天皇ハ神聖ニシテ、侵スベカラズ」として、天皇を神様のように扱い、日本は神の国だと考えました。

一八九〇年、教育勅語が出され、忠君愛国が教育の基本とされました。学校では、紀元節を祝う式をすることが決められ、「君が代」を歌い、「日の丸」が掲げられました。

その後、日本は神の国だ、戦争しても神様が守ってくれる、と信じこませる教育が行なわれました。天皇は現人神、生きた神様で、戦争へ人々をかりたてる役割をはたしたことはよく御存知の通りです。

だから、戦後一九四六年に、天皇は人間宣言、天皇は神様ではなく、人間だといわなければならなかったのです。

このような神の国、日本、天皇陛下のために命をささげるという考え方を広めていくための犠牲にされたのが奈良の洞部落なのでした。神武天皇の墓が正式に決められたのは今から一二〇年ほど前の一八六三年、明治維新のたった五年前なのです。

幕末の公武合体で神武陵を調査修復

当時、尊皇攘夷を唱える勢力を抑えるため、天皇の妹を徳川幕府の将軍の嫁にする公武合体がすすめられました。和宮は有栖川宮と六歳のとき、婚約しているといって断ろうとしました。けれども、結局、泣く泣く江戸へ嫁に行きました。皇女和宮の写真には左手首がありません。実際の和宮には左手首はあって、むしろ、足が悪かったのです。だから、本当の和宮は嫁にいくことを嫌って逃げ、やむなく、和宮の替玉をつくって、嫁に行かせたのだとする説もあります。

将軍家茂は長州との戦いのため京都に行きました。家茂は、大阪城で心臓脚気で亡くなり、そのとき、和宮は二一歳でした。彼女は一八七七（明治一〇）年まで生き、三二歳で亡くなりました。

幕府は、宇都宮藩の申し入れを受けて、神武天皇の墓の修理にあたらせることにしました。神武天皇の墓といっても架空の人物ですから、どこに墓の場所があることにするかから始めなければなりません。『日本書紀』には、「畝傍山の東北」と書かれ、『古事記』には、「白檮尾上」と書かれているにすぎません。「尾上」を尾根の上という意味にとると、山の上ということになります。

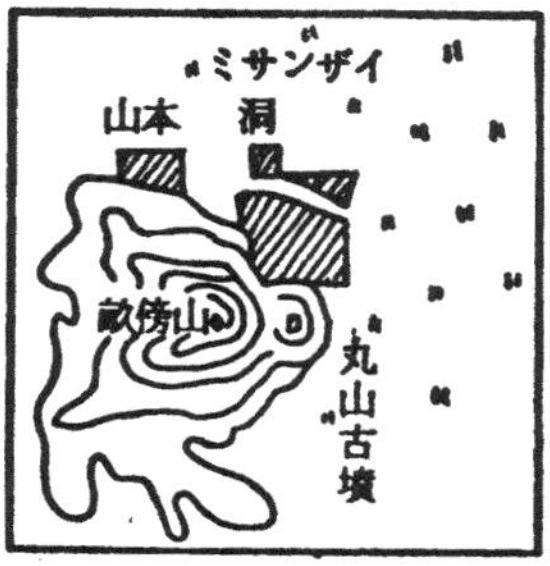

神武陵が作られる前（幕末）

当時、六カ所ぐらい考えられた場所のうち、有力な二カ所がありました。畝傍山の東北の山のふもとにある「丸山古墳」と、少し離れた「神武田」とよばれるところです。ここに、ミサンザイといわれる小さな、高さ三〇センチメートルほどの台地があります。

丸山古墳は蒲生君平の『山陵志』や、本居宣長の『玉勝間』という本の中で、

〔幕末の畝傍山付近図〕
丸山古墳、ミサンザイともに畝傍山の東北にあたる。

幕末の畝傍山付近図
丸山古墳、ミサンザイともに畝傍山の東北にあたる

神武天皇の墓だと主張しているのです。

朝廷から調査のために使いが来たとき、「洞部落の上方に一夜作りの新道を開き、全部落二〇〇余戸をむしろで囲った」といいます。また、ここに御陵が決められると「洞部落が立ち退かなくてはならないので、村に伝わっている古い文書を焼き捨てた」ともいわれています。

修理をまかせられた戸田大和守が、神武天皇の墓だと決定したのは、丸山古墳ではなくて、ミサンザイとよばれる塚でした。〈谷森臣善の『山陵廻日記』によると、「高さ一尺（三〇センチメートル）ばかりに円く残りたる小塚二つ」とあります。附近から瓦などが出てきていますので、国源寺というお寺の土台だと考えられていたところです。

一八六二年の皇女和宮が家茂と結婚した年に調査にかかり、翌年二月に場所をミサンザイに決めました。そして、三月には、孝明天皇―明治天皇の父親にあたるわけですが、その天皇が、外国の船を追い払うことを、祖先に報告にいくことになります。

このようにして、支配者の危機を切りぬけるために神武天皇の御陵がデッチ上げられたのです。

日清、日露戦争ごとに拡大される神武陵と橿原神宮

明治維新後すぐ、政府は神武陵を少し大きくしました。この神武陵を見下すような位置に洞部落がありました。二月一一日になると、神武天皇の死んだ日だということで朝廷から使いが来て、竹を組んで囲い、部落のものをよせつけないようにして儀式を行ないました。

神武陵の古図

明治維新となり解放令が出され「穢多非人の称廃せられ、今日以後平民同様たるべきこと」とされました。しかし、今まで免税だったのに税金をとられ、その上、解放令反対一揆で家が焼かれ、殺された人も出たほどです。

一八八九（明治二二）年、紀元節の日に憲法が発布され、「万世一系の天皇之を統治す」「天皇は神聖にして侵すべからず」とされ、日本の国の神様の子孫が支配するのだと宣言しました。

翌年一八九〇年畝傍山の東南と反対側に橿原神宮をつくりました。またまた神武天皇の御殿のあったところとウソをついてデッチ上げたのです。

日清戦争が終って、一八九八（明治三一）年、神武天皇陵が大きくされ、洞部落の土地、田畑はとられていきました。

初期の神武陵

明治二八年、苦心して池を掘った記念碑が今、移転させられた生国魂神社の中にあります。けれども、畠はとられ、せった、麻裏ぞうり、靴直しを仕事にしなければならなくなったのです。

教育勅語が出され、ますます、天皇のために死ぬことがつとめだという教育が行なわれてきました。日露戦争を経て、大正元年から橿原神宮がまた大きくされていきました。この天皇制の強化の犠牲になっていくのが、洞部落の強制移転なのです。

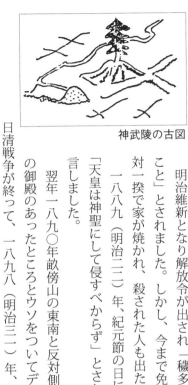

『皇陵史稿』で神山がけがれると騒ぐ

一九一三（大正二）年に、後藤秀穂が書いた『皇陵史稿』には、洞部落のことを次のように書いています。

「驚くべし神地　聖蹟、この畝傍山は甚しく、無上極点の汚辱を受けておる。知るや知らずや、政府も人民も平気な顔をして、澄ませている」「事実はこうである。畝傍山の一角、しかも神武御陵に面した山脚に、御陵に面して新平民の墓がある。それが古いのではない。今現に埋葬しつつある。しかもそれが土葬で、新平民の醜骸は、そのまま此神山に埋められ霊土の中に、ただれ、腐れ、そして　千万世に白骨を残すのである」。

『聖蹟図志』には「此穢多村、戸数一二〇と記す。五十余年にして今やほとんど倍数に達す」こんな速度で進行したら、今や霊山と御陵との間は穢多の家で充填され、そして醜骸はおいおい霊山の全部を侵蝕する、とあります。

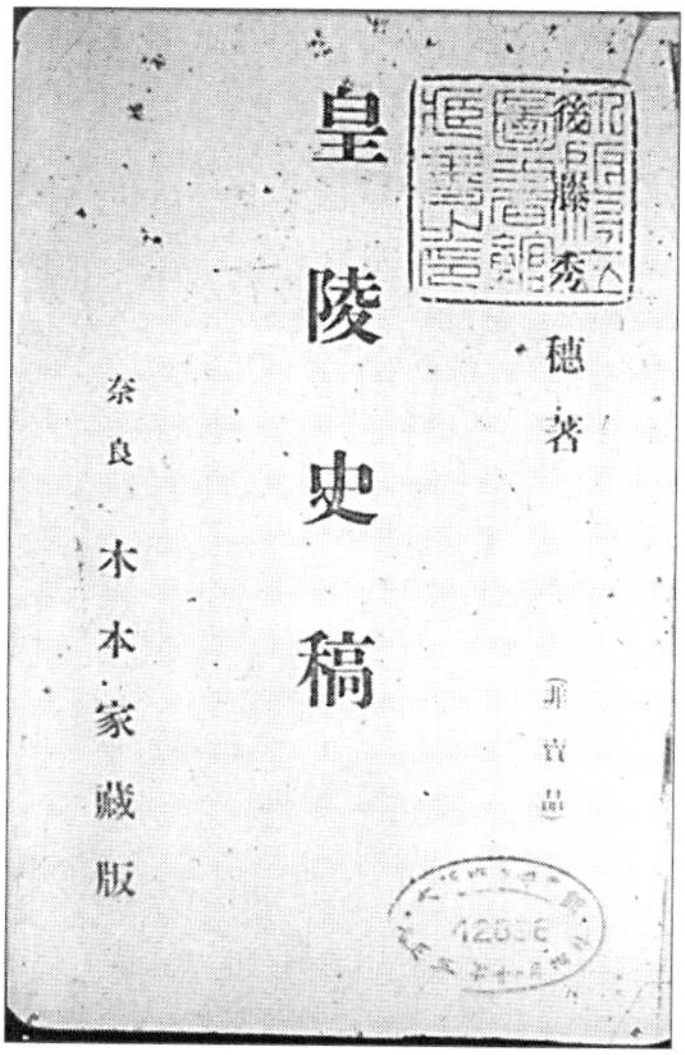

皇陵史稿の表紙

この本が出るや、さっそく宮内省は洞部落の移転を強制してきました。県は「山のすそのなので日当りが悪いので下駄表の乾燥に不便だろう」「移転すれば金が入って借金返せるぞ」「神武天皇の墓を見下すのはおそれ多い」と主張し、〝部落の土地を献納しますからどうか受取って下さい〟という請願書を出させたのです。自分たちの土地を取り上げられるのに、さし上げますといわされたのです。

一九一七（大正六）年当時の洞部落は、畝傍山の山腹から下にかけて、戸数二〇八戸がひしめいていました。人口一〇五四人、下駄表製造四九戸、下駄靴直し一九戸、麻裏製造一四戸などで、他はほとんど雑業でした。田畑も五ヘクタールしかありませんでした。役所でも中以下の生活レベルの者が八九パーセントだというぐらい、貧しい村でした。

一九一七（大正六）年に奈良県庁より「村全体を移転せよ」と命令が出たのです。県は洞村に五つの移転理由を示しました。

一、日当りが悪いから下駄表の乾燥にこまるだろう

二、貧乏で住宅改善の必要がある

三、移転したら金が入ってきて借金が返せるぞ

四、「気を移す」すなわち、気分がかわるぞ

五、神武天皇の御陵を目の下にみるのは、恐懼に堪えない、おそれ多いことだ

というもので、一番から四番はこじつけで五番目が本当の理由でした。

神武陵を見下すのはおそれ多いと米騒動の中で強制移転決定

移転は米騒動の一九一八（大正七）年から強制されます。ロシアで労働者、農民が主人公である社会主義ソビエトの国ができましたが、資本主義の国々はこの革命をつぶそうと軍隊を出しました。日本ではシベリア出兵といいます。

一九二二(大正一一)年、全国水平社をつくった年まで日本はロシアの労働者・庶民を殺しまわっていたのです。戦争に使った費用一〇億円、死者三〇〇〇人、傷ついた者二万人の犠牲が強いら

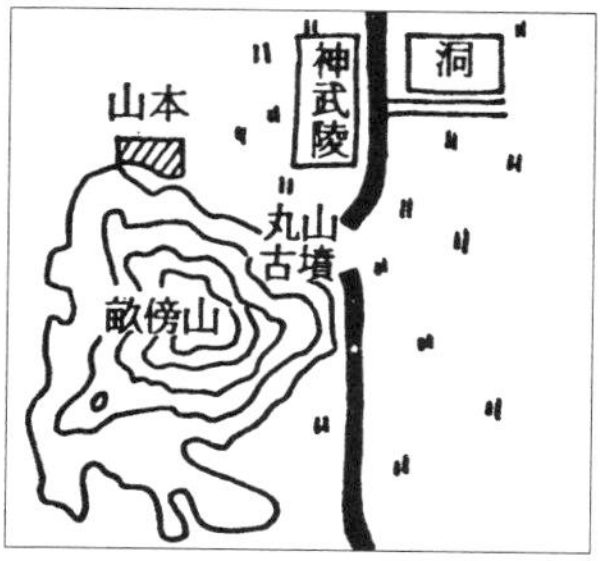

移転の地図

れました。「軍隊に米を売ればもうかる」ということで、米の買い占めが行なわれました。そのため米の値段が約三倍にはね上がったのです。富山の漁師の「女房一揆」から始まった「安く米を売れ」という運動は近畿一帯に広がりました。警察はこの取り締りの見せしめに三人を死刑にしましたが、うち二人は部落民でありました。

洞部落の強制移転といい、米騒動のみせしめの死刑といい、国内の差別、分断、抑圧と対外侵略の犠牲にいつも部落が利用されていくのです。

これは一九二〇（大正九）年、移転の終ったときの地図です。洞部落は神武天皇陵の向い側に移されています。土地を取り上げられるのに〝献納申し上げます。どうか受取って下さい〟と天皇にお願いする形をとらされたのです。天皇が御下賜といって、二六万二三五二円九銭二厘のお金をくれるといっても、自分たちの土地をとられた代金なのに「有難がれ」というのです。

だから、村の有志九二人は「代金価格調査には同意するが、もし、見積りと差があって、村の三分の二以上が反対したら、移転しない」と抵抗しました。

周囲の村々で、「部落」に土地をさいて、受け入れるところはなかなかありませんでした。四条と大久保の二つの村が土地を半分ずつ出し合うことで話がつき、協定書が結ばれました。

一、新大字　新しい村の呼び名をつくって四条や大久保と関係ないようにすること
二、地域外に家を建てたり、住んだりしてはいけない
三、分地料――土地を分けてやったのだからお金を払うこと

などが取り決められました。

洞部落の人々は、この苦痛に抵抗しました。「新しい呼び名の字にすることに反対だ」「新しい

土地より一歩も外へ出て家をたててはならない、というのは居住や業務の自由を保障した憲法に反している」と抗議書を出しています。

さらに損害として、なぜ隣村の四条の下水のミゾまで取り広め（注　さらうこと）、掃除をする必要があるのか、部落民の使った水が流れ、汚されるとでもいうのか、と憤りを述べています。

さらに「分地料、お金を払うなんて、けしからん」ともいっています。

墓まであばいて四分の一の湿地帯に押し込める

移転の最後の年、一九二〇（大正九）年にお墓の移転が行なわれました。当時の宮内省の役人が奈良県、木田川知事へ出した手紙に「普通の墓の移転は、墓石のみだが、地中の人骨も、現場に警官を立会わせ、厳重に監視して、疑わしい時は墓石のない所も掘り返して見るぐらいの意気ごみでやれ」といっています。

表を見て下さい。一九一九年一月から、四月八日までの間に死亡した人の調査です。一三人の死んだ人のうち、五人は、生れて一二日目までの赤ん坊で、三人は一歳にならない乳のみ児です。差別は貧困を生み、貧困は栄養失調を生み、幼い命を奪っています。この赤ん坊の骨まで「エタの死体だ」「神さんの山がけがれる」といって、むごいことにも、住民は巡査のサーベルで追いたてられて、掘り返されているのです。

これは今の洞、大久保の村と昔を比較した地図です。移転前は四万坪（三三〇メートル×四〇〇メートル位）あった土地が、その四分の一の一万坪（一六五メートル×二〇〇メートル位）の土地に押し込められています。

しかも、じめじめした水はけの／悪い田んぼだったのです。土を入れて高くし、固めるために当時では珍しい自転車競争をやって人を集めて、動きまわる車で上をかためたと伝えられています。戸数は一三〇戸ほどで、七〇戸ばかりは、大阪の西浜（西成）や名古屋へ行かざるを得ませんでした。

神武天皇陵の参道わきから、元の洞部落に通じる一本の細い道があります。だが、部落の者は通ってはならないとされた差別の道でした。わき道へ入ってすぐ山手へ登っていきますと、元の洞部落の跡へ出ます。

道のそばに、棕櫚の木が残されています。棕櫚の木は和歌山など暖かい地方でよく育つ木です。洞ではこの棕櫚の木の皮を和歌山から買って、有毒ガスの発生する硫黄でいぶし、漂白して、麻裏ぞうりを作っていたのです。家が立っていて、その庭だったことがわかります。

洞墓地埋葬者取調

大正９年

月　日	死亡者	年　齢
1月10日	重太郎	10ヶ月
19日	タツノ	生後2日
20日	安　一	〃 10日
25日	平四郎	78年9ヶ月
2月 7日	ナミ子	生後12日
9日	ナミノ	8年9ヶ月
11日	富作	生後5日
11日	山田コシノ	68年11ヶ月
26日	ヌイ	7ヶ月
3月 8日	千代高	生後12日
24日	ノエ	21年9ヶ月
28日	シヅ子	5年9ヶ月
4月 8日	明正	生後5日

計　13名

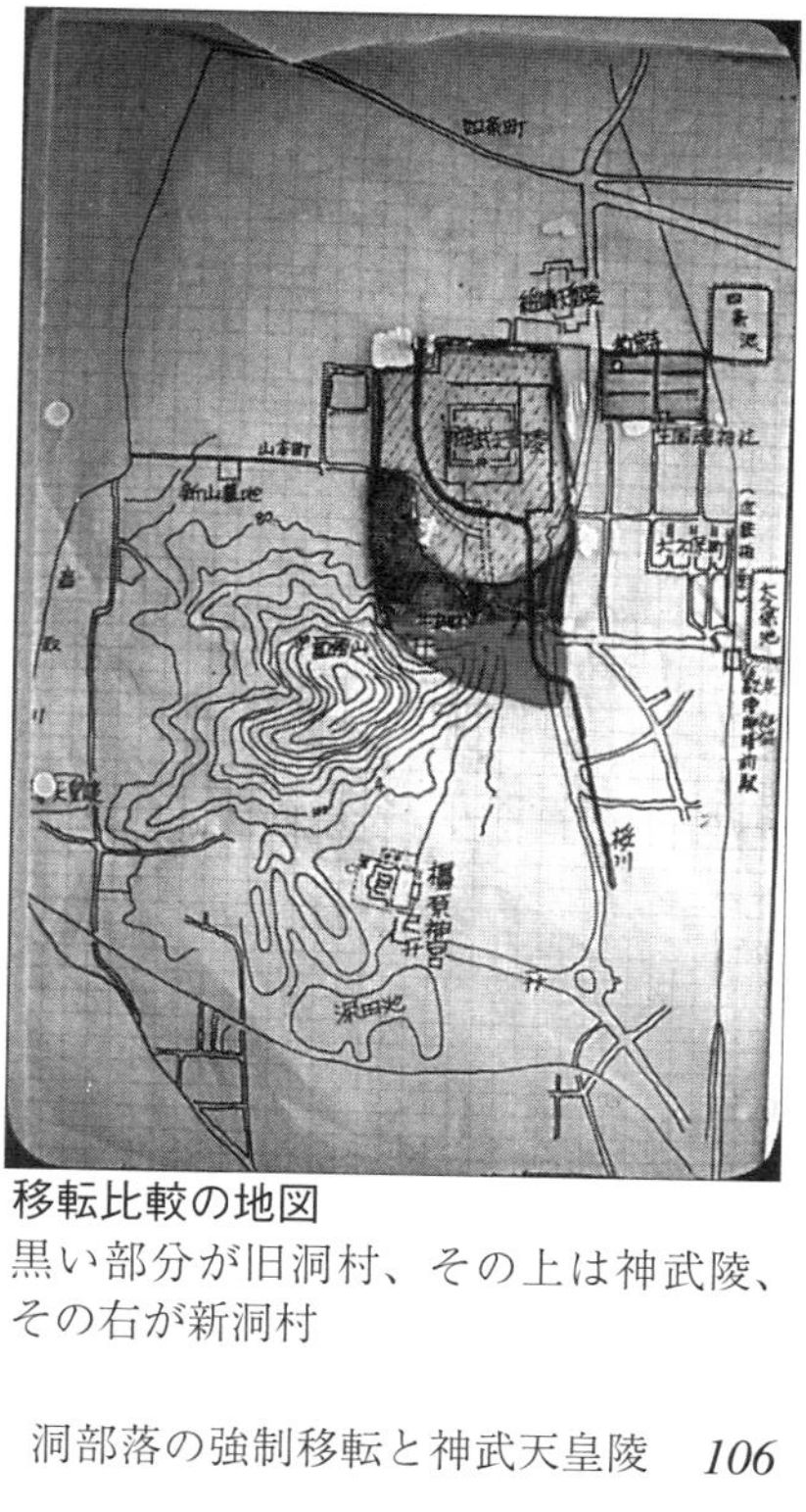

移転比較の地図
黒い部分が旧洞村、その上は神武陵、その右が新洞村

右は登りつめる途中のがけにある古い共同井戸です。今でも、清い水が湧き出ています。あまりにもきれいな水なので、下までパイプで引いて今、農業試験場が実験するときの水に使っています。

山の斜面が切り拓かれています。神社のあったところです。土台石がひとつころがっています。道のところどころに埋もれた瓦が黒く、うらめしそうに顔をのぞかせています。

現地案内をしてくれた南村弘さんは「洞」出身です。今は神武天皇陵の中になってしまった自分らの畠を指さして、「ここはわしらの先祖の土地やったのだ」と無念そうにつぶやくのでした。

「ほら、あそこに煙突が見えまっしゃろ」

共同井戸

土台石

棕櫚の木

「山本村の向うが新しい墓ですねん」と指さしました。

この道をまっすぐに山のふもとに沿っていくと山本村の太子堂に出ます。この太子堂の横に新しい墓所があるのです。かつての慣れ親しんだ畝傍の山を背にして、今も恨みを残すかのように卒塔婆や墓石が建っています。

教宗寺

一人水平社吉岡喜代松さんの抵抗闘争

新しく移ったところの町の案内板では、道がまっすぐ碁盤の目のようになっていて、新しく人工的につくられた特徴をよく示しています。

町の中で大きく目立つのが「教宗寺」という立派なお寺です。西光万吉さんの孔雀の絵が残されています。「あの世に救いを求めるのではなく、この世に平等の世界を築かねばならない」と強制移転に反対し、洞水平社をつくった人々に、吉岡喜代松さん、吉岡亀太郎さん、大西繁太郎さんらがいます。

大西繁太郎さんは、一九〇七（明治四〇）年の生れです。強制移転のときは一三歳でした。四月三日に、神武陵に天皇の使い（勅使）がやってきて『部落の者は見たらいかん』と白い幕を張って、奈良から軍隊一個中隊がやってきて、警官と一緒になってぐるりととりまいて、部落の者が近づこうものなら警察へひっぱっていきよる」「わしの家は三等で二二坪二四〇円かかり、三〇円は借金でしたわ」「みんな反対したけれど、やっぱり金やねん、結局移らされてしもた」「飲み水も悪うなって井戸掘っても、金気の水が出る家もおましたな」。紀元二六〇〇年記念の拡張工

旧洞村の絵馬

応神天皇誕生の絵馬

事には土方の現場監督で働いたそうです。自分らの土地を取り上げ、追い出した者のために働いて金を手に入れ、暮らさねばならないとは、差別と迫害の歴史は、あくまでも残酷なものです。

南村まさ子さんは、その後の洞のことをこう語ります。「靴で少しお金ができると運動には背をむけて、貧乏人は食うのに精一杯で、運動への結集は弱かったと聞かされています。これも差別の結果ですけどな。吉岡喜代松さんは一人水平社いわれて、よう頑張ってはりました」と。

吉岡喜代松さんは一九七八年九一歳で亡くなられました。水平社と国粋会との闘いのとき、馬に乗って演説をしたありし日の姿がしのばれます。

「紀元二六〇〇年、神武天皇がこの橿原で即位してから二六〇〇年目、一九四〇（昭和一五）年のときです」と南村さんは語りつぎました。

「全国から木を集めて二〇〇万人の人を動員して、今の森をつくるため木を植えさせました。私らは、おにぎりと果物を売って歩いていたら巡査が『売ったらあかん、お前らのもの誰が食うか』とサーベルでひっぱたかれ、追っぱらわれましたわ。今思っても、くやしゅうてくやしゅうて」と不自由な眼に涙をためて語らざるを得ませんでした。

村の人々はいいます。「氏神はわたしらの氏神やおません(ではありません)。わてら（私ら）の氏神は生国魂さんで産土神といって、昔からあった土地の農業の神様です」と。

神社の中には、古い洞部落の絵馬と、神功皇后が朝鮮侵略後、九州博多で応神天皇を生んだとき、牛の皮で囲ってお産をするテントをつくり、湯をわかした功績によって、日本中の神社や寺の枯木、下苅りをする権利をもらったと主張し、江戸時代に占業権を認めさせるために書かれた『八幡重来授與記』という、河原巻物の伝説にのっとった絵馬がかけられています。天皇制にいためつけられた部落が逆に天皇制に身をすりよせてしか、社会的専業権を認めさせられなかった差別の厳しさを物語っています。

一九四〇（昭和一五）年日本がアメリカと戦争をする一年前、神武即位後二六〇〇年の式典が行なわれました。そのとき、またもや、神武天皇陵は拡大されました。それは、軍国主義の拡大でもありました。

橿原神宮もまた大きく拡張されました。

八紘一宇、といって全世界をひとつの家族のようにして、天皇がその家長、父親になるという考えで、他民族を侵略していきました。その精神の中心、日本は神の国であるという考えです。伊勢神宮と共に、橿原神宮は重視されました。

屋根瓦に天皇家の菊の紋章が今でも光っています。

全国水平社の天皇制軍隊への差別糾弾闘争と肉弾三勇士

このような差別と抑圧に対し、部落はだまってされるがままになっていませんでした。人間の尊厳をかけて闘いをしていったのです。一九二二（大正一一）年全国水平社を創立しました。「暖かい人間の心臓を引裂かれ、そこへ下らない嘲笑の唾まで吐きかけられた呪われの夜の悪夢の中に」「誇りうる人間の血を涸」らさないために、仕事、結婚、教育で差別を一番背負う婦人と子どもたちも差別糾弾闘争にたちあがっていきました。

天皇の下に全ての臣民は赤子として平等であるといっておきながら、軍隊の中でも差別事件は続発しました。「エタのくせに一人前に入れ歯しておる」とかの差別発言は跡をたたず陸軍の参謀本部の地図に、広島県山奥の部落の近くの峠に「エタが峠」と書かれていた事件もおきております。

福岡連隊差別事件の闘いに対し、政府は松本治一郎らを、爆弾をしかけて爆破しようとした事件をデッチ上げて、監獄にほうりこみました。一九二七（昭和二）年のことです。

同じ年の二月、岐阜の北原泰作二等兵は名古屋で行なわれた大演習の観兵式のとき、馬に乗った天皇に、「軍隊内の差別を許すな」と手紙をさしだして直訴しました。軍法会議で、懲役一年をいいわたされます。反軍闘争は松本治一郎の下獄の挨拶のように「水平社同人の兵士をふるいたたせただけでなく、一切の自由を奪われ、人間的な扱いを受けてない兵士を自覚せしめ」と、まさに、軍隊をゆりうごかしていました。それはまさに、「暴圧の砲火を浴びるであろう戦いの進路を」さし示すものであり、これらの天皇制軍隊への闘いをつぶすのに利用されたのが肉弾三勇士の事件でありました。

一九三二（昭和七）年中国への侵略戦争のときです。爆弾を三人がかかえて、鉄条網につっこみ、爆破させて攻撃の道を拓きました。だが、作江、北川、江下の三人は戦死しました。新聞やラジオは、「すばらしい手柄だ」「軍人のお手本だ」「軍神だ」とほめたたえました。軍神とは乃木大将や東郷元帥のように神社をつくってもらって、神様になって人々から敬い、拝まれるようになることです。だが「この三人の中に部落民がいる」という噂がたつとたちまち新聞、ラジオ

肉弾三勇士

肉弾三勇士の墓

も「三軍神」から「三勇士」にかえました。部落民を拝み、敬うことはできないということだったのです。作江は「樋屋の子で沖仲士」江下は「炭坑夫」北川は「木こり」でした。

軍隊はたかまる反軍闘争を抑えこむためにこの肉弾三勇士部落民説を大いに利用しました。部落民へは、「お前らの兄弟が天皇のために命をなげ出しているのだ。命をなげ出せば一人前と認められるのだ。差別だ、差別だというておれるときか」と差別糾弾闘争に水を差しました。また、国民全体に「部落民でさえ、天皇のために命をなげ出しているではないか、お前らは一人前の人間やないか、負けてよいか」と戦争へかり出すためにハッパをかけることに利用したのです。そして、歌にもなり教科書にも載って、軍国主義教育の道具に使われていきました。

今は大久保といいますが、洞部落の新しい墓には兵士の墓が三四、ずらりと並んで神武天皇陵をにらんで立っています。第二次大戦で全国的に一三～一五軒に一人の戦死者を出したのですが、部落はその三倍五～六軒に一人の戦死者を出しています。勇敢に戦えば一人前に認められるという悲しい思いと、危険な戦いにかり出した軍の作戦の犠牲といえます。それはベトナム戦争のときの黒人の兵士の立場ににています。生きのこった人々は、忠魂碑の代りに「南無阿弥陀仏」の碑を建てているところに「くやしさ」と「憤り」の表現をみることができます。

洞部落の兵士の墓

元号法制化は天皇神格化の第一歩

一九七九年国会で、元号を使うことが決められました。特に公務員は強制的に使わされます。「平成」という元号は今の天皇が死んだらつけられる戒名なのです。明治、大正天皇も生きている間は、今上天皇といわれていたのです。平成何年生れ、昭和何年卒業というように、自分の生れたことや学校の卒業した年を、天皇が即位してから何年目とかいうように、元号で教えるのは、常に天皇との関係で、自分や国民一人ひとりの存在の意味を考えるということです。これは国民主権の憲法にも違反することではないでしょうか？　教科書でも西暦を書く前に元号で書けと文部省はいっていますし、「君が代」も国歌だと勝手にきめて、「君が代は千代に八千代に……」つまり「天皇の支配の代が長くつづきますように」と歌うことを強制してきました。これも政府のいう「教育の中立性」とやらを侵すわけで、国民主権の憲法に反することという外はありません。「一人水平社」といわれた吉岡喜代松さんの墓は畝傍山を背にして、静かに、このような状況への闘いを見守って建っています。

差別糾弾闘争を受けつぐ子どもたち

一九八〇年、地元の畝傍中学では差別糾弾の闘いが、狭山闘争と結合して闘われています。体育大会のとき、部落の子と一緒に行進することをいやがり、給食のとき、部落の子が卵を配っていると「今日の卵食われへんな」と差別発言したり、さらに、一〇・三一の寺尾判決糾弾五周年のビラのことで、先生に相談しに職員室前の廊下にいると、「何かくさい臭いするなあ」と差別発言するなど続発しています。

一九八〇年一月二六日、奈良は一斉に狭山同盟休校闘争に入りました。ここ大久保の部落子ども会も電柱にビラを張り、情宣し結集しました。

狭山差別裁判の再審要求を、青年たちと一緒に学習しています。

洞水平社の闘いの伝統を受けついで、大久保の青年たちは、年老いた祖父母から闘いの経験を聞き、老壮青子を結合させ、「よき日のために」今日も闘いつづけています。緊張した空気が冬空を駆けていきます。人の世に熱あれ、人間に光あれ。

狭山同盟休校を闘う子どもたち

十　別府的ヶ浜部落焼き討ち事件と解放歌

皇族に目障りだと部落を焼き討ち

これからのお話は、一九二二（大正一一）年、大分県別府、的ヶ浜部落を皇族の目障りだと焼打ちした事件と、そのくやしさを解放歌に表現していった闘いの物語です。

湯けむりけむる別府の街。一見平和そのものにみえるいで湯の街にも菊と荊冠。菊は天皇家の紋章であり、荊冠はいうまでもなく水平社から受け継いだ部落解放同盟の旗であるわけですが、天皇制と部落差別の闘いがあったのです。

一九二二（大正一一）年、人間に光あれと全国水平社が創立された三週間後の三月二五日、二六日、大分県別府の浜辺の松林の中にある部落を〝皇族がくるので、見苦しい〟という理由で、警官が焼き払ってしまうという事件が起こったのです。次頁は、そのときの新聞です。

的ヶ浜は別府湾に面した白砂青松の松林でした。

今は上人ヶ浜公園にそのなごりを残しています。的ヶ浜の名の由来については、〝航海の目じるしになった〟とか〝鎮西八郎為朝が標的にして弓を射る練習をした〟からと、『別府市誌』という記録書の中で書かれています。

十数名の警官山窩退治に
貧民部落を焼く
放火の告訴をすると騒ぐ
空氣枕は

新聞記事

この松林に、ひときわ大きい古い木がありました。為朝が弓を立てかけたという伝説から〝弓掛松〟といわれていました。

この弓掛松は北小学校校庭にありましたが、二〇年前に枯れてしまいました。今ではよく似た松が、正門横や海門寺前にそびえたっているにすぎません。この弓掛松を、特別に仕立てられたお召列車から皇族が鑑賞するということになりました。

この弓掛松の下にある貧しい人々の部落が、その皇族に目障りなので、焼き払われてしまったのです。その部落は、今のＪＲ別府駅前の商店街近くにあり、今は的ケ浜公園とか、南的ケ浜町といわれているところにありました。

その皇族とは、伏見宮家から閑院宮第六代になった「載仁《ことひと》親王」でした。別府で、日本赤十字社の総会があり、その総裁であった「閑院宮載仁親王殿下」が、出席するためにやってきたのでした。朝田善之助さんの『差別と闘いつづけて』という本や、『全国水平社五〇年史写真版』には、「今の天皇が摂政時代に通るので…」とあります。しかし、これは誤りです。当時、昭和天皇は東京にいました。天皇の親類の皇族に見苦しいということで、そこで生活している人々を追い出し、家を焼き払い、生命をおびやかしたのです。まさに天皇制による部落への差別、迫害でなくてなんでしょう。

警官が火をつけ、打ちこわす

ところが、警察は住民自らが焼いたなどといっているのです。一九四二年に大分県警本部が作った『大分県警察史』にはだいたい次のように書かれています。「的ケ浜のあたりに一九棟の乞食小屋がずらりと並んで、松の木を柱にして、枝を屋根のはりがわりにして、わらをおいて、雨つゆをしのぐといったもので、住居とはいえぬものであった。また、そこに住む者は、二人の竹細工職人を除いて、他は盗みを働いたりしている者や、病人ばかりであった」というように、実に差別的に書かれています。

ところが、事実は竹を用いて小物入れや、カゴなどをつくる仕事や、土木作業についている者がほとんどでした。

警察側はこの焼き討ちを正当化するために次のようにいっています。「芬々たる臭気を発散しながら、異様な風体でぞろぞろつながって別府町内を徘徊し……押売袖乞をする。……別府署では一同に因果を含めて、小屋を破壊させ……焼き払ってしまった。」

当時の「大阪毎日新聞」は、尾崎行雄らの野党憲政会が、的ケ浜部落焼き討ち事件を政治問題として取り上げ、調査にのりだしました、と報じています。

さらに、「大阪毎日新聞」は鈴木検事総長という、最高検察庁のいちばんえらい人の発言をのせています。それをみると、的ケ浜部落の焼き討ち事件は決してそのままにはしない。問題は被害者である住民が焼き払うことに同意したかどうか、これを調べてみる必要がある、といわざるを得なくなっているのです。ところが、「住民は焼き払いに同意している」ということにし、結局、警察の責任はとわれなかったのです。それはどうしてでしょうか？ それは、神様である天皇にたてつくことになるので、追及しないで、みな的ケ浜の部落の人々に泣き寝入りを強制したといえるでしょう。

それでは、真相はどうだったのでしょう。これは、焼け出された的ケ浜部落の人々です。『別府、的ケ浜事件の真相』という本には、警官が一方的に火をつけ、部落が一方的に犠牲になったことがはっきり書かれています。つまり、真相はこうなんです。

二五日の朝、一〇時頃、一三〜一四人の警官がやってきて「お前ら、すぐ立ち退け」といったのです。住民はあまりに突然なのでびっくりしてしまったのですが、警官は、住民をおどかして、無理矢理に「出て行け」といい捨てて、一旦帰ってしまったのです。午後一時頃に再び警官がやってきて、しかも、今度は、町の掃除人夫をつれてきて、小屋をこわしはじめたのです。それはひどいやり方で、住民の「やめて下さい」という声も無視して、小屋をズタズタにして、あげくは、そのまま火をつけ焼き捨ててしまったのです。住民の現金も着物も皆、いっしょくたにして焼かれたのです。しかも、これで終わったわけではありません。これでもかといわんばかりに、翌日もやってきて、前日の焼け残りの小屋もすっかり焼き払ったというのです。

的ヶ浜の焼け出された人々

二二戸の家が焼かれ、六〇余名の人々が焼け出されたのでした。その中には、税をきちんと納めている者もいましたし、兵役の義務をおえて帰ってきた軍人や、勲八等の叙勲者もいました。

的ヶ浜部落はいま、駅前商店街となり、別府タワーのむかいであって、南的ヶ浜、北的ヶ浜町に分れ、国道一〇号線をこえて、一部は的ヶ浜公園になっています。今は、昔のなごりもなく、すっかり変わってしまっています。部落のあとかたもありません。

けれども、この公園のむかいにあるガスタンクがあります。部落があったために土地の値段が、安いうえ、部落民なら危険な目にあってもいいといわんばかりにつくられたものなのです。これをみるだけでも、部落であったことを物語っています。

的ヶ浜の人々は部落解放同盟的ヶ浜支部として八世帯が組織され、別府地協に入っています。けれども、その人々はこの地域に住んでなくて、全市にばらばらに住んでいます。しかし、昔の事件のことはなかなか語ろうとはしません。部落出身であることがわかることを極度に恐れているほど、差別の壁があまりにも厚く、重いからです。

島崎二郎さんは別府市の同和教有研究会の事務局の先生ですが、別府観光協会の堀藤吉郎さんから当時のもようを聞きとっています。堀さんは「彼ら自らが自分の家をこわして焼いたものだ」と病床の中で述べられています。堀さんとて、退職してひとりの庶民にかえっても、こと事件にふれると、こういい繕わねばならないぐらい、天皇制による差別の壁は厚いといえるでしょう。

堀さんはまた「お前ら移るのなら天満へ行け」と警官がいっているのを聞いています。天満には、今も天神様の森と墓地が広がり、野口の大仏があります。現在、野口支部は九〇世帯組織されています。

布教師篠崎蓮乗による救援活動を弾圧

篠崎蓮乗という部落に住みついていたお坊さんがいました。彼は自分の家も焼かれた浄土真宗の布教師でした。彼は西方寺住職に協力を求めて、百円の金と丸太を集めました。百円といえば今では一千万円以上にもなるでしょう。ところが、誰におどされたのか、住職は協力できぬと集めたお金も材木も全部、自分のものにして姿をくらましました。

さらに、大分県仏教連合会にも協力を断わられ、途方にくれた篠崎蓮乗は、ともかく、自分のもっているもの全てを金にかえて、何とか仮の小屋を建てようと、土地を求めて転々としました。

西方寺

地主たちは、「あなたにどんなに恨まれても、私にはもっと恐しいものがあるので」と協力をことわりました。天皇制の黒い手は部落と一般住民の間をこのようにして分裂させていったのです。

全国水平社は、米田富さん（元部落解放同盟中央本部顧問）を別府へ派遣しました。米田富さんは、各地で篠崎蓮乗と共に事件の真相を訴え、水平社設立を急ぎました。

米田富さんは、全国水平社の機関誌『水平』の創刊号の中に米坊主という名で「水平小言」として次のように書かれています。

「放火は愚か過って火を失しても何とか彼とか言ってフン縛るお役目の人が今度は反対に他人の家へ放火した。理由は偉い人の御目障りだとある。而して此方も好んで汚い所に住んでいるのではない。」

「第一偉い人が目障りだから焼き払へと御意あったか否か？　己等の毎日扱っている憲法の中にも住居の自由は認めてあるが、汚い家は焼き払へとは書いてあるまい。さすれば明らかに憲法違反であり、刑法上の問題であらねばならぬ。」

米田さんはこのように激しい怒りをこめて訴えていき、松本治一郎さんとともに、多くの人々を闘いにたちあがらせ、九州各地に水平社を次々つくらせていきました。

別府警察署は、一九二九年に移転し、元あった警察署は、永石温泉となっています。

この温泉のかたわらに「国威宣揚」という四つの文字が刻まれた石碑が建てられています。これは、アメリカと戦争状態に入った一九四一（昭和一六）年に建てられ、古賀海軍中将が書いています。部落をふみにじって国内の差別が国外への侵略につながっている象徴といえます。

松江高校時代の柴田啓蔵さん（写真中央）

近藤光と解放歌の作者柴田啓蔵との邂逅

上の写真は解放歌の作者、柴田啓蔵さんです。当時、柴田さんは旧制松山高校、今の愛媛大学の一年生でした。福岡県飯塚出身の柴田さんは全国水平社の成立を知って、本部に連絡をとりました。

国威宣揚の碑

近藤光さんが、彼のもとにやってきて、「僕は革命ロシアへ行ってきた。ロシアの諺に『涙は憂の救けにならない』という言葉がある。千年来の涙の谷から、今、解放の炎が上ったのだ」と熱っぽく語り、柴田さんに運動に参加するように訴えたのでした。

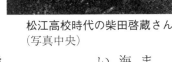

そこで、柴田啓蔵さんは、文学への志を捨てて、急きょ、四国松山から船で別府にむかいました。別府湾のさんばしにつくや否や、すぐに近くの的ヶ浜部落に行ったのです。

すでに焼き払われた部落には、すっかり灰となってしまった家を前にして、いくあてのない住民が、一時しのぎに、むしろで囲った掘立小屋をつくっていました。そして、何人かの人々が、悲しみをこらえてささやきあっていました。柴田さんはこのひどい仕打ちにくやし涙をこらえきれませんでした。「もう、部落民は泣き寝入りしないぞ！　必ず立ち上がるぞ！」柴田さんは心の底から叫んだのでした。この想いをこめて解放歌はつくられたのです。

的ヶ浜焼打ちのくやしさを解放歌に

一九二三年、五月一日、全九州水平社創立大会で、柴田啓蔵さんの作詩した解放歌が唱われました。解放歌五番の歌詞はこうなっています。

ああ、虐げに苦しめる
三百万の兄弟よ
踏みにじられしわが正義
奪い返すは今なるぞ
涙は憂のためならず
決然たって武装せよ

この解放歌をうみだした柴田さんの頭の中にあったのは、的ヶ浜部落焼打ち事件をうたった近藤光さんの「死の影」という詩であったでしょう。近藤光さんは前にも述べたように、柴田さんを全国水平社の運動へ導き入れた人でした。

泣くな、涙は憂の助けにならない

永き二千五百年の昔より死の影
歩み来た、同胞よ

泣くな涙は憂の助けにならない見よ、
西の空、水平線上の、赤き輝き
総ての人は、正義、自由に生くべき
人類完成の輝ける雲を

涙は憂の助けにならない。涙は憂のためならず。近藤光さんの詩句の一つひとつが、柴田さんが目のあたりにした的ケ浜焼打ち事件に対する想いと深くつながるものがあったのです。

柴田啓蔵さん

そして、解放歌はよき日のための闘い、夜明けをむかえる闘いの歌となったのです。解放歌を口ずさんでみて下さい。この節まわしは旧制一高（現在の東京大学）の寮歌をまねています。これこそ、差別と抑圧の権力者のエリートを生みだす旧制一高寮歌の節まわしに、解放のためにたちあがれと高らかにうたいあげる詩を結びつけることによって、部落差別への悲しみと怒りをなげかえそうとする歌となったのです。

大分水平社は一九二四年三月三一日に結成されました。事件が起こって二年目のことです。

しのびよる天皇制と自衛隊の黒い影

別府的ヶ浜事件に関係するこの市街地図をみて下さい。別府の山手に大きく自衛隊の駐とん地があります。市は、自衛隊の基地がもっと山手に移った後「天皇在位五〇周年記念公園」にしようとしています。五五年もの長く続いた天皇の世を喜んで記念し公園をつくろうとするのです。

昭和の五五年間は本当に喜んで祝うべき時代であったでしょうか。

戦争と貧困と差別に苦しみ、つねに死の恐怖とともにあった五五年ではなかったでしょうか。

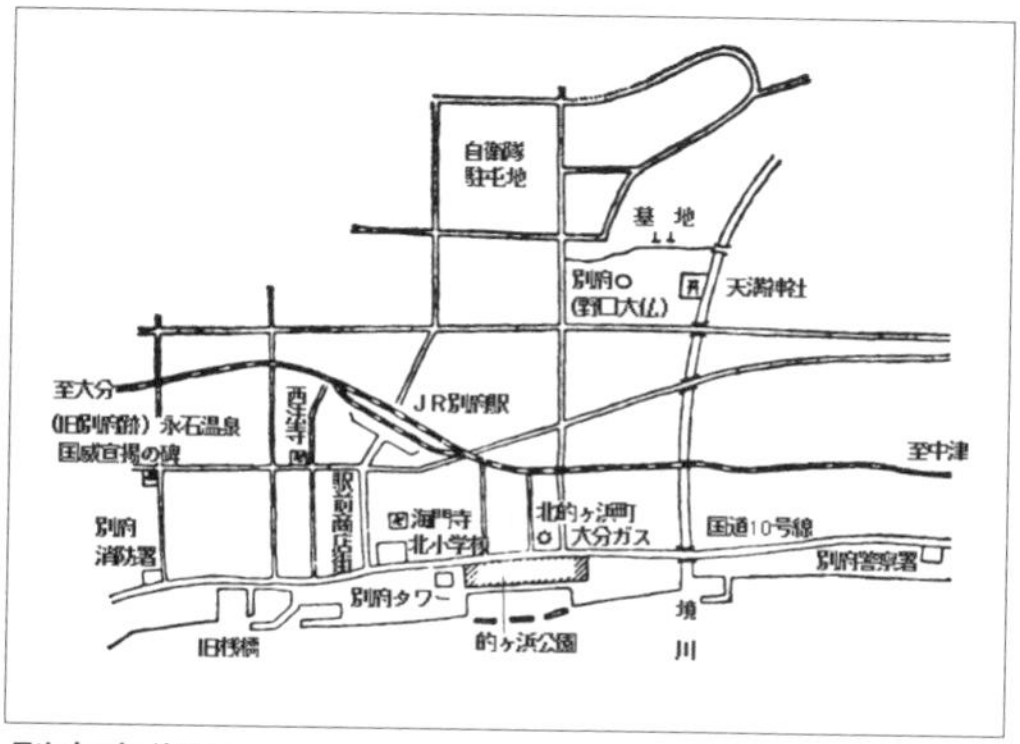

別府市街図

別府マラソン道路

別府に再び、天皇制の影がしのびよってきているのです。的ヶ浜部落を横断して、大分へ国道一〇号線はのびています。この道路は、別府マラソンのときに若いランナーたちが走る道なのです。

そして、的ヶ浜公園には優勝者の県の樹が植えられています。この道を再び差別と抑圧、戦争の若者の死への道に、断じてしてはなりません。差別なき日本と世界のために、反天皇制の闘いをつよめましょう。

十一　水平社発祥の地、奈良・柏原北方を訪ねて

全国水平社は奈良県御所市柏原の方一キロに満たぬ本馬山麓より呱呱の声をあげた。生しめたのは西光万吉（清原一隆二六歳）、阪本清一郎（三〇歳）、駒井喜作（二四歳）らの青年たちでありました。小雨まじりの中、燕神社の建議の庭に立って、西光寺の大きな甍越しに葛城の山々をみると、アクロポリスの丘に登ってヨーロッパ文明の暁光に想いを馳せるように、「呪われの夜の悪夢のうちにも、人間の血は涸れずにあった」証として、日本の人権闘争の暁光を発した岩崎の地の歴代の人々の想いの積み重なりに思いをいたさざるを得ませんでした。

西光寺と葛城山

岩崎村の由来と太鼓屋又兵衛

岩崎村の古名は、本馬山東端（海抜九〇メートル）に岩が露出していて「岩の鼻」といわれていた所に由来しています。一六三〇（寛永七）年橿原の洞からの五軒移住説と一キロほど西の茅原に「エタ寺のあと」「エタ池」の地名が残っているのでこの集落からの移住説があり、後者ではないかと考えられています。

村の中心の西光寺は一七四八（寛延元）年に戸数三八軒の住民が金と力を出

し合い二〇年かかって七間四方の大きな本堂を建てたといわれています。

　本馬川、満願寺川が曽我川に合流し、水害に見舞われるので本馬山の崖っぷちに家を建てざるを得なかったわけで、また逆に水が豊富なので、死牛馬処理と皮革製造が課せられたといえます。

　口伝によれば一八〇〇年ごろ、この地の太鼓屋又兵衛は高取藩主に金を貸す位、財をなしそのため馬に乗って通行する許可を持っていたが、「エタの分際で生意気千万」「しめしがつかぬ」と藩主に訴えられたので、領外追放とされ、大阪渡辺村（今の浪速支部）に移り住み、『本願寺由緒通観』には「太鼓屋又兵衛五十万両を有し……」とあり、全国から牛馬皮の商いと太鼓製造で財をなしたとつたえられています。

西光寺山門

西光万吉の墓

西光寺と西光万吉の墓

　西光万吉は本名清原一隆、一八九五年四月一七日、西光寺住職道隆四五歳の時に生まれた長男で一九七〇年三月二〇日、七四歳で死去。

　西光寺境内には「一蓮院釋一隆」の墓碑と「人の世に熱あれ、人間に光あれ」の碑が建てられています。

　寺には遺品の画として「ざくろ」「蘭陵王」や僧侶の顔は西光万吉自身の「毀

釈」などが残されていて、遺作集として絵はがきで発行されています。

釣り鐘はもと寺の北西隅の軒にあったといわれているが、一八九二（明治二五）年の学校統合闘争の時は西光寺の早鐘でお寺に集まり、にぎりめしの炊出しをし、竹やりをしごいて村役場に「部落児童の分離反対」の団交を行ったのです。「最上級生で品行方正な子どもに限り一緒の学校にする」という差別条件で一旦妥協、完全統合は七年後の一八九九年五月でありました。

全国少年少女水平社と山田孝野次郎の碑

その掖上小学校前に、一六歳で全国少年少女水平社の結成を呼びかけた「山田孝野次郎君之碑」が建てられ、裏面に「昭和六年三月九日没　一一年九月　全国水平社之建」と刻まれています。

二五歳で福岡の高丘稔宅で亡くなりました。

山田孝野次郎君之碑

セレベス移民と青年共和国の碑

西光万吉は一九一四（大正三）年国民美術展に上位人選、翌年二科展入選し画家として才能を伸ばしはじめたが、師の娘さんとの結婚話で、部落出身をかくさねばならぬ苦しみの中で「人生いかに生きるべきか」を求めて図書館で親鸞やマルクスやロマン・ロラン等の本を読みあさり、病を患い一九一八（大正七）年春、故郷にもどってきました。

阪本清一郎は自殺を賛美する西光万吉を元気づける思いを込めて「柏原青年共和国」を青年らと共につくりました。

青年共和国はセレベス（インドネシア・スラウェシ）への移民を計画し、マレー語の学習を行い「新年おめでとう」も「スラマットタウンバル」、「さようなら」も「スラマットティンガル」と日常会話もマレー語で行って準備をした。この海外雄飛という考え方は国内の部落差別からの逃避であり、海外侵略と棄民政策に加担することになる。幸か、不幸か、外務省から対日感情が悪いという理由で渡航許可が出ず挫折しました。

旧隣保館の旗の掲揚台に「青年共和国」の石碑が残されており、現在は解体保存がされています。

共同浴場

燕会と共同浴場の軌跡

セレベス移民に失敗した阪本清一郎らは、国内旅行団体とし「燕会」を一九一九（大正九）年五月につくりますが、共同浴場の運営をめぐる闘争から青年運動化していきました。

当時、共同浴場の収益は村の有力者が勝手に神社や寺の経費や村の財政にあてていました。寺や神社の経費は檀家や氏子が分担すべきで、風呂の収益は大衆に返すべきだと区民大会を開き、要求が入れないなら税金を払わないと強硬方針をうち出して勝利しました。

神武天皇社の拝殿前

今ある共同浴場は一九二八（昭和三）年に建てられ、一九六四年、一九八〇年に改築したものです。前の満願寺川より南には柏原中方の人々が家を建てさせず、部落を川向こうに封じ込めていたのです。この差別の壁を打ち破ったのが一九二八年の北方共同浴場の建設でした。

本居宣長は、神武即位の橿原は柏原としたが、そこは全国水平社発祥の地

菅笠日記下の巻…………橿原宮《カシバラノミヤ》は。【畝火山の東南橿原ノ宮は神武天皇の都】このわたりにぞ有リつらんと思ひて。

うねびやま見ればかしこしかしばらのひじりの御《ミ》世の大宮どころ。今かしばらてふ名はのこらぬかととへば。さいふ村は。これより一里あまりにしみなみの方にこそ侍れ。このちかき所にはきゝ侍らずといふ。

神武天皇社の本家意識

神武天皇社は明治の初めに『古事記』の神武天皇が「白梼原宮に坐しまして、天の下治らしめき」とあるのを畝火（傍）山付近に「かしわら」の地名がないというので、この柏原ではないかとしたことから、村人たちは橿原神宮の本家だと信じてきた伝承の地です。

本居宣長は一七七二（明和九）年の『菅笠日記』に「畝傍山の近くに橿原という地名はなく、一里あまり西南にあることを里人より聞いた」と記しています。

青年共和国の青年らはここで会合をもってよく相談したと言われています。

燕神社と本馬丘の建議の庭

燕会は村の保守派の親友会と対抗しながら一九二〇年ごろから米、砂糖、しょうゆ、マッチなどの消費組合運動を行う一方、部落問題研究部をつくり、山川均、大杉栄や喜田貞吉らに学び、西光、阪本、駒井の三人は日本社会主義同盟に入ります。

本馬丘の燕神社

青年らは本馬丘の上に四〇〇坪の広場をつくり、阪本夫人の故郷、大阪飛鳥からゆずりうけた祠をおいて「燕神社」をつくりました。

村人が正月には神武天皇社へ参拝にいくことへの対抗策でした。

この庭で春は桜の花見、夏は盆踊りが行われました。青年たちは夜この広場に集まり昼間仕事の休みに読んだ「少年世界」や「中学世界」の内容を述べたり、討論をしました。彼らはここを「建議の庭」と呼びました。

一九二一（大正一〇）年七月に出た雑誌「解放」八月号の早稲田大学佐野学の論文「特殊部落民解放論」の「部落民自身が先ず不当なる社会的地位の廃止を要求することより始まらねばならぬ」とする自力解放論と労働者階級との連帯行動に感銘し、東京の佐野学を訪れ、また佐野学も夏休みに来て、本馬丘の「建議の庭」で社会主義の講義をし、一夏を過ごしました。丘の登り口に札を立て、私服警官も寄せつけず四〇〜五〇人の青年らが討論し学習しました。

この年一九二一年一一月、水平社創立事務所の看板を駒井喜作宅に出し、オルグ活動がはじまるのです。

阪本清一郎と膠《にかわ》工場跡

西光万吉と共に全国水平社創立の中心となった阪本清一郎は膠製造業の二男として生まれ、一九一六年には東京神田の工科学校に入学し、墨づくりに用いるゼラチンの研究をし、当時燐酸肥料としてインドより輸入されていた牛骨から優良な膠がつくれることを発見しています。膠は墨だけでなく木材の接着、絵の具やマッチにも用いられ、奈良県内一七業者中六業者がこの柏原にありました。

膠工場跡

工場跡に残る大釜

阪本清一郎さんの木造洋館風の家は撤去され、改良住宅が建ち、赤レンガ煙突の工場跡が残されています。

中には原料となる古皮を煮る大きな釜が残されています。古皮を水につけて洗い、直径二メートルあまりの大きな釜に入れて一日がかりで炊いて、縦一・三メートル、横四〇センチ、深さ一五センチぐらいの木箱にいれて固まらせて、それを薄く切って竹のスノコに一週間ばかり冬の寒風にさらしてつくります。

桐材工場

水平社宣言碑の解説

水平社宣言記念碑

駒井喜作と桐材加工場

全国水平社創立大会で「宣言文」を読んだ駒井喜作は箪笥や琴の胴につかう桐材の加工業者の三男でした。自彊学院（現桃山学院）四年生の時、差別にあって中退し、弁護士の道をあきらめ、艶歌師をしていました。

現在も桐下駄の「下駄枕」といわれる煉瓦状の桐材を切り出す一方、箪笥や棺桶にはる桐の薄皮を作っている工場があります。

阪本、駒井、西光ら青年が活動できたのもこのような経済力が支えになっていた一面もあったといえます。

全国水平社五〇年と宣言記念碑

阪本清一郎旧宅跡地近くに一九七五年三月三日に「水平社宣言記念碑」が荊冠友の会によって立てられました。水平社宣言に荊冠旗が刻まれ「人類解放の歴史に輝く『人間宣言』として不滅の意義を持つ水平社の創立五〇年を記念して発祥の地に之を建てる」と記されています。三年間のカンパ活動によって建てられたものです。

今、柏原では西光寺と新しくつくる「水平社歴史館（仮称）」を中心に公園づくりが行われています。燕神社の登り口にある阪本家本家も取りこわされ、土地整備が進んでいます。

水平社関係の資料や遺品が展示され、啓発と研究、学習活動の人権センターとして二一世紀にむけて生まれ変わろうとしています。

山田孝野次郎の小学校教科書記述の間違い

教育出版、東京書籍へ訂正を要請

教育出版並びに東京書籍小学校教科書編集部様

前略

過日、小学校の六年生に講演するため貴社の小学校六年生上の教科書の全国水平社の記述について二点の間違いに気づきましたので手紙を差し上げる次第であります。

問題箇所は、教育出版、新版社会六上九六頁です。「水平社の大会でうったえる少年一四歳の山田少年は……」の写真説明で

① この写真は全国水平社の創立大会のものではないということです。

文中「〝おとなも子どももいっせいにたちあがって、光かがやく新しい世の中にしよう〟とうったえました」とあります。この訴えは、確かに一九二二年三月三日の創立大会のものです。だから「水平社の大会で…」の大会は水平社の創立大会を指すものと考えます。だが、間違っているのではないでしょうか。

この写真は、同封しました部落解放同盟中央本部写真記録全国水平社六十年史四〇頁にあるように一九二四年三月五日「全国水平社青年同盟西浜支部の演説会」の写真です。

東京書籍　小学校用教科書社会六上一一四頁には「一九二四年天王寺公会堂」とありますので同封致します。

② 第二点は山田少年すなわち山田孝野次郎の年齢です。

文中「一四歳の山田少年は…」とありますが、彼は一九〇六年二月二五日生まれで、一九二二年三月三日は一六歳でした。(同封しました東京書籍も一四歳としています)

これに関する資料として、部落解放研究所編　解放出版社刊　部落問題事典(一九八六年)八九一頁の山田孝野次郎の項をお送りします。

「一九〇六・二・二五～三一・三・九　明治三九～昭和六」とあり、文中「一九二二年(大正一一)一六歳の時…」とあります。

奈良県部落解放研究所及び西光万吉さんや、山田孝野次郎さんの故郷の「水平社歴史館推進委員会」の研究員である仲林弘次さんに山田孝野次郎さんの戸籍を調べてもらいましたところ、やはり一九〇六年二月二五日生まれでした。全国水平社創立大会当時は一四歳ではなく一六歳だったのです。

なぜこのような誤りが生じたのか。それは山田孝野次郎さんは背が低くて、小柄であったこと、小学校時代の差別事件を当事者として語りたかったため自ら一四歳と名乗ったことにあると考えられていま

す。

当時の全国水平社の機関誌「水平」にも「全国少年代表山田孝野次郎君は一四歳の紅顔の可憐児…」とあります。（復刻版を同封します。）

一九四五年刊奈良県同和事業史一七七頁にも「山田少年は当時一四歳…」とあります。

部落問題研究所編「部落の歴史と解放運動」（一九七一年刊）一九六頁にも「奈良県から出席した一四歳の山田孝野次郎少年は…」となっています。

歴史を切り開く力に子どもたちの運動が評価されることは大切なことで、教科書無償化の「部落解放子ども会」の取り組みはぜひ教科書にも扱ってほしいものです。だから全国少年少女水平社の結成を全水第二回大会で呼びかけた山田孝野次郎さんのことを記述することは大切なことだと考えます。

教育出版、東京書籍より記述訂正への返事

一九九六年三月七日付けで山田孝野次郎の「一四歳を一六歳に」、「水平社大会」を「一九二四年の演説会に」への訂正を申し入れたところ、三月一八日に訂正の返事がありました。

	今までの記述	訂正した記述
教育出版	水平社の大会 水平社の大会でうったえる少年 一四歳の山田少年は…	水平社の演説会 水平社の大会でうったえる山田さん、 山田さんは…
東京書籍	一四歳の山田少年は	一六歳の山田少年は

教育出版社は「大人も子どももともにいっせいに立ち上がって、光かがやく新しい世の中にしよう」との訴えは、全国水平社創立大会の演説内容であるとの指摘に対し、写真を「演説会」と改めても一九二四年の演説会の内容と混同されるので、「今後記述の改善をしてまいりたいと存じます」とのことでした。

十二　二〇二一年度大阪府の中学生チャレンジテストの「一休のとんち話」出題の部落差別性を糺す

―「けものの皮寺に入るべからず」をめぐる抗議と要求と質問状―

「日の丸・君が代」強制反対・大阪ネット（略称）　文責：黒田伊彦

二〇二二年九月一日

大阪府の中学生チャレンジテストの国語の古文の「一休のとんち話」は部落差別を内包したもので、部落産業といわれる原皮のための屠殺や皮を鞣す皮革業や太鼓生産に従事する人々への忌避や差別意識を助長させる人権侵害である。その意識の因となる非合理な「けがれ」観念への呪縛を強めるもので大阪府教育庁は糾弾されるべきである。

1　仮名草子の「一休ばなし」の時代性と今日性

出題原本の仮名草子集は、一六世紀中頃の織豊政権時代から江戸時代初期にかけて庶民に読まれた、漢字には仮名でルビがふられた短編小説を集めたものである。

一休宗純（一三九四～一四八一）は室町時代の禅僧だが、件の出題された文章は一六六八（寛文八）年刊の巻之一から四までの四六話の「一休ばなし」の冒頭の一文である。当時の皮革づくりを生業とする人々への賤視観が反映されている。

第二話は、やりこめられた旦那が仕掛けた「このはしわたるべからず」の高札に「端でなく真ん中を渡ってきた」という頓智話が続くのである。

2 「皮寺に入るべからず」の禁制を使った「とんち話」ですまされない

①出題の文章は、「此寺の内へかわのたぐひ固く禁制なり、若《も》しかわの物入る時は、その身に必ずばち当たるべし。」この掟に反し入ってきた皮袴をはいた旦那は「皮のたぐひにばち当たるならば、此お寺の太鼓は何し給ふぞ」と反論をした。一休は「だから夜昼三度づつ撥（ばち）を当て、たたかれている。あなたも皮の袴を着ているので「太鼓の撥を当て申さん」と切り返した、という内容である。「撥（ばち）に罰の意味を重ねている」と注釈を書いている。

②単純に読んで「禁制」というお寺の禁止事項を守らないで皮の袴で入っていったのだから罰せられるのは当然だという生徒も出てくる可能性はある。

また皮で出来たものをお寺に入れてはならない。入れた者を罰するというなら罰せられるべきは師の養叟和尚だと考える生徒も出てくるかもしれない。

皮がなぜ悪いのか。皮でできている鎧（よろい）を着て、皮でできた鞍にのり、皮を巻いた弓を使う武士は罰せられなくてはならないのに尊敬されていたではないか。

この疑問をもつ生徒も出てくることも予想できる。すなわち部落差別性に気づかない生徒も出てくると考えられるということである。

③だが出題責任者の大阪府教育庁は「皮そのものや皮を扱う仕事に従事している人への忌避意識や差別意識をもつことや不安を抱く」ことがあると認識したからこそ、「そのようなことがないよう、生徒への丁寧な説明や指導が必要」との指示を発し、「指導資料を作成し、後日送付します」としたのだろう。

問題は皮の類のものを寺に入れない禁制が成り立つ根拠としての皮の為の牛馬の屠殺が、仏教の殺生するなの戒めに反する死の穢れの思想にあることである。

④このケガレ（穢）思想に根拠があることをつけ加えた原文を敷衍（ふえん）した「一休のとんち話」の童話がある。

寺村輝夫・文／ヒサクニヒコ画の「一休さん」（一九七六年七月あかね書房刊）では「ちくさいさん、門のはり紙をよみましたか」「けもののかわ寺へはいるべからずとありましたね、たしか」「そうです、寺はほとけさまをおまもりする、けがれのないところです。おしょうさまは、けものはけがれのものといわれます。わたしたらは、だからけものを食べません」（二二一～二二三頁）と記述されている。

⑤皮自体が忌み嫌われるものでないことは、寺社の舞楽の太鼓や鼓、村祭りの太鼓など皮製品が用いられていることからも明らかである。現在でも皮の財布やバッグ・靴に皮への禁忌（タブー）意識はない。問題は皮をつくり出す為の牛馬等の屠殺に伴う死の穢《ケガ》れに触れたとされる人間への忌避意識である。近世に被差別部落を「皮多」としたり、墓碑に「革門・革男・革女」「畜門・畜男・畜女」「屠女」等の差別戒名がつけられたのはその証拠である。

3 「ケガレ」の思想で、皮革製造をする被差別部落への差別・偏見を助長する

①古代において、生贄（いけにえ、犠牲）をささげる為の屠殺は神聖な行為・神事であり、「祝う、屠う、葬う」が「はふる」と共通の言葉で表現されていた。だが仏教の殺生を禁じる不殺生戒が広まるにつれ、穢れが悪とされたのである。仏教の浄穢観念により不浄とされた。

②「ケガレ」は気離れ・気枯れとされ、元気がなくなる病気や死の原因とされ、また毛枯れとして農作物の不作の原因ともされたと民俗学では述べられている。穢れには死穢・血穢・産穢があるとされた。

③江戸時代、えた身分の人々に対し、役負担として怪我や病気で死んだ斃（へい）牛馬の処理や死刑執行や捕吏・皮革の仕事が課せられていた。これらは死と結びつき、死穢に触れるため穢（けがれ）多しと穢多と呼称され、遠ざけられ、疎外されたのである。神社の入口に「不許汚穢不浄之輩入境内」（けがれて不浄な者は境内に入ることを許さず）（岐阜県飛騨一之宮水無神社）や奈良県の寺の「不浄之禁跡」という結界石があった。一休のとんち話の出題文中の「この寺の内へのかわのたぐひ固く禁制なり」のへぎへの書付けは、この不浄思想によるものである。

④古来、穢れのため神社参詣の禁止が規定されていた。葬式を出すと死穢で黒不浄といわれ、三〇日の参詣禁止。出産は産穢で白不浄といわれ、七日の禁止。女性は生理の時、血穢の赤不浄とされ七日の禁止であった。

出産は、おめでたい事とされているのに、出血した母親は不浄とされる。生理（月経）は、受胎と関係するのに不浄とされる等は極めて不合理なもので、それを「悪」とするのは迷信にすぎない。すなわち穢れは、迷信である。

一八七二（明治五）年二月二五日付太政官布告で「自今産穢不及憚候事」と、それまでの「産の穢れ」は廃止され、六月一三日付で「神社参詣ノ輩自今葬ニ預リ候モノト雖モ当日ノミ可相憚事」とされ、それまで三〇日の穢れを一日のみと改められたのである。

4　忌引きや喪中葉書など触穢に無関係でない子どもたちへ「ケガレ」の迷信性を説明せよ。

①けがれは伝播すると考えられていて「触穢」といわれる。九六七年に施行された延喜式の規定によれば、死者を出した役人は、死穢のため甲穢として三〇日間蟄居謹慎（家にとじこもり外出してはいけない）し、甲をたずねた人は乙穢とし、半減して一五日、乙をたずねた人は又半減して七日の蟄居

謹慎すべきものとされた。この服忌令（ぶっき令）は現在でも忌引き（きびき）の制度となっており、普通両親死亡の時は七日、祖父母は三日等特別休暇とされている。子どもたちの指導要録には、忌引として記入されている。

②葬儀時の「清めの塩」、元旦からの「ケガレ」を持ち込まない為の年賀状欠礼の喪中葉書、病気を人形に移して川に流す「流し雛」の行事、女性は血穢のため相撲の土俵に上がれないことなど、子どもたちは学校生活や社会生活の中で、「ケガレ」の思想と無縁ではない。だからこそ一休さんの「禁制」の文言の根拠となっている「ケガレ」の思想が非科学的、非合理的な迷信であることを認識させるべきである。

5　聖と賤の対立意識―天皇制の身分差別の根源に連なる

①被差別部落の賤視感の因となっている「ケガレ意識」を認めることは、その対極にある聖なるケガレなき身分として天皇一族が意識される。松本治一郎（元部落解放同盟中央本部委員長）は、「貴族あれば賤族あり」とのべた。上があるから下がある、二階があるから一階という概念が生まれてくるというものである。

天皇明仁即位の翌年の一九九〇年一月に東洋大学図書館地下食堂のトイレに差別落書きがあった。「天は高く地は低い。そこに何の疑問があるだろう。（一行不明）天皇は限りなく尊く、特殊部落民は際限なく卑しくけがらわしい。そこには何の疑問があろうか。俺は正義と天皇の名において穢多・非人を根絶させる。」（「解放新聞」一九九〇・一・二三）という文言である。聖と賤の対立意識は生きているのである。

②世襲により万世一系とされる聖なる血の連続性を尊いとする観念が、天皇のカリスマ性を生み、「日本国の象徴であり日本国民統合の象徴」（憲法第一条）の根拠となっている。それ故、卒・入学式での「日の丸・君が代」の起立斉唱の強要は、天皇への崇敬の念を通じて、国家への忠誠表明なのである。こ

れは、天皇を現人神とする国家神道は「宗教にあらず、国民の道徳である」とする考えを引きずった宗教儀式である。日本国憲法第二〇条（二項）「何人も宗教上の行為、祝典、儀式又は行事に参加することを強制されない。」条項に反した憲法違反であるといえるのである。これは、「日の丸・君が代」強制反対大阪ネット（略称）が抗議する所以でもある。

③部落解放同盟綱領（一九九七年改訂）の前文には「部落差別を支えるイエ意識や貴賤・ケガレ意識と闘い…」とあり、基本目標には「イエ意識や貴賤・ケガレ意識など差別文化を克服し、身分意識の強化につながる天皇制、戸籍制度に反対する」とある。ケガレ意識が身分意識としての天皇制を支えているとの認識を示し、その打破が部落差別をなくす運動の課題としているのである。

以上の観点から、今年度の「中学生チャレンジテストの国語大問五の「一休ばなし」の設問の部落差別性に抗議すると共に、次の要求と質問に真摯な回答を求めるものである

【要求事項】

1、本出題によって部落差別を助長・拡大したことについて、大阪府教育庁の責任者たる教育長名で自己批判文を公開すること。

2、「問題の作成にあたっては、複数回、複数の人数でのチェック体制システムを構築している。特に人権的な問題がないか確認している」（「令和三年度中学生チャレンジテスト（第三学年国語）における設問について」。以下、「依頼」）、「府としては、すべての問題を人権的配慮のもと作成しております」（「チャレンジテストの国語の設問（大問五『仮名草子集』）についての指導資料」。以下、「指導資料」）と記しながら、人権上問題のある出題がなされた。府・府教育庁職員の人権意識、部落差別に関する意

識が再度問われなければならない。

府・府教育庁職員全体に対する人権・部落差別に関する研修を行うこと、その後教職員に対する研修を行うこと。しかる後に、教職員に対して生徒に対する指導のお願いがなされるのが本来の姿だ。
3、本出題に対して抗議を寄せている諸団体名、個人名を明らかにすること。協同で府教育庁が問責を受けるべき聴聞の場を設定すること。
4、部落差別をなくす認識を高める国語教材の開発を、研究者や学校教員等の実践事例を集め、研究・協議する場を作ること。
5、チャレンジテストは、その成績をもって各学校、各個人の内申書の「評定」を決定するなど、それ自身きわめて差別的な性格のものである。さらにそのテストに今回のような差別的な問題が出題された。チャレンジテストを即刻廃止すること。

【質問事項―「指導資料」に関して―】
1、「②この作品の別の見方を知る」として、部落差別性の学習を提起しているが、これは「別の見方」ではなく、本質的な見方であると考える。「別の見方」というのは、「そういう見方をしなくても良い。本質ではないのだから」という意味になる。①の一休のとんち・機知・機転からくる笑いに終わって良いのか。回答を求める。
2、同じく②に「〇とんちの内容が差別につながるとの見方もあることを示す」とあるが、「見方がある」ではなく、「見方が本質である」とすべきである。その鍵は「禁制」の根拠にある。それは、室町時代から江戸時代へも続く賤民層の生業に対する差別の社会意識であり、その社会意識を形成したのは仏教の死穢（死のケガレ）をめぐる浄・穢の観念であった。貴賤は儒教的観念である。だが「指導資料」では②で「『寺内への皮の禁制』については、物語上の話であることをおさえる」と注記している。「物語上の話」とは、現実性のない「架空の作り話」という意味に使われる用語である。「禁制」が、物語を面白くするために作られたものであるのか否か見解を問う。

3、③で「死・出血・病気など、自分の理解や力の及ばないできごとをおそれていた」として、死穢、血穢という「ケガレ」観念を「おそれ」と捉えさせようと、「ケガレ」という用語を避けている。仏教では「死」は「おそれ」るものではないともされる。なぜ「おそれ」として、「ケガレ観念、ケガレ意識」としないのか、回答を求める。

4、同じく③で「○皮革についての認識を深めさせる」として、「皮革にかかわっての偏見や差別は不合理なもの」と学習を提起、さらに「厳しい、差別に苦しんでいた人々は、差別をなくし、平等な社会の実現のために自ら立ち上がった」として、「全国水平社の結成、水平社宣言」の学習を提起している。この2つをつなぐ教材が「水平社宣言」であり、就中次の一文である。「ケモノの心臓を裂く代価として、暖い人間の心臓を引裂かれ、そこへ下らない嘲笑の唾まで吐きかけられた呪われの夜の悪夢のうちにも、なほ誇り得る人間の血は、涸れずにあった。……（中略）……吾々がエタであることを誇り得る時が来たのだ。」

この一文は、被差別部落を「悲惨と貧困」というマイナスイメージのみで捉えるのではなく、「指導資料」にあるように「動物の皮を加工し、皮革製品にするためには高い技術力が必要で、他の伝統産業と同様に、専門の職人によって受け継がれている」と指摘しているごとく、生産労働や技術、芸術、芸能、文化の担い手としてのプラスイメージで被差別部落を捉えさせる、校長会人権教育部の声明でいう、いわゆる「新部落史観」の原点となる思想を表明している。

二〇二二年は、この全国水平社宣言一〇〇年の節目の年である。教育庁として自ら提起した学習指導案に則った授業実践報告集会を開くことを検討されたい。回答を求む。

5、添付されている資料『4　義務教育諸学校の教科用図書の無償措置に関する法律』施行」では、一九六一年の高知県の「小中学校教科書をタダにする会」の活動が「無償化」を決定づけた、と説明されている。だが、大阪の子どもたちが同時に学ぶべき事は、憲法二六条の「義務教育無償化」の条項に則り、一九五九年九月、日の出、加島、矢田、西成の四支部の子どもたち二五〇人が市役所に座り込み、大阪市内の部落解放同盟一二支部の子どもたちの教科書無償化を勝ち取った先駆的な闘いである。一九九五年三月に製作されたアニメビデオ「天気になあれ」（大阪市、大阪市教育委員会企画、（株）電通ブロックス大阪支社製作）の後半は、日の出支部をモデルにしたこの劇化である。教育庁はこのような実践的な教材を提示すべきであるが、見解を問う。

以上

五　次の文章は、とんち話で有名な一休和尚《いっきゅうおしょう》の話です。これを読んであとの問いに答えなさい。（なお、設問の関係で古文中の「　」の一部を省略しています。）

一休和尚《いっきゅうおしょう》は、いとけなき（幼い）時より常《つね》の人（一般の人）には変《かは》り給《たま》ひて、利根発明《りこんはつめい》（とても賢い）なりけるとかや（ということだ）。＊師《し》の坊《ばう》をば＊養叟《やうそう》和尚と申《まう》ける。こびたる（しゃれたことをよく言う）＊旦那《だんな》ありて、常に来《きた》りて和尚に＊参学《さんがく》など し侍《はべ》りては（されていて）、一休㋐の発明なるを（賢いのを）心地《ここち》よく思ひて、折々《をりをり》は戯《たはぶ》れを（ときどき じょう談）いひて①問答などしけり。或時《あるとき》かの（その）＊檀那《だんな》、＊皮袴《かはばかま》を着て来《きた》りけるを、一休門外《もんぐわい》にてちらと見、内へ走り入《い》りて、＊へぎに書付立《かきつけた》てられける（薄い板に書き付けて）は、

此《この》寺㋑の内へかわのたぐひ、固《かた》く禁制《きんぜい》（禁止する）なり。若《もし》かわ㋒の物入《い》る時は、其身《そのみ》に必ずばち当《あた》るべし（当たるに違いない）。

と書きて置《お》かれける。かの旦那是《これ》を見て、皮のたぐひにばち当るならば、此《この》お寺の太鼓《たいこ》は②何とし給ふぞ」と申ける。一休聞《きき》給ひ、「さればとよ（だからですよ）、夜昼《よるひる》三度づつ＊撥《ばち》当る間《あひだ》（のだから）、其方《そのはう》へも太鼓㋓の撥を当て申さん、皮の袴《はかま》、着られけるほどに（のですから）」とおどけられけり。

（『仮名草子集《かなぞうししゅう》』より）

＊師の坊　＝　仏教を教える師匠《ししょう》である僧《そう》。
＊養叟和尚　＝　室町《むろまち》時代の僧。
＊旦那　＝　お金や物品で寺や僧を支援《しえん》する人。
＊参学　＝　学問、特に仏教を学ぶこと。
＊檀那　＝　旦那と同じ。
＊皮袴　＝　なめした皮で仕立てられた袴。
＊へぎ　＝　スギやヒノキを薄く削って作った板。
＊撥　＝　太鼓をたたく棒。ここでは「撥」に「ばち（罰《ばち》）」の意味を重ねている。

1　本文中の〰〰線部を現代かなづかいに直して、すべてひらがなで書きなさい。

2　次の二つの文の ━ 線部の「の」は同じ働きをしています。本文中の ━ 線部㋐〜㋓の「の」のうち、この二つの文の「の」と働きが同じものを一つ選びなさい。

紫だちたる雲のほそくたなびきたる。

東の山の峰《みね》より月の出《い》づ。

3　本文中に ━━ 線部①とありますが、ここでは誰と誰が問答をしていたのですか。次のア〜エのうち、適しているものを二つ選びなさい。

ア　一休
イ　常の人
ウ　養叟和尚《ようそうおしょう》
エ　旦那《だんな》

4　本文中の ━━ 線部②で終わる会話文の始まりの部分が分かるように、解答欄《らん》に「を書き入れなさい。

5　次のア〜エのうち、この話の内容に合うものとして最も適しているものを一つ選びなさい。

ア　お寺で皮袴《かわばかま》を身につけてよいのかを質問してきた旦那に対して、一休は正しく説明をすることができた。
イ　日ごろからじょう談を言ってからかってくる旦那を、一休はうまくだまして太鼓《たいこ》の撥《ばち》でたたくことができた。
ウ　書き付けた内容に鋭く切り返してきた旦那の言い分に、一休は機転をきかせてうまく言い返すことができた。
エ　皮袴を身につけてきた旦那を注意したところ太鼓の皮のことを逆に指摘《してき》され、一休は恥ずかしい思いをした。

Ⅱ部　部落差別と天皇制

一　解放教育と天皇制

全同教大分大会の天皇制論議

一九八八年一一月末に大分県で全同教の大会があり「貴族あれば賤族あり」の立場から解放教育は天皇制をどのようにとらえるかについて、熱い議論を期待して多くの人が集まりました。県立体育館前のポールに「日の丸」が掲っていることについて問題提起があり、総括集会で寺沢委員長は「館と協議をしたが、この事態は私たちのたじろぎを示すものではない。今後の実践をみてほしい」と見解表明をしました。

私も社会教育の立場から、部落差別は天皇制をぬいて考えることはできないと、親もまきこんで、卒業証書から元号を追放するという運動を社会啓発の立場から提起してまいりました。

第八分科会で熊本より、中国東北部（旧満州）で終戦時に中国人と戦闘となり、八月一七日、二七五名が集団自決をした「赤き黄土―地平からの告発・来民《くたみ》開拓団」についての報告がありました。

来民開拓団は、戦時下の資源調整事業（軍需産業への転換と「満州」移民を軸とした融和政策で、移民によって部落民の経済的困窮の原因をとり除くとともに、部落差別を解消するとされていた）によって、一九四一年から四五年まで全国二五部落の一つとして指定され、強制的に中国東北部へ移住させられたのです。

この事実を発掘していく中で、「来民開拓団は犠牲者ぶったるばってん、部落だから子どもや女、親まで殺せたんだ」という差別発言があびせられました。この糾弾への闘いの中で、小学生はレリーフをつくり、高校生は県の文化祭で紙芝居をして発表し、自分達の先祖の、天皇制と部落差別との苦闘を教材化していく取り組みは大きな感銘を与えました。

一九二二年、全国水平社が創立されて三週間後の三月二五、二六日、別府的ケ浜部落が警官によって焼き討ちされました。閑院宮載仁（ことひと）が、弓掛松を列車の中から見るのでその下にある掘立小屋が目ざわりだとして、焼き討ちをしたのです。このくやしさをバネに解放歌が生れてくるのですが、この跡地をたずねて的ケ浜公園へいく人が非常に多かったのです。弓掛松の跡地は、「コスモピア」等の大きな百貨店になっていて当時の面影はありません。由緒ある部落ということで、今市内に散在する八世帯で「的ケ浜支部」をつくって別府地協に入って、名をとどめています。

天皇制と部落差別

日本近代における天皇制と社会的地位について丸山真男は次のようにのべています。「国家的、社会的地位の価値基準はその社会的機能よりも、天皇への距離にある。……わが国において『卑しい』人民とは隔っているという意識が、それだけ最高価値たる天皇に近いのだという意識によって更に強化されているのである。」（『現代政治の思想と行動』一七頁、未来社）

部落解放の父、故松本治一郎は「貴族あれば賤族あり」と喝破したように、神聖にして侵すべからざる天皇の対極に、賤にして不浄とする「部落民」を位置づけたのであります。

この貴賤、浄穢の関係を支えるものとして血の意識、血統主義があります。万世一系の天皇家の血の連続性を聖とあがめる意識を下から支えたのが「家」制度であり、家父長の家族国家観による血脈の近親秩序を、社会秩序の原理とするものでありました。家柄が良い、悪いを意識させることが、天皇を聖とする意識を増幅していきます。そのために、家柄の悪いのは「部落」だという意識がつくり出されていきます。この原理は戦後の象徴天皇制の下でも意識として連なっているといえます。

日本国憲法第十四条の「……社会的身分又は門地により……(中略)……差別されない」という規定は社会的身分の存在を前提にしたものと考えられます。憲法学者、宮沢俊義は『憲法Ⅱ』において、「社会的身分とは……出生によって決定される社会的地位又は身分をいう……部落民とか帰化人の子孫とかいう地位も、これに属するものと解すべきである」(有斐閣刊、二七六頁)と述べています。日本国憲法では、天皇・皇族と共に部落民を「身分」としての存在と規定し、だが「差別されない」としているとの解釈が成り立っているのであります。

「毎日新聞」一九八七年九月二五日の「検証天皇陛下のご病状」の記事では、手術をしなければならなくなった時、侍医団会議では「席上『明治天皇以来、玉体にメスを入れたことはない。手術すべきでない』との意見もあったが、……(中略)……手術を行う方針が固った」と述べているように「玉体」という思想が登場してきています。

一〇月二日は、輸血について「手術前から『陛下のお体に庶民の血を入れるのはどうか』と、こだわる意見もあったが、『陛下はこれから子孫を残すわけではないので(血統の血の純粋性に)

問題はないと考えて納得した』と、手術にかかわった宮内庁関係者は語った」との記事が載せられていました。

一九八八年一二月で二万五、〇〇〇ccというギネス・ブックに載るほどの輸血を受けていて、血の純粋性故の「聖」という認識が全くの偽りの、虚偽の意識であることが証明されたといえるでしょう。

社会党の土井委員長が記帳に行ったという意識は、問題にされなければならないでしょう。庶民の間で天皇制と部落差別がどうとらえられているでしょうか。天皇が植樹祭に堺へ来た時、堺の解放会館に次の様な差別落書きが発見されました。「石川一夫《ママ》たすける会」と題して、「今も一夫《ママ》はくさい飯を食べてます。それは人を殺したからです。みんなで早く死刑にしてあげましょう。エッタに生きる権利はありません。……（中略）……今度の戦いで、バカ者をおおえんする野党をやっつけましょう。天皇階下《ママ》が来る日は、町に出さない様、共に戦いましょう。」この差別落書きは一九八六年四月一五日に書かれていました。庶民も天皇制と部落を対比的にとらえ、天皇崇拝が部落差別を必然にすることをきっちりと押さえておくことが重要です。

あらゆる差別の元凶としての天皇制

解放教育は部落差別をはじめ一切の差別を許さない認識と感性を育てていくものでありますので、天皇制があらゆる差別の元凶であることをおさえておかなければなりません。

① 皇室典範第一条で「皇位は皇統に属する男系の男子が、これを継承する」とあり、女性の皇位継承即ち女性の天皇を認めておりません。女性差別の頂点がここにあるといえます。

② 天皇は文化勲章や文化功労賞をはじめ叙位叙勲の栄典を授与することによって、人間の価値づけを行ない、差別をつくり出しているといえます。

③ 天皇などの旅行の時、精神障害者は何をするかわからないという予断と差別偏見で、予防検束・保安処分できるという「障害」者差別を公然と行っています。国家公安委員会規則二号（警衛規則）には「行幸、行啓の警備計画の留意事項」として「精神障害者その他警備上注意を要する者の警戒等」という一項があります。一九八一年九月のびわ湖国体で皇太子夫妻が十一面観音像を視察する高月町などで、精神衛生法で禁止されている「精神障害者リスト」の提出を警察が保健所や役所に求めました。一九七五年海洋博への皇太子夫妻の出席の時も、沖縄県警は精神障害者を入院させよと県に要求したことがあります。天皇制が「障害」者差別をつくり出しているわけであります。

同和教育の語源にみる天皇制

同和教育の「同和」という言葉は、前の裕仁（ヒロヒト）天皇が一九二六年に即位した時の勅語の中の「……人心惟レ同シク民風惟レ和シ汎ク一視同仁ヲ宜ヘ、永ク四海同胞ノ誼ヲ敦クセンコトヲ……」の・印の文字をとり「同和」としたのであります。

「同和」という言葉には、朝鮮も台湾も日本の領土で、すべて天皇の赤子、臣民なのだという、民族性を奪い植民地とした帝国主義の侵略性をかくして、すべて同じ日本人として仲良くしていこう（四海同胞の誼を敦くする）という「同化」政策の意味がこめられているのです。

中国侵略に加えて、日米開戦となった一九四一（昭和一六）年、文部省は今までの部落対策的な「融和教育」を「同和教育」に改め、翌年には「国民同和への道」という文書の中で「高度国防国家体制の確立」の急務のため、「同胞差別の問題は、この国内新建設に当り、反国家的・反時局的なるものとして克服されなければならぬ諸矛盾、欠陥の一つである」（序言）として、「差別」、「差別」と糾弾闘争による国民内部の対立をやめよ、今は戦争に勝つため全国民が一致協力することだとばかりに「同和奉公会」をつくらせ、「満州移民」が積極的に推進され、戦争に協力させられていったのであります。

このように「同和」教育には〝血ぬられた〟歴史性のある用語であるため、戦後、責善教育（和歌山）、民主教育（岡山）、人権教育（愛媛）などの名称が生まれました。そして部落差別をはじめ一切の差別からの解放のための教育として「解放教育」の言葉が生まれました。

戦後の解放教育の反天皇制の闘いの一例

① 一九七九年四月二九日、東大阪市立意岐部東小学校は、差別を許さない解放教育の実践として、祝日を返上して「天皇誕生日を考える」をテーマに、全校生徒四三八人中三八・四パーセントの一七四人（東大阪市教委発表）が登校し、半日授業をおこないました。

午後六時、東京の右翼団体から「学校への道順を教えよ」「教師も子どもも命の保証がないと思え」との電話が入り、四台の右翼の宣伝車が学校の周辺を回っていました。

五月二日、右翼の三団体が八日までの街頭宣伝の届出を警察に出し、「意岐部東小学校へいく」と言ったという情報が入り、児童を一時間早く下校させ、荒本支部は五月二日徹夜警備をし、五月四日は青年部員一六〇人の警備の中を親子同伴で登校しました。

その時五〇人位の親が通用門前で「こんな学校むちゃくちゃや」「こんな（四・二九みたいな）

勉強してんの、日本中でここだけや」と口々に述べ、結論として「どんな授業をしているか参観させてほしい」と要請し、会議室に入った。そこへ警備から帰ってきた荒本支部の親たちが帰ってきて、会議室へ入ったところ、「荒本の人は出て行ってほしい」との発言が出ました。「私たちも保護者やないか」というと「かえろ　かえろ、こんな所にいてられへん」と一部の親が退室する時に「差別、差別ってひがみ根性や、被害妄想や」と叫ぶようにして走り帰ってしまった。残った親たちと通用門前で荒本の親たちや教職員らと話し合ったが「荒本の人は集団でくるからものがいわれへんし、こわい」「言葉じりとられて、あげ足とられて糾弾される」等々の差別発言が続きました。

五月一六日、この差別発言に関わる保護者集会が二三〇名で開かれました。「浅はかで荒本の人々を傷つけたことを反省している」「天皇制はあって普通と思っていましたが、今の話をよくわかりました」等々の反省が出されました。東大阪市教委からは「東大阪市立意岐部東小学校の取組みは、解放教育を実践していくなかでの当然の帰結として、四・二九があり、評価しています」との見解表明がなされたのであります。

四・二九の同盟登校の新聞報道後、学校へ差別文書が次々と送られてきました。「天皇陛下に無礼千万なことしよって！　しょせん部落民は部落民、同和なんてできっこないし必要なし、馬鹿者よ死ね」等々、まさに天皇制と部落差別の関係を明らかにする投書でありました。

② 部落解放同盟矢田支部と市教組東南支部他で構成している矢田教育共闘会議は、一九八〇年に、部落解放子ども会、支部員、教職員ら多数が矢田解放塾に集まり、四・二九、部落差別と天皇制を考える矢田地区集会を開きました。

現在、解放教育の立場から卒業証書の元号不使用運動を進めています。解放教育を推進して

区分	学校名／項目	矢田小	矢田西小	矢田東小	矢田北小	矢田南中	矢田中	矢田西中	長吉高
日本人	生年月日	西暦	西暦 併記	元号	西暦 元号	西暦	元号	西暦 元号	元号
	発行日	西暦	元号 西暦	西暦	西暦 元号	西暦	元号	西暦 元号	元号
チョソン	生年月日	西暦	西暦	西暦	西暦	西暦	西暦	西暦	西暦
	発行日	西暦	西暦	西暦	西暦	西暦	西暦	西暦	西暦

＊1988年現在の表。1997年現在、すべて西暦記載になっている。

いるという学校であっても、未だに元号を使用している学校がかなりあります。矢田教育共闘会議は昨年度（一九八七年度）よりこの問題をとりあげました。天皇即位に伴う元号で時間を区切っていくということは、天皇に超自然的な能力を認め、現人神へ一歩近づくものであると考え、学習会も開いてきました。

同推校の矢田小学校では、これまで希望制であったものを、全て西暦に統一するというところまできました。矢田南中学校も従来から西暦に統一されておりましたが、しかし周辺校の矢田西小学校では併記制ですし、矢田中学校では未だに元号のままであります。

希望制をとる学校では、ＰＴＡの役員らがまっ先に「昭和」での記載を要求するそうです。理由を尋ねれば「理由をいう必要はない」という返答です。従ってこの運動は、親と子の同意を形成していく取組みが必要で、なかなか困難な面があります。

卒業証書への元号不使用問題について、校長の側から、一九八七年の第十一回矢田地区研究集会で、意見を述べさせようとしたのですが、大阪市教育委員会は「校長が元号問題を地域研究集会で報告するようなことがあ

教育塔

れば、敢えてクビにすることも辞さない」として圧力をかけてきました。このことは校長の主体性の無さもありますが、同推校なら〝ムラ〟（部落）の立場に立って当たり前だという思い込みがあって、かえってこれまで熱い討論をやってこなかった教員組合側の弱さの反映ではないかという気も致します。このことは矢田だけの問題ではなくて、全国の各地域で考えていかなくてはならない問題だといえるでしょう。

教育の靖国＝教育塔の問題

教育労働者の主体性のあり方の一つとして「教育のヤスクニ」と呼ばれている「教育塔」の問題について考えてみたいと思います。

大阪城公園の大手前広場に高さ三〇メートル位の教育塔が建っています。その前で日教組主催で毎年一〇月三〇日に「教育祭」が行なわれます。

一〇月三〇日は「教育勅語」の出された日なのです。

教育塔は一九三四年の室戸台風の児童、生徒、教職員の犠牲者の慰霊のため一九三六年に帝国教育会が建てたものであります。一九三六年一〇月三〇日の第一回教育祭で永田帝国教育会会長は「教育搭の建設は永遠不滅の教育報国の殿堂、換言すれば教育招魂社の建設であって、教育祭は即ち師魂を礼賛し師道を発揚する教育的総動員であります」と述べています。招魂社とは靖国神杜のことです。天皇の為に死ぬ教育魂をほめたたえるものであります。それは「再び教え子を戦場に送らない」と決心した日教組が、教育勅語の出された一〇月三〇日に戦前から引きつづいて回数を数えて本年（一九八八）は五三回として教育祭を行ないました。

天皇在位六十年の反対集会の時、箕面忠魂碑の人々から問題提起されたのですが、教育塔のレリーフも問題なのです。

レリーフは左右に分かれ、その右側は、校長が教育勅語を児童に読み聞かせている場面です。教育勅語が風雨にさらされては「おそれ多い」として「訓書清読」だといわれていますが、戦前には「訓書清読」はありませんでした。児童が皆、頭を垂れているところからみても「教育勅語」であることは確かです。

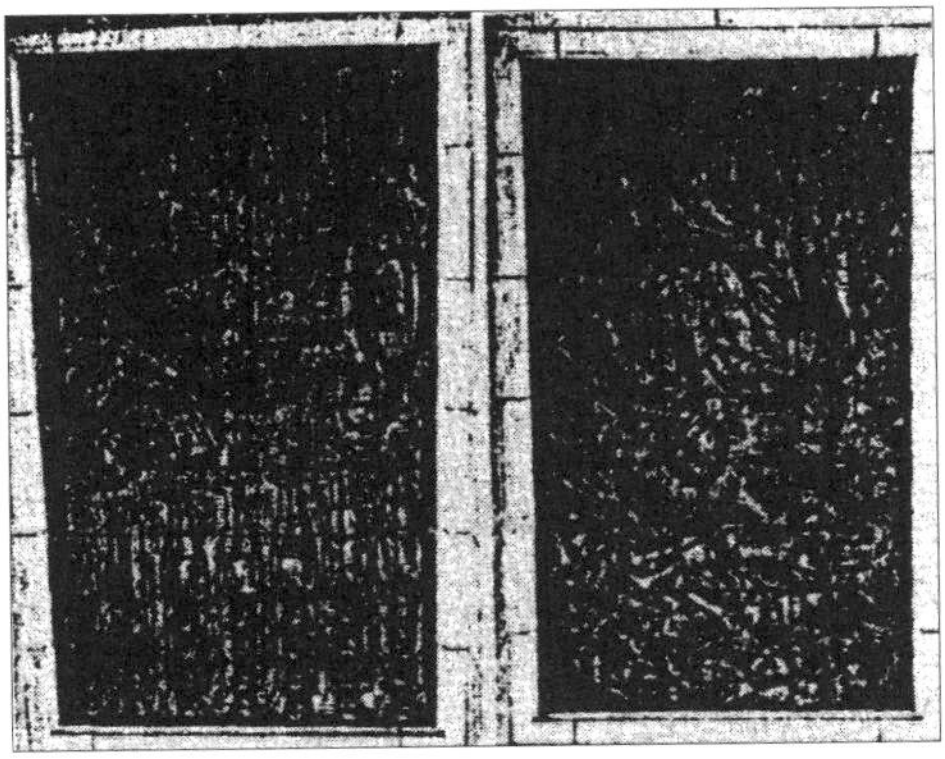

教育塔のレリーフ

左側は風雨をついて教え子を背負って、また手をひいて児童を誘導しつつ避難する有様が描かれています。

つまり平時には「一旦緩急あらば義勇公に奉じ」る「教育勅語」をおしつけ、非常時に、国のため、天皇のために命をなげ出す教師こそ理想の教師像であるとするのがこのレリーフの意図であります。

日教組への申入れにより神道用語の改善、例えば、合祀を合葬、祭主を主催者、奉納音楽を追悼音楽、祭文、頌詞を追悼の言葉、〇柱を〇人等に変更させることはできましたが、天皇制のしがらみは改善されておらないのであります。

① 左右のレリーフの撤去。

② 教育祭を教育勅語発布記念日に行なわないこと。

③　教育祭を戦前から連続して回数を教えないこと。
④　教育塔、教育祭の問題点を説明板に書くこと。
⑤　教育祭の神道形式をやめること。
等を「教育塔を考える会」は要求しています。

大阪市教組の幹部は「日教組が文部省と対話できる唯一つのものだから、これをなくすと文部省との関係が悪くなる。これまで神道用語をなくすなどいくらかの対応をしているので、これ以上要求は受け入れることができない」と述べています。教育労働者の天皇制への闘いの主体性が獲得できるのかどうかが問われているといえるでしょう。

Xデーにむけての部落解放子ども会の闘い

Xデーをめぐって日教組が文部省の交渉で引き出したことは、
①　天皇が死亡しても大正天皇の時のように学校を一日休日にすることはない。
②　天皇が死亡した時は三時間以内に各自治体へ通知し、一斉に黙祷をして帰宅させる。
というものでした。

矢田では、帰宅させる時は、逆に「反天皇制集会」を各校で開き、休日になる場合は、同盟登校を行うことを決定して、その為の準備をすすめました。矢田教育共闘会議作成の「貴族あれば賤族あり」のパンフの学習もその一つであります。学習の一例として「肉弾三勇士」の話を紹介致します。

戦前のピオニールでは「肉弾三勇士とは？　北川、作江、江下の三工兵についてはミクニの為

肉弾三勇士　部落民説と戦争

祖父　わしの小さい時、確か一九三二年の十歳の時じゃった。中国と戦争していた時、上海で爆弾をかかえて鉄条網につっこんで通れるようにした三人の兵士が「軍人の手本だ」とほめたたえられ、三軍神といわれたが、この三人の中に部落民がいるということで、三軍神から「三勇士」に格下げさせられた事件があったんじゃ。

和子　なぜ格下げなの。

祖父　軍神というのは人々が神様として拝むわけだが、部落の者を拝むことはできんというわけじゃな。

父　上野英信という作家は「天皇陛下万歳」という本の中で、三人の兵士のうち、江下は親の代から坑夫で、作江は桶職人の子として生れた沖仲士で、北川は「きこり」であったと調査していますよ。

祖父　政府はこのことを利用して、部落へは「部落の兄弟が命を投げ出して戦っているのだ。天皇のために命を投げだせば一人前に認められる」と戦争にかりたて、軍隊内の差別糾弾の闘いをおさえたんだ。

祖母　部落外の人間には「部落の人間でも命を投げだしている。部落に負けてよいのか」と差別意識を逆手にとって戦争にかりたてたんじゃな。

バクダンを身体一パイ巻きつけて鉄条網の中へ飛び込んだ勇敢な三勇士だなんてデカデカと書きたてました。（中略）それは戦争がブルジョアの為のもので決してプロレタリア農民の為のものでないことを国民が知り初めたからです」「そのためブルジョア共はあわてだし『肉弾三勇士』を急ごしらえして宣伝しているのです。僕たちピオニールはブルジョアのドロボウ戦争に力を合わせて反対しなければなりません」（一九三二年五月、「ピオニールの友」第三輯より）という階級的立場を明確にして学習をしていました。この事実も、子ども会は学習するわけです。

現代における天皇制の役割

① 元号による国民の意識統合

現代の象徴天皇制の「皇害」として、人々がからめとられているものに「元号」がある。

一世一元の制で天皇即位と同時に元号が変えられている。憲法の天皇の国事行為にはない。役所へ出す書類や役所からの文書には元号が強制されている。天皇即位後何年目に生まれ、何年後に小学校へ入学し、何年目に卒業したか等、自分の人生を天皇との関係において意識させられている。正に、日本国民統合の象徴（憲法第一条）行為である。この国民としての意識統合を在日韓国・朝鮮人等外国籍住民に強制することは、皇民化の同化政策であり、人権侵害といえる。

天皇制の呪縛を拒否する人々は、卒業証書などの元号記入でなく、生年月日、発行日とも西暦表記を要求し、大阪市や吹田市などで実現させている。

そもそも、永遠に流れる時間を「明治、大正、昭和、平成」と区切っていくことは、時空を支配する「神」にも等しき超自然的な力を天皇に認めるという「現人神（あらひとがみ）」信仰の誤った行為である。天皇は「天」即ち宇宙の支配者として道教的なネーミングを文字通り認めることになってしまう。

強権に確執をかもす民衆は反権力のシンボル・意志表示をして「元号」を拒否してきた。一八八四年の秩父困民党の蜂起の時は、明治一七年の元号を拒否し「自由自治元年」と世直しの再出発を宣言した。中国の太平天国の民衆蜂起も一八五一年を「太平天国辛開元年」の新しい年号をたてている。

部落差別と闘う全国水平社は「水平」年号を用いた時期がある。一九二四年九月の全国水平社大会では「水平紀元年号使用の件」が協議された。松本治一郎委員長が、福岡連隊を爆破しようとしたというデッチ上げ事件で監獄に入れられるときの訴えには「水平七年」とあり、一九三〇年の全国水平社第一回中央委員会には「水平九年」とある。全国水平社創立八〇年の今日、想起すべきことである。

② マイホーム（家族）主義の象徴としての天皇制―社会生活の秩序としての家族の規範として、三世代同居の学者一家としてかつぎ出され、毎年各新聞の一月一日号に一家の家族写真がのせられている。

③ 独占資本のクラウン（王冠）としての皇室外交―反日、排日感情を和らげ、企業進出の露払いとしての「お言葉」外交が展開されている。憲法の国事行為には皇室外交は規定されていない。二〇〇二年のサッカーのワールドカップ韓日共同開催に天皇訪韓が取り沙汰されているが、「教科書問題・小泉靖国参拝」による反日感情を慰撫するため「私自身としては、恒武天皇の生母が百済の武寧王の子孫であると続日本紀に記されていることに韓国とのゆかりを感じています。」と記者会見で述べているのもその一例である。が東亜日報は、朝鮮の植民地支配を正当化した「日鮮同祖論」の危険を指摘している。

④ 異端あぶり出しの踏み絵・思想の危機管理としての天皇制―「日の丸・君が代」の強制により、反対する者を異端・「非国民」とみなす風潮をかもし出し、「指導力不足」教員として排除する法規制のバックグラウンドを形成している。

⑤ 慰霊・慰労による政府や国家への不信感のガス抜きの危機管理としての天皇制―阪神・淡路大震災の時の腰をかがめ、被災者と目線を合せて語る天皇夫妻の姿は「声をかけられた感激」

を伴って、迅速に救援復興施策を講じない政府・国家への不信を取り除く役割を果たしていることはその例証である。

⑥ 生き甲斐を与える天皇制―文化勲章などを天皇自ら授け（親授）、社会的功績に勲章を与えることで認定し（授勲）園遊会、お茶会に招待することで、その人の社会的働きや人生を序列的に評価する基準を与えている。

丸山真男は「現代日本の思想と行動」（未来社）の中で「国家的・社会的地位の価値基準はその社会的機能よりも天皇への距離にある。…わが国において『卑しい』人民とは隔たっているという意識が、それだけ最高価値たる天皇に近いのだという意識によって更に強化されているのである」と述べている。

⑦ 死に甲斐を与える「忠誠」の対象としての天皇制―天皇アキヒトは一九九三年に栃木県の、一九九六年には埼玉県の護国神社に参拝している。硫黄島での慰霊祭には自衛隊のヘリコプターと艦船で行っている。自衛隊幹部は「拝謁」し「旧軍の悪い所は改め、頑張って下さい。」との言葉に感激し、天皇の行列は、儀杖兵の堵列《とれつ》（整列）と捧げ銃《つつ》で迎えられている。自衛隊の精神的支柱として、今も機能しているといえる。

⑧ 統治者としての「国見」の思想の体現としての天皇制―毎年各地で開かれる国民体育大会、植樹祭、豊かな海づくり大会に天皇夫妻が出席し、各地を巡回することは、古い「国見」による統治者としてのデモンストレーションの機能を果たしている。

⑨ あらゆる差別の元凶としての天皇制―男系の男子のみ皇位継承権があるというのは女性差別であり、民族差別としての外国人登録令は一九四七年五月に公布実施されたが、それは天皇の最後の勅令で制定された。制定された日は、勅令等が無効となる日本国憲法施行の一日前の五月

二日だったことは銘記されるべきことである。

国家公安委員会規則二号（警衛規則）に天皇、皇后の旅行である「行幸・行啓の警備計画の留意事項」として「精神障害者その他警備上注意を要する者の警戒等」の一項があり、これによって警察は保健所に「精神障害者リスト」を求めて監視したし、予防検束・保安処分として強制入院をさせる状況が生じている。障害者差別の元凶そのものである。

⑩　聖と賤の対立意識・部落差別の元凶としての天皇制―一九九〇年一月、東洋大学地下食堂のトイレに「天は高く地は低い　そこに何の疑問があるだろう（一行不明）天皇は限りなく尊く特殊部落民は際限なく卑しくけがらわしい、そこに何の疑問があろうか、俺は正義と天皇の名において穢多・非人を根絶させる」という差別落書きが発見された。天皇と被差別部落を対極的にみる聖と賤の対立意識がある。

天皇ヒロヒトの手術の時「明治天皇以来玉体にメスを入れたことはない。手術をすべきでない」との医者団の議論。また輸血について「手術前から『陛下のお体に庶民の血を入れるのはどうか』とこだわる意見があったが「陛下はこれから子孫を残すわけではないので（皇統の血の純粋性に）問題はない』と考えて納得した」という。（毎日新聞一九八七年一〇月二四日）

これらの背景には大日本帝国憲法の「万世一系ノ天皇之ヲ統治ス」「天皇ハ神聖ニシテ侵スベカラズ」とする天皇主権、独裁的統治の根拠を「ケガレなき血統の連続性」の信仰においていることにある。血の連続性を尊しとする意識は、士族・平民の血統に由来する族称を戸籍に記入するという「家」制度の法的裏付をもって広められた。戦後一九四七年に「家」制度は廃止されても、良い家柄悪い家柄という血筋意識は残され、良い家柄の頂点が天皇・皇族であり、悪い家柄が被差別部落であるとする聖と賤の対立意識が共同幻想として人々の心を呪縛しているのである。

二　部落差別を拡大する雅子ブームの奸策

身元調査・家系図掲載に部落解放同盟抗議

部落解放同盟中央本部は「皇太子妃内定」以来の皇室報道について、一九九三年二月一八日にマスコミ報道各社に抗議と申し入れを行いました。「(前略) 今なお結婚差別によって自ら命を絶つという悲惨な差別事件が起きています…中略…悪質なる差別調査ともいえる身元調査がおこなわれていることが明らかになっています。…中略…とくに小和田家の家系図の掲載や「家柄」賛美などの過剰ともいえる報道内容、さらには『皇太子妃を選ぶにあたっては、皇室専門の興信所員が四代前まで徹底調査』などと、公然と身元調査が行われていることが報じられています。

こうした報道内容は、人権尊重というマスコミ報道本来の使命に反するものであるばかりでなく、差別を助長するものであり、強く抗議するものであります。…後略…」と述べられています。

朝日新聞一月八日付「平成のお妃選び（上)」で身元調査について次のように述べています。

「ここ数年、皇太子さまの側近ナンバー2である山下和夫・東宮侍従長が茶色の紙封筒を大事そうに抱えて公用車に乗り込む姿がたびたび目撃された。行先は車で十分ほどの距離にある弁護士事務所。封筒の中身は、身上調査を依頼する独身女性のファイルだった。検察幹部ＯＢが開いているこの事務所が、お妃候補として推薦があがってきた女性を調査するための『選考マシン』の入り口の一つだった。」とあります。

「現役政治家の子女や親類に刑事事件の被疑者、被告人がいる場合などは最初にふるい落とされた。」「皇太子さまが独自の顔合せを重ねるうちに調査結果がまとまり、宮内庁が後から交際を止めた例が複数あった」と報じています。

検察ＯＢによる秘密裡に人の生活をのぞき見し、交際を断たせる人権侵害の身元調査の常道の見本がここにある。しかも天皇家をとりまく人権感覚は、選考に合格した女性のファイルを皇太子の手元にあげたが、うまくいかなかった。「こちらがすばらしいと思う料理をお出ししても、殿下はお手をおつけにならないのです。こちらは自信をもっているのですが、そんなことが続いて戸惑うことが多いのです。」と宮内庁幹部の語りにみられるように女性を料理と例え、黙って食べられるのにまかされ、「お手をつけ」られる身という女性観であり、糾弾されるべき人権感覚であります。

憲法違反の出自の強調

家系が洗われ、各新聞は一斉に小和田家の家系図をのせました。朝日新聞一月七日付は「小和田家は新潟・村上藩の武士の流れをくむ。皇太子妃に決まった雅子さんの家族、親族には、外交官の父をはじめ、中央官僚や学者、財界人ら多彩な顔触れがそろっている」と書き、祖父の毅夫元高田高校長、父恒、外務事務次官、亮、運輸省、柏原一英日本興業銀行常務、母方に江頭安太郎海軍中将、山屋他人海軍大将、江頭豊チッソ元社長、評論家江藤淳らの名をあげています。

家系図は家柄を問題にするということです。憲法第十四条は「すべての国民は、法の下に平等である」

とし「人種、信条、性別、社会的身分又は門地により、政治的、経済的又は社会的関係において差別されない」とあります。社会的身分又は門地が家柄に当ります。正に家系を問題にするのは憲法違反行為であります。元チッソ社長江頭豊が祖父で、水俣病の企業責任の追及で熊本県民等から歓迎されないと、

小和田家系図

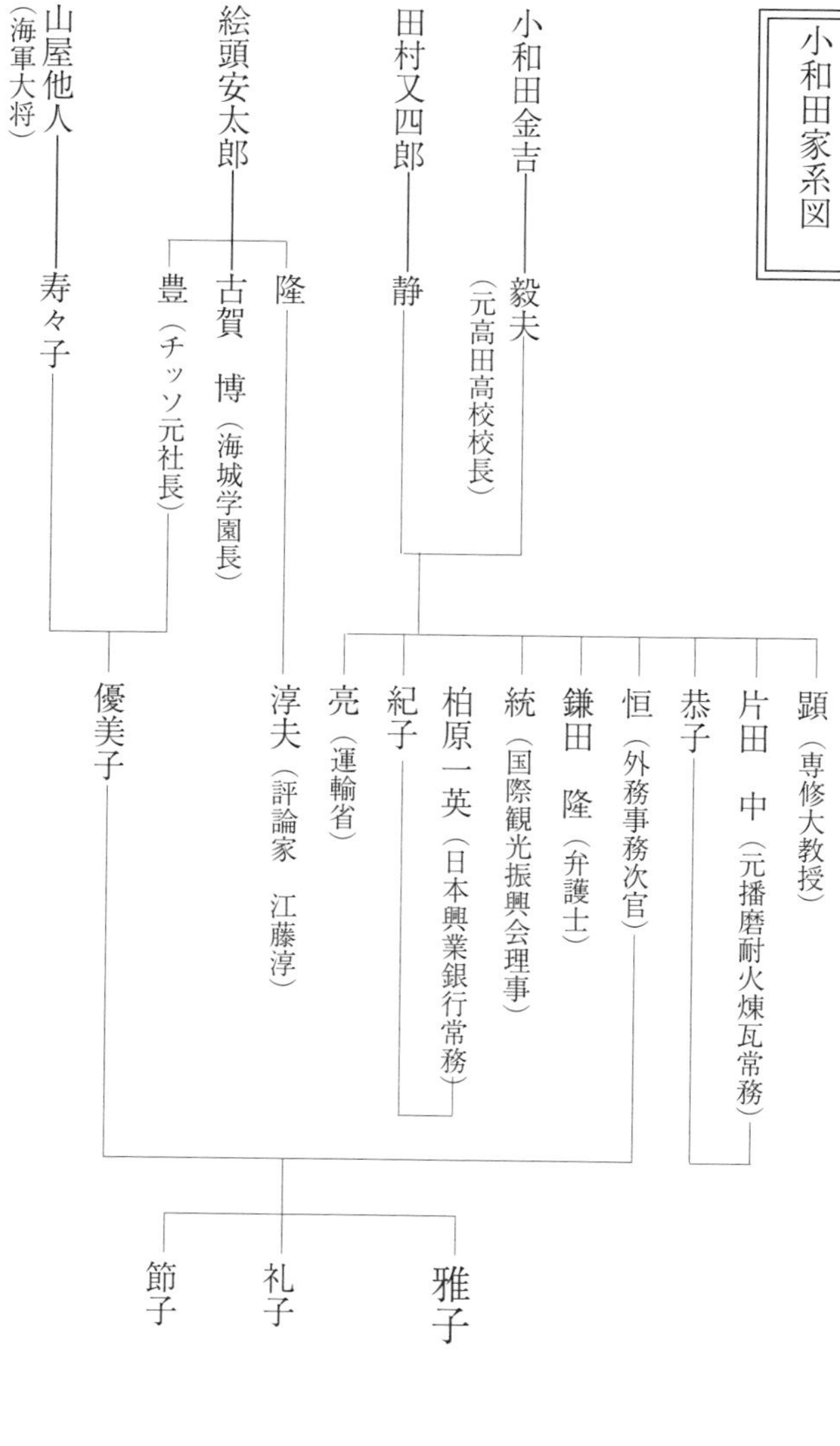

一時妃候補として中断したと報じています。

「婚姻は両性の合意のみに基づいて成立（憲法二四条）するのであって、この立場から、熊本県水俣市の水俣病患者田中正巳さん（六三）は、「殿下自らが明らかにするとはびっくり、チッソの問題は若い当人同志には関係ないのに、結婚の障害になるなんておかしいね」と語っている。むしろ逆に明らかにすることで国民のガス抜きをねらう策略でありましょう。

「家」の呪縛から自由でない所に現代の天皇制があるのです。日本は天皇・皇族と国民という身分制度のある国なのです。憲法第一四条の「…社会的身分又は門地により……差別されない」という規定は、社会的身分の存在を前提としたものであります。宮沢俊義は、『憲法Ⅱ』において、「社会的身分とは……出世によって決定される社会的身分をいう……部落民とか帰化人の子孫とかいう地位も、これに属するものと解すべきである」（二七六頁）と述べています。日本国憲法は社会的身分として、「部落民」を規定しているとの解釈です。

聖と賤の対立と血統意識

明治期に天皇・皇族・華族・士族・平民という新しい身分制度に再編成しましたが、「国家的・社会的地位の価値基準はその社会的機能よりも、天皇への距離にある。……わが国においては『卑しい』人民とは隔たっているという意識が、それだけ最高価値たる天皇に近いのだという意識によって更に強化されているのである。」（丸山真男『現代政治の思想と行動』一七頁、未来社）という状況にありました。

なぜ天皇は最高価値なのか――それは万世一系の「穢れなき」血統にあるとされ、大日本帝国憲法第一条には、「大日本帝国ハ万世一系ノ天皇之ヲ統治ス」、第三条に「天皇ハ神聖ニシテ侵スベカラズ」と規定されています。

憲法にも規定されている「穢れなき血統」、血の意識が貴賤、浄穢意識を支え、それを形に表わしたのが、「家」制度で、家父長的家族国家観による血脈の近親秩序を社会秩序の原理とするものでありました。江戸時代に役負担として、死牛馬の処理や死刑執行、十手持ち、牢番などをさせられた「えた」身分の人々は、「死のケガレ」があるとみなされ、忌避されました。

今でも仏教等において、葬式より帰ると塩でケガレを清めるという風習がありますし、大相撲では土俵を塩で清めて取組みを行い、末席を「けがし」ております等の挨拶、女性を生理（月経）によりケガレたものとみなし女人禁制とする大峰山など、確実に「ケガレ」思想は暮しの中に生きています。「部落」を穢れたものと見なす誤った差別意識を基礎に、天皇は聖なる貴い家柄であり、「部落」は賤にして悪い家柄だという意識が、象徴天皇制の現在でも、社会意識として広まっています。

天皇ヒロヒトの手術の時、「明治天皇以来、玉体にメスを入れたことはない。手術すべきでない」との意見が侍医団にあったことや、「輸血については手術前から『陛下のお体に庶民の血を入れるのはどうか』とこだわる意見もあったが、『陛下はこれから子孫を残すわけではないので（皇統の血の純粋性に）問題はない』と考えて納得した」（一九八七、一〇・二　毎日新聞）と天皇を聖なる血統とみなす医師団の意識が報ぜられています。

貴と賤、天皇と部落を対立させてとらえる意識も確実に生きています。

一九八六年四月十五日、大阪堺市立解放会館六階男子トイレに「石川一夫《ママ》たすける会　今も一夫《ママ》はくさい飯を食べています。それは人を殺したからです。みんなで早く死刑にしてあげましょう。エッタに、生きる権利はありません…中略…今度の戦で、バカ者をおえんする野党をやっつけましょう。天皇階《ママ》下が来る日は、町に出さない様、共に戦いましょう」との差別落書が発見されました。

また東洋大学の図書館地下食堂のトイレに「天は高く地は低い　そこに　何の疑問があるだろう（一行不明）天皇は限りなく尊く特殊部落民は際限なく卑しくけがらわしい、そこに何の疑問があろうか。俺は正義と天皇の名において穢多・非人を根絶させる」と書かれていました。（『解放新聞』一九九〇・一・二三）

故松本治一郎は「貴族あれば賤族あり」と喝破したように、神聖にして侵すべからざる天皇の対極に、賤にして不浄とする「部落民」を位置づけています。

男子出産の子産みの道具としての皇妃

天皇の血統を聖とみなして、それを維持していくのが象徴天皇制下でも天皇家の役割なのです。だから学習院女子部の同窓会「常磐会」の圧力もあり、「宮内庁内部では『旧皇族、華族の家から選ぶべきか、一般家庭から選ぶべきか』の議論が最後まで残った」（一九九三、一・七　朝日新聞）といわれる所以であります。

天皇の皇位は世襲のものであって（憲法第一条）皇室典範では「皇位は皇統に属する男系の男子が、これを継承する」（第一条）とありますから、天皇家にとって娘は必要ないわけで、小和田雅子さんは男子の出産が第一の務めなのであります。

皇室会議で正式に決定した後の記者会見で子どもは何人位希望かとの問に、

皇太子　まあこれは、コウノトリのご機嫌に任せてというふうに申上げておきましょう。

雅子さん　ただひとつだけ、これだけはおっしゃらないで下さいと言ったことがありまして、それは殿下は大変に音楽がお好きだけれども、家族でオーケストラが作れるような子どもの数はおっしゃらないで下さいねと。（一九九三・一・二〇　朝日新聞）と答えています。

明治以降の天皇の妾数表

代	天皇名	妾数	子ども	生母の名	地位
122	明治天皇	5	15	中山忠能の女	典侍
123	大正天皇	0	4	柳原光愛の女	典侍
124	昭和天皇	0	7	九条道孝の女	皇后
125	今上（明仁）天皇	0	3	良子皇太后	皇后

代	天皇名	侍妾数	子ども数
12	景行天皇	10	63
52	嵯峨天皇	28	50
58	光孝天皇	18—25	45
60	醍醐天皇	15—18	38
50	桓武天皇	25	35
96	後醍醐天皇	20—21	35

主な天皇の妾数表

天皇家にとって結婚の最大の目的は「血」の継承のための生殖の装置の確保にあるわけです。そのために後宮制度—妾の制度があったのです。歴代天皇中侍妾数と子どもの数のナンバー5を表示します。

妾の存在が否定されたのは一八八〇(明治一三)年の刑法制定によってであったが、天皇家では公然と蓄妾が続けられました。

明治天皇は五人の妾に一五人の子を生ませたが、一〇人が早死し、生存五人のうち四人は女性のため、「血の予備軍」として三宮家がつくられた。一八八九（明治二二）年の皇室典範によって妾の局《つぼね》制度は廃止され、一夫一婦制度になって、皇妃は男子出産の生殖機能を一身に負わされました。と同時に「皇族の婚嫁は同族又は華族」とされ「血の純粋性」が強調されたのです。

戦後旧皇室典範は廃止になったが、妃候補の生殖能力について徹底的な調査が行なわれ、多産系か、男子出産の家系か、遺伝性の病気や障害はないかを数代遡って調べます。小和田雅子さんは三人姉妹の長女のため「女腹ではないか」との懸念があったと伝えられています。

天皇制における結婚は、女性を子生みの装置とみなし、生母を「〇〇の女」と個人の名を明らかにせずしかも男子を生まないと価値がないとする女性差別の元凶であるといえます。

「部落」と対立する学歴による上昇志向

天皇は国民統合の象徴であると規定されてます。自分の人生の時間の流れを、天皇の即位から何年目に生れ、入学し、卒業したかなど、元号を通して、自分の人生が天皇に統合されていく。では今度の雅子ブームは、国民の意識統合に果たした役割は何だったのでしょうか。

作家の林真理子さんは「小和田さんという方は、おそらくいま日本の若い女性の中でトップの知性とキャリアを持つ方である。皇室という特別な家族が、すっくと立ち上る理由が、私たち国民が見上げる理由が、金や権力や家柄でなく、知であるということは何と素晴らしいことではないか。喜んで私たちは従い、ガラスの向こうに向かって日の丸を振ることと思う」（読売新聞　一月七日夕刊）と述べています。ガラスの向こうに向かって日の丸を振るとは、防弾ガラス越しの参賀の行為をさしているのでしょう。この言葉は、ハーバード大学卒、東大中退、オックスフォード大学院留学で外務省職員という学校教育のエリートにひれ伏して、憧れの求引力で天皇制を支えさせているといえます。学校教育によって権力に近づいた小和田家のあり方は、学校教育から切り捨てられてきた被差別部落と鋭く対立するものであります。

「士族だから頭がいいのだ」との風評が出たのは、「新潟村上藩の武士の流れ」の報道に由来しています。小和田家の名が旧村上藩主内藤家の家臣団の系図に出てくるのは一七八七（天明七）年の『内藤信敦分限帳』で、「下横目　小和田新六　二人扶持三両」とあります。下横目とは町人や下級武士の取締り役で、一人扶持は一日当五合の給米で、二人ですから一日一升、ボーナスが年に三両（約二四万円）の収入しかない足軽相当といえます。

村上藩は三面川での鮭の養殖で藩財政を支えていましたが、明治維新で禄を失った七〇〇人の生活のため、明治一五年に「村上鮭産育養所」をつくりました。この経営の収入の二割は旧藩士の学費として貸与されました。一九二四（大正一三）年には小和田毅夫さんにも与えられ、広島高師卒業後、国漢文の旧制中学校の教師となり、高田高校長を務めています。彼の五人の息子は全て東大へ進学、娘も奈良女子大、お茶の水女子大を卒業しています。この次男が雅子さんの父、恒外務事務次官です。

鮭の養殖場の近くに「部落」があります。だが経済約利益は全く与えられず、学費も旧士族にのみ限定されていました。

「新潟県村上市臥牛山頂で小和田家の祖父も奨学金をもらった旧士族団体の流れを受けつぐ『村上城跡保存育英会』の役員ら三十人が『おめでとう皇太子殿下、小和田雅子さん』の吹流しを掲揚。万歳を三唱した」(一九九二・一・二〇 朝日新聞)と報ぜられています。

封建的な士族などの身分意識を基礎に上昇志向してきた人々の差別構造が露わになったといえます。

拡大する家柄意識と部落差別

三月二日付毎日新聞夕刊は、「いま家系図ブーム」と題し、「家系図の調査会社が小和田雅子さんの皇太子妃決定に便乗して全国展開をしようとしている」と報じています。「若い人が興味を持ちはじめている」とも述べています。部落差別は確実に広まり、深められてきています。「天皇制と結婚制度」は、部落差別を拡大、助長するものとして機能している事実を銘記すべきであります。

三　部落解放同盟の綱領・規約改正と問題点

一三年ぶりの綱領、規約改正の要点・階級史観から人類史観へ

部落解放同盟（上田卓三委員長）は一九九七年五月二六、二七日の第五四回全国大会で一三年ぶりに綱領、規約を改正した。それは大会スローガンにあるように「新綱領、規約のもとに大同団結し、共同闘争主導の第三期の運動を実践しよう」とするものとして決定された。

その特徴は、

① 部落差別の原因を資本主義社会の構造的なものとする階級闘争史観を改め、多様な思想、信条を包含する大衆団体にふさわしいものにした。

② 部落差別を支えているのは「非民主的な諸制度や不合理な迷信、慣習、またイエ意識や貴賤、ケガレ意識など差別文化」であるとした。

③ 従って「身分意識の強化につながる天皇制、戸籍制度に反対する」

④ 「人権、福祉、環境」をキーワードに災害に強い街づくりを行う。

⑤ 「人権、教育、啓発の積極的な推進」で「差別観念の払拭と人権意識の普及高揚」と「被差別民衆の生活文化を継続発展させ、人権文化を創造する」

⑥「アジア、太平洋地域を軸に」反差別国際連帯として「世界の水平運動を展開」する、とした。
規約においては
①　同盟は「部落民によって構成する大衆団体である」との規定を「部落出身者、部落住民で構成する自主的大衆団体」と改めた。
②　討論の集約として「部落外の者」については「加盟登録規程第三条」に「規約第3条(注4条の誤り)」の「但し部落民でない者についても、都府県連合会で審査決定し、中央本部の承認により同盟員とすることができる」をつけ加える（報告集一七三頁)。
これらの改正点は今後の部落解放運動や同和行政、解放教育や社会啓発のあり方に大きな影響を与えるものと考えられる。それを順次検討することにしたい。

改正の最重要点は部落差別が資本主義体制に構造的に組み込まれ、資本主義体制打倒なくして部落解放はないという立場の放棄にある。

同和対策事業の成果・差別＝経済格差論からの脱却

一九八四年の旧綱領は「前近代から今日に至るもなお階級搾取とその政治的支配の手段である身分差別によって、屈辱と貧困と抑圧の中に呻吟させられている」とし「管理主義強化と失業の増大をもたらすロボット化、コンピュータ化のもとにおいては、ますます人間疎外を強めている」「労働者の無権利・低賃金によるコストの安い商品生産のために、支配階級は依然として、部落差別を利用し女性差別や民族差別とあいまって、労働者階級、勤労者階層に分断をかけ、管理主義を強化し続けているところにある」と現状規定を行っていた。

この現状認識の基礎には、一九五〇年のオールロマンス事件の糾弾闘争の経験から生み出され、朝田善之助によって理論化された「部落差別の本質に関する三つの命題」があった。

一九六〇年の改定綱領は北原泰作により日本共産党の戦略戦術がもちこまれ、部落解放闘争はアメリカ帝国主義に従属する日本独占資本主義打倒の人民闘争の一環とされ、朝田善之助らの行政闘争論や勤評、三池闘争らの生産点闘争の教訓が捨象されていた。

これに抗して、朝田善之助が一九六一年の第十六回大会で提起し、一九七二年第二十八回大会で定式化したのが「三つの命題」の解放理論であった。

「部落差別の本質に関する三つの命題」は、

（1）差別の本質として「部落差別の本質とは、部落民が市民的権利の中でも就職の機会均等の権利を行政的に不完全にしか保障されていないこと、すなわち部落民は差別によって主要な生産関係から除外されていることである。これが差別のただ一つの本質である。」と規定している。

この第一命題は①差別の本質を「差別によって……」と原因を結果によって、本質を現象によって説明する理論的矛盾があるし、②就職の機会均等が保障されていない、即ち就職差別は貧困の原因ではあるが、結婚差別等々の部落差別の諸現象・事象の一つであり、本質ではない。③主要な生産関係からの除外即ち近代的な労使関係に組み入れられていない、日雇、臨時工、社外工、下請け、パート、資源再生業（廃品回収業）などに従事せざるを得ない現状を述べているが、単に排除されるだけでなく、逆に主要な生産関係の中心である大企業を支えさせられている。排除でなく包摂させられている状況を看過している弱点をもっている規定であった。

だが、部落差別の本質を「経済的格差」ととらえ、その解消を行政に求め、生存権の保障、職業選択の自由、居住の自由等の基本的人権を歴史的に支配者から闘いとってきた「市民的権利」として保障を行政に要求する、即ち「差別行政糾弾闘争」の理論的支柱になったことはよく知られていることである。

差別の本質を「経済的格差」と規定して、一九六九年の同和対策特別措置法以来一九九七年三月末の「地対財特法」の打ち切りまでの二十八年間に、国及び自治体の同和対策費約十四兆円弱を投入させて、住環境の改善はすすんだ。だが就労と教育対策は一般レベルには達していない。しかし都市型部落では自立自闘の立場から高所得世帯は個人給付を返上したし、所得制限を導入し、個人給付事業のスリム化が行われている。

部落差別によって奪われたものを取り戻す「補償型」の運動から、部落の内と外の共同闘争で一般施策の拡充を勝ちとろうとする「建設型」の運動への転換が行われている今日、部落差別の本質を「経済的格差」に求めていては説得性をもたないといえる。それ故にいわゆる「朝田理論」からの脱却を意図しているといえるだろう。

差別の社会的存在意義—階級支配の手段論の否定

第二命題の「差別の社会的存在意義」は「今日、独占資本主義の段階においては、独占資本の超過利潤追求の手段として部落民を差別によって主要な生産関係から除外し、経済的には、部落民に労働市場の底辺を支えさせ、一般労働者および勤労人民の低賃金、低所得、低生活のしずめとしての役割を果たさせている。また政治的には、部落差別を温存助長することによって、部落民と労働者および一般労働人民とを対立、抗争させる分割支配の役割をもたされていることにある」と規定している。この第二命題こそ部落差別の本質というべきものであり、明治以来の資本主義体制の構造に組みこまれていく要因とされてきた。

部落を半失業の状況にしておいて、いつでも安く雇える労働力のスペアとして位置づける相対的過剰人口論で、労働者を低賃金にしばりつけておく「しずめ」としての役割を果させ、かつ、民衆が団結しないように分裂対立させる政治目的のために部落を温存助長してきたがゆえに「部落解放なくして労働者階級の解放なし、労働者階級の解放なくして部落解放なし」のスローガンが出てきたのであった。

旧綱領では「資本主義の矛盾が深まれば深まるほど、これを糊塗しようとする管理主義の強化、分裂政策が行われ」「労働者の無権利、低賃金によるコストの安い商品生産のために……（中略）……労働者階級、勤労者階層に分断をかけ」と朝田理論を継承していた。

一九六一年当時の部落問題研究所所長奈良本辰也は「独占資本は部落差別を必要としない」との論調を雑誌「部落」一九六一年一月号に「部落解放の展望─部落問題の新しい展望についての試論」で発表した。その内容は「これまでしばしばそれ［部落差別］は日本の独占資本が日々これを拡大再生産してきたと説くことがあったけれども、明治の弱小な資本主義とは本質的に違っている今日の独占資本がそのような部落を温存しておかなければならない理屈はさらにないのである。部落民の差別を残しておいて、それで労働者の分裂や低賃金を招来しようなどと考える資本は、恐らくいまの独占資本の心情ではないであろう」「多少の予算を割き、それを政治的にも経済的にも向上させる方向にもっていこうとするに違いない」と述べている。

事実、一九六〇年代から七〇年代初頭の高度経済成長の中で独占資本の政治部たる自民党政府は一定の財政措置を運動の圧力で余儀なくさせられたとはいえ、同和対策事業を行ってきた。改正綱領は極言すれば奈良本辰也の立場に立ち、「今回改正案に出されている綱領、規約についてはですね、階級的史観を否定してだれとたたかうのか明確ではない問題や経済の二重構造の問題にもふれられておらず、現行綱領、規約でいくべきだ」という広島の代議員の立場は、奈良本論文を批判した井上清の立場に類似しているといえる。

問題は日本の企業が低賃金によるコストダウンを求めて東南アジアに生産現場を移しているという事実を直視し、国際的視点で日本独占資本の変容を認識することにある。

日本貿易振興会『世界と日本の貿易』（一九九六）によれば「海外で生産を実施している日本企業（資本金一千万円以上、従業員百人以上）をみれば産業全体で一九九〇年度にすでに四〇パーセントに達し、九五年度には五〇パーセントへも拡大し、二〇〇〇年には七二になるだろうと言われている。海外生産比率も二〇〇〇年には二八パーセントになるだろうと予想されている」

ニューカマーといわれるバングラデシュ、フィリピン等の東南アジアからの外国人労働者が、かつての部落住民が背負っていたいわゆる３Ｋ（危険、きたない、きつい）労働を担っている現状もある。

日本の労働組合の本工主義を撃つ部落問題への対応は、今や国際的な労働力移動の問題を視野に入れた人権闘争としてのかかわりが提起されていると言えるだろう。

「イエ」意識に基づく日本的システムと企業体質

だが改正綱領には企業の差別体質やそれを撃ち、自らの差別からの解放を志向する労働運動についての言及はない。部落大衆を下層プロレタリアートとして位置づける、労働運動としての部落解放運動の視点はない。

『部落地名総鑑』を購入し、部落大衆の就労を排除してきた企業体質は免罪されている。

異端と見なす人々を排除してきた家族主義的な企業体質については、「基本文書」で「一九七五年に発覚した『部落地名総鑑』の糾弾は日本の企業の差別体質を白日のもとにさらし政府・自治体の指導もあいまって、企業に反差別人権への取り組みを大きく促した」と述べていて、企業の差別体質を糾す闘いは政府・自治体の指導であって、労働組合の課題や闘いの成果としての総括は出されていない。

これでは労働者階級は部落解放同盟の応援団で、部落解放を自らの課題とすべき方向性は提示されていないと言える。

「基本文書」の(7)の「戦後の経済成長に役立った『イエ意識』にもとづく日本的システムは逆に足かせになっている」との記述に注目すべきである。

戦後の経済成長を支えた企業の「イエ意識」による日本的システムとは「①終身雇用制②年功型賃金③経営秩序における年功による職階制④社宅を含む生活保障としての企業内福利厚生制⑤労使関係における家族主義イデオロギーを支える企業内組合制」(三戸公『家の論理　1、日本的経営論序説』参照)であった。

これで企業が生活共同体として機能し、愛社精神による企業戦士を輩出し、サービス残業を是認させて、経済の高度成長をもたらしてきた。

だが、自由化に伴う国際的圧力を通じたリストラにより終身雇用制はくずれ、派遣社員の増加や能力給、年俸制の導入で年功序列賃金制は崩れ、創造性と企画力のない管理職はリストラの焦点となっている。弱肉強食に勝ち抜いた者のみ生存を許される適者生存の社会的ダーウィニズムは、社会の公理とみなされるようになりながら、過労死が増大してきている。

日本的システムの企業の論理による変革はこのようなものなのだ。基本文書は「日本的システムが足かせになっている」と述べ、このようなドラスティックな労務管理の変革を是認していると受けとられる文脈になっている。人権の立場からの変革の論理を労働者階級が対置して闘うことが急務になっている。

だが綱領や基本文書には、「労働者階級」を市民に解体してしまう危険を内包していると言える。なぜなら差別を生み出す社会システムについて「天皇制、家制度、華道、茶道あるいは東西本願寺による、血筋による門主の継承といったものが現実の社会システムの中に存在する」（報告集一四三頁）との中央本部答弁の紹介がある。が、天皇制や家元制度、家制度（法律上の家制度は戦後廃止され、家柄、血統意識がある）が「社会システムの中に存在する」と社会システムの中味としてとらえられているが、日本の企業体質を差別を生み出す社会システムに組み入れていないからである。

綱領の部落差別の原因分析

綱領はその団体の達成すべき目標を明らかにし、それを承認した人々で団体が構成される故に重要な意味をもっている。新綱領は目標とする部落差別が解消された状況を次のように提起している。

前文では「ふるさとを隠すことなく、自分の人生を自分で切り拓き、自己実現していける社会、人びとが互いの人権を認め合い、共生して行く社会」とし、基本文書では「一人ひとりの人権が保障され、互いを認め尊重し高め合う社会、人間がより人間らしく幸せに生きていける社会」と表現している（批判は後述）。

この実現を「阻む」（基本文書）もの即ち「部落差別を支える」（綱領前文、基本目標）もの、部落差別を生み出す要因を表示すると別表のように分析されている。

綱領第二次案では「差別的な非民主的諸制度や不合理な迷信、慣習の克服をめざし」と「ケガレ意識」の文言が入れられていなかった。脚注で例示していたのを本文に移したものである。

「イエ意識」も第二次案の「身分制度の強化につながる『家意識』、戸籍制度や天皇制に反対する」との文言を「ケガレ意識」と「家意識」を結びつけて「イエ意識や貴賤、ケガレ意識などの差別文化を克服し」とし、「身分制度」を身分意識に変更し「身分意識の強化につながる天皇制と戸籍制度に反対する」と天皇制と戸籍制度を結びつけている。

「イエ意識」・「貴賤、ケガレ意識」が前文と基本目標と基本文書の三カ所に共通して、部落差別の原因として規定されている。

綱領前文	綱領基本目標	基本文書
イエ意識	イエ意識	イエ意識
貴賤、ケガレ意識	貴賤、ケガレ意識	貴賤、ケガレ意識
差別観念を生み支える諸条件	非民主的な諸制度	排他的差別世間
	不合理な迷信慣習	
	身分意識の強化につながる天皇制	
	戸籍制度	

「ケガレ意識」の日常性

「ケガレ意識」は部落差別の偏見の根元にある。江戸時代の部落への役負担としての斃（死）牛馬の処理、死刑執行からくる「死穢」「触穢」の迷信に由来している。「ケガレ」は元気がなくなる「木枯れ」、稲が枯れる「毛枯れ」ともいわれるように、ケガレは凶事の原因になると信じられ、交際、同居同食を忌避されてきた。

今日でも葬儀の会葬御礼の葉書に「清め塩」が添えられ、葬式から帰ると塩を体に振って清めてから家に入るなどの風習が行われている。

延喜式では、死者を出したら下級役人で三十日の出仕停止、これを甲穢とし、この人を訪れた人は乙穢として「ケガレ」が移ったが、出仕停止は二分の一の十五日、乙穢の人を訪れた人は丙穢で七日となり、次々と半減して丙穢で終りとなる。この考えは現在「忌引」（きびき）として、親や子など一親等が死んだ時は七日、祖父母等二親等は三日というように、いわゆる「血の濃さ」によって「ケガレ」は半減するものとされ、それが「特別休暇」として法律化されている。「触穢」の法律化、制度化である。

葬式を出したので年賀状は出しませんという欠礼の喪中葉書も、正月の「ハレ」を穢してはならないという「ケガレ」思想の現われである。

被差別部落民と結婚すると「戸籍がケガレる」という部落差別は、このような日常生活を支配している「ケガレ」の迷信に支えられているといえる。

このような「ケガレ」意識を受け入れ温存助長させる素地は、大安や「友引」の六曜の迷信が結婚式や葬儀の日取りを左右し、ダイアリーにも記入されるくらい、日常生活の行動規範や慣習となったりしていることにある。

その上、丙午（ひのえうま）の女は夫を殺すという誤った偏見が子どもの出生をいまだに左右しているという「不合理な迷信、慣習」への闘いが必要であることを示している。

「貴賤」は古代律令制度に貴族、賤民があるように儒教による身分の上下関係の意識として広まったものである。身分の上下が能力の上下を表わすものと受けとられるようになった。ケガレの「浄穢」はヒンズー教の影響をうけた仏教から広められた差別観念である。

最近の若い人たちはこのような伝統的な貴賤浄穢のケガレ観は少なく、結婚でも「血がケガレる」という意識より、世間から排除される不利益を受けるという意識の方が支配的である。

「解放新聞」（一九二二号）に文化人類学者のメアリー・ダグラスの言葉として「秩序に混乱をもたらし、秩序をカオスの状態に追いこむもの、あるいはカオスにおかれた状態をケガレだ」と述べている（八木晃介談）。そして、「差別を編成原理としているこの社会に、根底的な異議申し立てを部落民や障害者や女性がすることが、秩序だったこの社会にカオスをもちこむことなのです。みんなで差別しあって仲良くしている所へ、それはあかんのやという形ででてくるわけですから、当然混乱してくる」と例示している。さらに「自分の属している集団内部で部落民と結婚することがどう思われるのか、つまりそのことによって集団がどのように混乱するのか、その混乱によって自分が多少なりとも不利益を受けるとか」と述べ「混乱のことをケガレとよんでいる」との結論を導いている。

この「秩序に混乱をもたらすもの」を「ケガレ」とする考えは神道的なもので古代から支配秩序への反逆、反乱をケガレた罪としたことと共通したものがある。極めて日本的な一面をもっているものだといえる。共同体秩序の表れとして「世間」の概念が提起されているといえる。

「世間」という枠組み

綱領の基本文書に「人間がより人間らしく生きていける社会の実現をめざす、またこれを阻む排他的差別世間やイエ意識、貴賤・ケガレ意識を克服し、部落差別を解消していく」と記し、「排他的差別世間」を部落差別の要因の一つにあげている。

阿部謹也一橋大学学長は、講談社現代新書『世間とは何か』で「古来から、日本人の生き方を支配してきた『世間』という枠組」を問い直している。

「世間とは個人個人を結ぶ関係の場であり、会則や定款がないが、個人個人を強固に結びつけている」(一六頁)。だが「多くの日本人の属している世間も比較的狭いのである」(一七頁)。「日常的な例をあげれば、団体旅行の場合、小さな世間がそこにはできていて、列車の中で宴会がはじまればその世間に属さない人の迷惑などはかえりみられることはない。同じ列車に乗っている人々はただの人であり、ほとんど関係のない人で、他人ですらないのである。いわば人間ですらないといってもよい。自分達の世間の利害が何よりも優先されるのである。このように世間は排他的であり、敢えていえば差別的ですらある」（一八頁）。綱領前文の「排他的差別世間」の概念の由来とも考えられるが、生硬な表現である。

幼女誘拐殺人の犯人宮崎勤の姉妹の婚約が破棄され、父親は自殺したことを例にして、氏は「このようなことが起るのは、日本の歴史に伝えられている『ケガレ』が生き残っているためだと考えている」（二〇頁）。「おわりに」で再び「ケガレを生む意識構造は、一見消え去ったかのように見える。しかし私達の日常の行動に示されているように決して消え去ってはいないのであり、呪術的な関係が私達の行動を規定しているのである。被差別部落の問題についても、差別の問題だけを取り出して論じようとする姿勢からは解決の糸口は見つからないだろう。問題の根底にも世間の意識がある。差別の問題は私達の日常生活の中に根をもっているのであり、そこに眼を向けねばならないのである」（二五七頁）と記している。

そこで日常生活に眼を向け、古くて生き続けている死穢からの「ケガレ」意識と共同秩序である「世間」を混乱させるが故に世間から排除される「ケガレ」意識の提起となったのだと考えられる。

ではこのような「排他的差別世間」からの脱却はどうしたら可能なのか、曖昧な「世間」に依拠して生きるのでなく「個の自立」「絶対的な神との関係で自己を形成することからはじまったヨーロッパの個人」（三〇頁）の確立に求められる。

この個の確立を阻害する「家意識、血統意識と戸籍制度、天皇制」が構造的に結びついてくることを考察する必要がある。

イエ意識と血統意識

基本文書では、明治以後「部落差別は再編成され」「天皇制、華族制、家父長制の強化のもと」「封建的な身分・家柄意識」を「助長した」と記している。

明治政府は一八七一年にいわゆる「解放令」を出し、穢多、非人等の賤民身分を廃止したが、逆に天皇、皇族、華族（旧大名や公家など）、士族、平民という新しい身分制度を創り出したのである。

大日本帝国憲法第二条には「大日本帝国ハ万世一系ノ天皇之ヲ統治ス」、第三条には「天皇ハ神聖ニシテ侵スベカラズ」と規定し、天皇が最高の価値である根拠を「ケガレなき血統の連続性にある」としたのである。

天皇を頂点とする家父長的国家体制の社会秩序を形成したのは「家」制度であった。一八九八年施行の民法による「家」制度で「士族、平民」等の族称を身分登記簿に記載された。

一九一四年に身分登記簿を廃止し、戸籍簿に記載することになった。この族称の身分制は世襲とされ、貴賤浄穢の家柄による身分秩序がつくられたのである。

丸山真男は『現代政治の思想と行動』（未来社、一七頁）において「国家的、社会的地位の価値基準はその社会的機能よりも天皇への距離にある……わが国においては『卑しい』人民とは隔たっているという意識が、それだけ最高価値たる天皇に近いのだという意識によって更に強化されているのである」と述べている。家柄が良い悪いと意識させることが天皇を「聖」とし、部落を「賤」とする意識を創り出したのである。

故松本治一郎が「貴族あれば賤族あり」と述べた所以である。

この原理は、戦後日本国憲法の下に一九四八年民法が改正され、家制度と族称は廃止された象徴天皇制下でも、家柄、血統意識として引き継がれている。

日本国憲法第十四条の「……社会的身分又は門地により……差別されない」との規定は現在の日本国家は天皇、皇族、国民の社会的身分秩序がある国であることを是認して、差別されないとしているのである。が、宮沢俊義東大教授はその著『憲法Ⅱ』において「社会的身分を出生によって決定される社会的身分をいう……部落民とか帰化人の子孫とかいう地位も、これに属するものと解すべきである」（二七六頁）と記している。部落民を社会的身分と解するくらい、身分意識を引きずっているといえる。

これらは単に理論上のことだけでなく、広く社会意識として存在しているのである。たとえば天皇ヒロヒトの手術の時「明治天皇以来玉体にメスを入れたことはない。手術すべきではない」との意見があったことや、「輸血については手術前から『陛下のお体に庶民の血を入れるのはどうか』とこだわる意見もあったが『陛下はこれから子孫を残すわけではないので（血統の血の純粋性に）問題はない』と考えて納得した」と一九八七年十月二日の毎日新聞は報じている。

また東洋大学の図書館地下食堂のトイレで「天は高く地は低い。そこに何の疑問があるだろう（一行不明）天皇は際りなく尊く特殊部落民は際限なく卑しくけがらわしい。そこに何の疑問があろうか。俺は正義と天皇の名において穢多、非人を根絶させる」という差別落書が発見されている（「解放新聞」一九九〇・一・二三）。天皇と部落、聖と賤の対立意識は「ケガレ」のない家柄、血統と「ケガレ」のある家柄、血統という意識構造となって「身分意識を強化する天皇制」を支えているのである。

朝田理論の継承と脱却

朝田理論の第三命題「社会意識としての差別観念」は「……日常生活の中で、伝統の力と教育によって自己が意識するとしないとにかかわらず、客観的に空気をすうように……意識の中に入りこんでいる」ということを新綱領は事実を例示して展開したものとなっている。

続いて「このような社会意識としての差別観念がひとたび人びとをとらえると、社会制度がかわり、差別を生みだす物質的基盤がなくなっても、なお根のない花が一定期間もちこたえるように……頑固に残ろうとする性質すらもっている」という命題の例証として「ケガレ」意識と家意識と天皇制が綱領に示されている。が、物質的基盤がなくなったのに残存しているのではなく、天皇制や忌引の特別休暇制度など法律の裏づけをもった制度としての「社会システム」になっていることに注目し、朝田理論の「根のない花」を切花が自然と枯れるように、部落差別は自然消滅すると理解することの誤りを指摘しておきたい。

戸籍制度—血統主義と天皇制

綱領は、部落差別の原因の一つとしての「身分意識の強化につながる天皇制、戸籍制度に反対する」としている。

一九八四年の前綱領では「天皇制」については「5　天皇、皇族などの一切の貴族的特権の完全な廃止」を要求項目としていたが、一部から「天皇制を認めた上での特権廃止なのか」との疑問の声もあった。だが今回一歩踏みこんで「天皇制に反対」としているが、具体的な今期運動方針では「⑥『君が代・日の丸・元号』の強制をはじめとする天皇制強化の動きに反対し、とりくみます」と、天皇制廃止ではなく「強制」「強化」に反対するという抵抗路線の枠内を示している。

戸籍制度については、前綱領にはないもので、今期運動方針では「④…『住民基本台帳番号制度』の批判的検討をすすめます」「⑤法務省と自治省にたいして、戸籍・住民票の不正入手防止策、差別調査防止策の確立を求めます。同時に、戸籍制度撤廃にむけての準備をすすめます」と具体的な取組みを提起している。

戸籍は世界でも日本と日本の植民地支配の戸籍制度を引き継いだ韓国と台湾（中華民国）のみにある。戸籍は古代から天皇権力が民衆を管理し、徴税・兵役を課し、身分関係を明らかにした支配の装置であった。戸籍には天皇制を支えた「家」制度がいまも影響して、①夫婦は同じ氏を名乗る②筆頭者は戸主制の名残りで本人が死亡しても変えることができない③民法では親族を血族六親等、姻族三親等までと規定しているが、その確認は戸籍によるのである。

父系血統主義は八五年の国籍法改正まで続き、日本人女性が生んだ父が外国人の子は外国人となり、戸籍に載らなかった。そのため沖縄では百人近い無国籍児がいるといわれている。

戸籍によって本籍地を確認し、部落出身者として雇用を拒否するいわゆる就職差別に対し、一九七四年、文部省に「就職に際し戸籍提出を求めてはならない」との通達を部落解放同盟は出させている。

戸籍にいわゆる籍を入れた届出婚の婚内子は、長男、長女、次男等々と家意識によって序列化されている。家督相続制が廃止された以上、続柄欄は性別欄にすべきである。婚外子の非嫡出子は男、女と書かれ、嫡出子との差別表記であるとともに、遺産相続の権利でも差別されている。

大会討論で「戸籍廃止を求めるだけでなく、民法改正を含めて本部でとりくんでほしい」との意見に「部落差別にかかわる点から、理論委員会で討議していきたい」と本部答弁がなされた。

方針では具体的に「選択的夫婦別姓と婚外子に対する相続上の差別撤廃を盛りこんだ『民法』改正……を求めていきます」と提起されている。

戸籍制度は天皇制とそれを支える家制度の遺制としての「イエ」意識と血統主義による管理の観点から、支配構造をつきくずす闘いとして総合的な視野でとりくまねばならない。

「世界の水平運動」は大東亜戦争肯定論の用語

綱領は反差別国際連帯の行動を「世界の水平運動」と、表現に二回使用している。前文に「『世界の水平運動』と『自主・共生・創造』の旗を高く掲げ邁進する」。

基本目標に「十二、われわれは、アジア太平洋地域を軸として世界の水平運動を展開し、差別なき平和な世界の建設に邁進する」とある。

「世界の水平運動」という言葉は、中国・アジアへの侵略戦争に欧米列強からのアジア解放戦争と位置づけた「大東亜共栄圏」思想と同義語で、血塗られた言葉なのである。

松本治一郎が一九四二（昭和十七）年三月二十四日の第七十九回帝国議会衆議院建議委員会で「私ハカネガネ支那事変勃発以前ヨリ……日支対米英ノ戦ヒコソガ、押シ拡ゲラレタル世界ノ水平運動デアリ、東亜ヲ救ウ道ナリト主張シテ参ッタノデアリマス」（同委員会議録）と述べている。侵略戦争を世界の水平運動として表現しているのである。

「世界の水平運動」という用語は使うべきではない。それは「君が代」が天皇主権の大日本帝国憲法体制を表わし、「日の丸」が侵略のシンボルとなっているが故に反対するのと同じである。

松本治一郎が委員長であった一九三八年の全国水平社の大会で、「日本民族の大陸発展に貢献せんことを期し、国策移民の遂行に協力する」として、中央融和事業協会の進める部落経済厚生運動としての「満州移民」に加担し、中国侵略を支えたのである。

「満州移民」は一九三二年より始まり、敗戦まで約二十二万人が送りこまれ、うち部落住民は資源調整事業の名で約五万人が分村移住させられた。

移民は無人の荒野を開拓するのでなく、中国民衆の耕作地を接収する形で行われたのである。だからこそ敗戦から二日後の一九四五年八月十七日、土地を奪われた中国民衆が熊本県の被差別部落からの来民（くたみ）開拓団を襲い、二百七十五人が集団自決の悲劇に追いこまれたのである。

松本治一郎が初代日中友好協会会長として日中国交回復以前から友誼確立に力を尽くされたのは贖罪の念があったのだと考えられる。

だが侵略戦争を隠ぺいする血塗られた「世界の水平運動」の用語は用いるべきではない。部落解放同盟は理論委員会で再検討すべきである。

属人主義から、属地・属人主義へ

規約改正によって、「本同盟は……部落において活動する部落民で構成する大衆団体である」との第二条を「部落を拠点として……活動する部落住民、部落出身者で構成する大衆団体であり、差別と闘うすべての人びととの連帯をめざす」と変更された。

①「部落において」を「部落を拠点に」としたのは、いわゆる同和地区外での部落出身者の活動や部落解放同盟と連帯する部落出身者以外の人々の同盟参加を促すためと考えられる。

②部落住民とは、部落出身者ではないが部落に居住している者を含めた意味である。

③部落出身者は、同和地区内に居住していない部落出身者を同盟員＝支部員として認めるとの意味である。

朝日新聞一九九七年五月二十日付は「部落民姿消す」の小見出しで、大賀顧問の見解として、次のように報じている。『部落民』は法律的には存在しておらず、『部落民』という民族も存在しない」「部落民という言葉は、日本人の一部を差別によって異民族のように仕立てあげた虚偽の概念だからです」と。

「部落民」という用語は「異民族視」されるから変更するという変更理由は不可解である。一般的にはそのように受け取ってはいないからである。旧綱領では「部落民はいくつかの階級、階層に分かれているが、全体として独占資本の搾取と圧迫をうけており、ひとつの社会的な身分階層として、部落差別から生まれる共通の利害と感情の絆で結ばれている」と規定し「被搾取と被差別の共通の利害と感情の絆」が部落民のアイデンティティを形成しているとして、身分階層という属人主義一元論である。

新綱領は部落出身者は血統・系譜論的な属人主義、部落住民は同和地区内居住者の部落出身者以外の居住者も含むものとする属地主義の二元論をとっている。

本来身分は出自によって決定される血統主義の系譜によって引き継がれるものであるが、部落解放運動はこのような血統主義に反対し、部落民の自己規定も系譜や血統によってきめられるものではない、という立場をとってきた。即ち、「部落」に生まれたが故に差別されるという属地主義をとってきたといえる。

「黒人問題は白人問題である」と白人の黒人への差別偏見こそ問題である、とされるように、部落差別問題も部落外の人々の差別偏見の問題である。部落外の人々の「あそこの人は……」という差別偏見により、「部落民」としての意識を強制されるのである。「部落民とされる我々と、部落外とされる人々とどこも違わないではないか」との疑問は当然である。外から部落民のスティグマ（烙印）をおされるのである。部落民のアイデンティティとは強制されたものである。

だからこそ部落への差別偏見を糾す「啓発」が課題となる。

一方、この差別偏見に負けない主体を、「部落民」とみなされる者は形成する必要がある。

マイナス・イメージで強制される部落民のアイデンティティに代って、プラスイメージの部落民としてのアイデンティティを形成する。その核となるべき思想は「エタであることを誇り得る時がきたのだ」という「全国水平社宣言」の思想である。

①人間は同情されるべき存在ではなく、尊敬されるべき存在である。

②祖先は自由、平等の渇仰者であり、実行者であったとの自覚

③卑屈なる言葉と怯懦《きょうだ》なる行為で、差別と闘ってきた祖先を辱しめ、人間を冒涜しない自律と矜持《きょうじ》

④部落差別をはじめ一切の差別に反対し人の世に熱と光をもたらす使命感

といえるだろう。

マイナスのスティグマをプラスに転化

だが、このプラスのアイデンティティを獲得するのは反差別の運動に参加する中で体得するものであり、しかも部落外の者も獲得しなければならない自己存在意識でもある。

「足を踏まれた者の痛さは、踏まれた者しかわからない」と被差別者の立場を絶対化していては解放の展望は拓けない。人間は想像力を持っている。だからこそ小説や映画やコミュニケーションは成り立つのである。想像力があるからこそ人の苦悩に心痛むのである。双方の立場を「両側から越える」し「越えうる」根拠はここにある。想像力による差別の憤りの共有はともに闘う共通経験の中で培っていくものである。

部落のマイナスイメージをプラスイメージにとらえ直すのは何も部落出身者に限られたものではない。それは日本の文化の質のとらえ直しだからである。

「ヤブ医者」は病気治療の下手な医者のことであるが、室町時代は「野巫（やぶ）」といわれ「いなかの巫子（みこ）」（広辞苑）、即ち病気を治すという祈祷師であった。が、本田豊は『部落史を歩く』（亜紀書房、一七七頁）の中で「加賀における籐内（とうない）の職業としては、専門的知識を必要とした医者や産婆が少なからず存在していた。藩内の各地に散在していた『藪（やぶ）』の中に住んでいたから『ヤブ医者』の言葉がでたと言われている」と述べている。「ヤブ医者」のマイナスイメージが「ケガレ」の部落差別意識に基づいていたといえる。

だが日本の医学の発達に寄与したのは、これら部落の人々だった。即ちオランダの解剖学の書「ターヘル・アナトミア」を翻訳し、『解体新書』として出版する契機を与えたのは刑吏として役負担を務めていた「えた」身分の者であった。

杉田玄白の『蘭学事始』によると一七七一年江戸千住の骨ケ原刑場で老婆の腑分けを前野良沢らと観臓した時の記録として「さて腑分けのことは、えたの虎松といえるもの、このことに巧者のよしにて、かねて約し置きしよし。この日もその者に刀を下さすべしと定めたるに、その日、その者俄かに病気のよしにて、その祖父なりといえる老屠、齢九十歳なりといえる者、代りとして出でたり」と記し、彼に腑分けと臓器の名称を聞き、「ターヘル・アナトミア」の解剖図の正確さに感激し、翻訳に直ちに取組むことになり、三年後の一七七四年に『解体新書』として刊行され、日本の近代医学の発展に貢献したのである。これは一例である。

日常生活で使っている言葉や常識——能、狂言、茶の湯、華道、歌舞伎、浄瑠璃や文楽、枯山水の庭園——これら日本の文化・芸術・芸能のルーツは被差別民衆であり、生産労働技術の担い手であったとの認識から部落へのマイナスイメージをプラスに転化させることで、日本の文化の質をとらえ直し、差別・被差別を超えた共通の意識変革ができるのである。

これは啓発と解放教育の課題であるといえる。

「ふるさとを誇る」から「隠さず」への変更

部落差別から解放された状態を綱領では、「ふるさとを隠すことなく、自分の人生を自分で切り拓き、自己実現していける社会。人びとが互いの人権を認め合い、共生して行く社会、われわれは部落解放の展望をこうした自主、共生の真に人権が確立された民主社会の中に見出す」。

第一次案は「ふるさとを隠すことなく」でなく「誇りをもってふるさとを語る」であった。この方が部落住民としてのアイデンティティの意識的な形成が意図されているといえる。

「隠すことなく」は丸岡忠雄の詩「ふるさと」に依拠しているかに思えるが一九六二年の大映製作の映画「破戒」（市川崑監督）の一シーンが想起される。

脚本家和田夏十が創り出した猪子蓮太郎の妻の言葉として、「人が貴方のことを部落民だと噂するなら、させておきなさいまし。噂だけのことですもの、人が面と向って貴方は部落民かと聞いたら、そうですと返事を遊ばせ。嘘をつくにはあたりませんもの、それだけのことですわ」「人間は皆平等だと憲法にあるそうですね。主人も部落民は普通の人間なのだ、差別するのは間違っていると言っておりました。それならば何故間違った方の尺に合わせて生活するのです。普通の人間だと思うなら、普通の人間と同じようにするがいいじゃありませんか」と語らせている。

部落民宣言的な「誇りをもってふるさとを語る」から「ふるさとを隠すことなく」の転換は、このような状況設定なのかと推察できる一面をもっている。

綱領の「自己実現していける社会」は第一次案の「すべての人が差別意識のくびきから解き放たれた社会」でこそ可能だといえるのである。

第一次案の「お互いの違いを尊重し合う社会」を「共生」の社会と表現を変えている。

多文化共生の概念はアメリカの黒人解放の運動から生まれたものである。共生は違いを排除ではなく、豊かさのエネルギーにする関係であり、「違い」を尊重するという緊張関係がある。単に「仲良くしよう」という心がけではない。共生を提起する以上、部落住民の「集団としての個性は何か」を提起すべきだが、その提起がない。

朝日新聞（一九九七年五月二〇日）に大賀顧問の「第三期の部落解放運動」の著書で、「『アイヌ民族は（差別から）解放されてもアイヌ民族だし、黒人解放といっても黒人でなくなるのではない。では部落民が解放されたらどうなるのでしょうか』と問題提起している」と紹介している。

旧綱領でいう「部落差別から生れる共通の利害と感情の絆」がなくなった時、部落住民は「透明な存在」になるというのだろうか。

基本文書は全国水平社の綱領である「人間性の原理に覚醒し、人類最高の完成に向けて突進す」とあり、綱領の基本目標十三にも同様の目標をかかげている。どのような運動の組み立て、闘いかたで、このような自覚を育てていくのかが問われている。解放とは出来上った状態ではなく、差別と闘っている過程だからである。その意味で部落解放運動は「永久革命」であるといえるだろう。

四　狭山差別裁判糾弾闘争の綱領からの削除をめぐって

権力犯罪の糾弾をなくした市民運動へ

新綱領から「狭山闘争」が削除されている。旧綱領の要求項目には「13　狭山差別裁判糾弾、再審、石川無罪の獲得」とある。

さらに運動方針から、狭山事件の「権力犯罪性」の性格づけが削除されている。旧綱領の下での、第五一回大会（一九九四年）の運動方針には「われわれは、石川一雄さんをでっちあげたものこそ部落差別にもとづく権力犯罪であり……（中略）……石川一雄さんが獄中でつらぬいてきた反差別、反権力の闘いを、われわれ一人ひとりが狭山闘争勝利、部落完全解放への断固とした熱意を各地域で継承発展させていくことが大切です」とあった。

だが新綱領の下での、一九九七年の運動方針には「自白の不自然さや万年筆の疑問など、狭山事件は市民意識としておかしいと確信できるえん罪事件です。また、そのようなえん罪を生み出した背景には部落差別があります」と「えん罪」「部落差別性」には言及しているが、「権力犯罪性」としての性格づけは削除されている。

新綱領の付属文書である「基本文書」には「無実の石川一雄さんの運命をわが運命としてたたかった

狭山差別裁判糾弾闘争は部落大衆をふるいたたせ、労働組合や民主団体との共闘のもと司法の民主化をせまった」とある。「たたかった」「せまった」と過去形の表現で「たたかう」とか「せまるものである」などの課題的表現になっていないのは「もう狭山闘争は終わったのだ」との見解ではないのかとの疑念を一部に生じさせている。

綱領から「狭山」が削除され「権力犯罪性」が方針から削除され、「過去形」で語られている。だが狭山事件を闘わないのではない。事件の位置づけや闘い方が変わったのだということである。すなわち、国家権力の支配構造として部落差別を位置づけないで、単なる誤審によるえん罪なので、労働者の階級的課題ではなく市民の「狭山事件を考える住民の会」の組織化による「世論」喚起を課題としているのである。

狭山事件は国家権力による犯罪である

狭山事件は一九六三年五月一日、埼玉県狭山市で川越高校入間分校一年中田善枝さんが行方不明となり、夕方自宅へ二十万円要求の脅迫状が届けられ、指定された佐野屋横でニセ札包みを持った姉と犯人が会話をかわしていながら、張り込んでいた警察官らは犯人を取り逃がすという失態を生じ、五月四日に、善枝さんは死体で農場から発見されたというものである。

同年三月「吉展ちゃん誘拐事件」で身代金を取られた上、犯人を取り逃がした失態につづく失態であったため、警察は威信を守るために面子をかけても犯人をつかまえなければならなかったのである。

残された精液からB型の血液型で一致し、捜査対象たるべき奥富玄二が、自ら婚礼前日農薬を飲み、井戸で投身自殺した時、篠田国家公安委員長は、「死んだ者は放っとけ」、「生きた犯人をつかまえろ」

と檄をとばしたのである。

当時の池田首相夫人が浦和に設けられた祭壇に弔問し、西郷自民党治安対策委員長は中田家を弔問し、犯人逮捕を約束するのであった。

このような警察と国家の威信がかかった犯人逮捕ゆえに、民衆にある「部落民ならやりかねない」という誤った部落差別意識を利用し、部落出身者の石川一雄さんを五月二十三日に別件逮捕したのである。

権力犯罪の第二は、警察官の自白強要と偽証によって犯罪事実の虚構が成り立っているということである。

特に「かもい」に置かれた万年筆が、一回、二回目の捜査では発見されず、第三回の捜査で発見された矛盾を、

第一審……人目に触れるところであり、そのためかえって捜査の盲点となり看過された。

第二審……背の低い人には見えにくく、人目につき易いところであると認められない。

最高裁……必ずしも捜査官の目にとまる場とはいえず、捜査官がこの場所を見逃すことはありうる。

「人目に触れ易い所」なのか「人目に触れにくい所」なのかは事実調査をすれば明白なのに、事実調査をしない間に「かもい」は焼失してしまったのである。

しかも「かもい」の捜査をした小島朝政の証言によれば、第一回、第二回とも丹念に手で「かもい」の上をなぞって調べても万年筆はなかったのだといわれている。三回目に出現するミステリーは権力による証拠ねつ造の疑いが濃厚なのである。

権力犯罪性の第三は、第二審に一審の死刑判決通りとすれば、事実調べが必要なため、必要の

ない「無期懲役」とした。と同時に闘争の鎮静化をはかったものとも考えられるからである。

なぜ狭山闘争や権力犯罪性を削除するのか

では、なぜ部落解放同盟は狭山闘争を綱領からはずし、権力犯罪性を削除したのか。それは、部落への差別支配が権力や企業資本の本質ではないという認識からである。

部落解放研究所研究部長大賀正行氏は、「自主・共生・人権確立の民主社会をめざして―解放同盟が採択した新しい人権綱領―」において「旧綱領は米ソ冷戦時代の反映として階級史観丸出しの非常にイデオロギー的なものでした。だから『部落差別の元凶』も『独占資本とそれに奉仕する反動的政治体制、すなわち帝国主義・軍国主義』こそ、部落を差別し圧迫する元凶としなければならない」と紹介し、だが今や時代は変わったと次のように述べている。

「この綱領を定めた頃から運動の方向は、『地名総鑑』糾弾闘争の結果として、独占資本といわれる大企業の中にも反省が生まれ、解放同盟と企業が一緒になって部落解放運動が拡大し始め、しだいにこの綱領の規定とのズレが大きくなってくるのです」。

厳しい糾弾闘争の中で、「『独占資本の中でも分岐が起きている』ことに気づ」いたというのである。「つまり独占資本の中にも差別を利用して金儲けしようというグループと、人権を守りながら金儲けしようというグループに分化し始めたという評価です」。

「ただし、資本のもって生まれた本質は、搾取と分裂支配ですから放っておけば差別に傾くし、公害も垂れ流そうとするわけです。だから闘いの圧力が必要です」。

核兵器、環境破壊、人権侵害は今日では階級敵ではなく、人類の敵であるとして「人類の敵と闘うということは階級闘争を否定しているわけではない。階級闘争の形態が変わり発展しているということを理解しなければならないのです」と述べている。

「だが高齢者福祉介護政策が充実されてくる中で、高齢者福祉のための高齢者産業が生まれてきましたが、人権教育の発展の中で、人権産業というものが出てくると思います」と人権が「商品」として、金儲けの手段となることを肯定する立場を表明しているのである。

これは差別支配について、〝国家権力の人民支配の手段である、共同幻想による同意、懐柔、弾圧収奪などの一側面である〟との認識を放棄したといわざるを得ない。

綱領は部落差別の原因を構造的に分析し、何に対し、どう闘えば差別なき「良き日」を実現できるのかの戦略を明らかにするものである。部落解放同盟は、差別糾弾を運動のテコにして、国家や企業の差別支配の実態を暴露し、追いつめ、一定の譲歩を勝ち取ってきた。と同時に権力や企業の支配構造を部落大衆、労働者大衆に明らかにし、官憲の強圧な暴力支配に屈しない闘う主体性を養ってきたのである。

その象徴的闘いが「狭山差別裁判糾弾闘争」であった。新綱領が狭山事件の持つ三つの性格、すなわち「国家権力犯罪性」「部落差別性」「えん罪」の中で「えん罪性」を強調し、再審—事実調べから無罪獲得のコースを設定した根拠は、以下の五点である。

① 国家の本質を階級支配の手段としてとらえず、現象的な行政機構としてとらえている。

② そのため、権力支配としての裁判というとらえ方から、たまたま起こった捜査上のミスによるえん罪としてとらえている。

③ そこから、部落差別性をもつ判決への糾弾闘争ではなく、えん罪性を重視した教宣活動による世論喚起によって、裁判官の良心に訴えようとするもので、権力への不信感を払拭しようとする傾向をもっている。

④　この政治的表現として、自民党、新進党を支持し、社会党から自民党へ党籍を移してまで保守にウイングを拡げて、「部落解放基本法制定」を現実化しようとしていることにある。

⑤　このことは、現在の総与党化傾向という労働と資本の階級の力関係の反映なのである。

狭山世代の思想的原点を忘れるな

かつてベトナム反戦闘争の高揚の中で培われた加害者性への自己告発は、反戦青年委員会活動を生み出し、組合員を動員の「量」的対象としてしか見えない官僚主義的組合主義への反幹部的雰囲気の政治的結集点として、「狭山闘争」が位置していた。

狭山闘争の中から「狭山世代」といわれる活動家が育ち、「一人は万人のために、万人は一人のために」のスローガンは「狭山思想」として、労働者の連帯の合言葉となった。

一九七六年の最高裁への上告趣意書提出に伴う五月二十二日の闘いで、大阪市職、大阪市従、豊中市労連は一時間のストを行った。その中心勢力は「狭山世代」といわれる青年労働者であった。いま彼らは組合の中枢にいる。

部落解放同盟は全国十九都道府県、千五百校、十万人もの児童生徒による同盟休校を展開した。この闘いの世代が、支部の幹部になっている。

「狭山差別裁判糾弾闘争がつきつけるものは何か」を解析し、それに応えるべき主体形成を行ってきた苦闘の過程を今一度想起する必要がある。次に紹介するのはある高校教組分会での同盟休校突入に際し、討論をまとめた「狭山差別裁判とその闘いから何が確認できるか」の狭山闘争の思想的原点を示すものだ。

（1）「狭山事件」は、社会意識として普遍的に存在する部落差別意識を利用しデッチ上げた国家犯罪である。

①部落差別意識が社会意識として存在している。②国家は支配のしかたとして差別政策を行っている。③国家の中立性、裁判の中立性はない。④学問の名による鑑定は権力からの中立性を保持していない。

（2）人権は闘いによって獲得され、闘いによってしか守られない。それは民主主義実現の実践である。①正当な裁判を要求するのは国民の権利である。それに応えるのが国家の義務である。②国家に人権を保障させるにはたゆみない運動が必要である。③狭山闘争は人権を侵害してきた国家への糾弾の闘いであり、侵害を許してきた国民への告発でもある。

（3）教育を奪われてきたことは生存権を否定されることであり、学力、教育を取り戻す闘いは生死につながる闘いである。

①石川さんの生い立ち、部落差別からくる就学不能という事態に憤りを感じるとともに、教師として責任を痛感する。生徒として学習への責任を感じる。②石川さんの獄中での闘いの厳しさに学ばねばならない。学習し学力をつけることは一個人の生存にのみかかわらないで、闘う仲間の運命にかかわっている。③教育、学力への闘いは多くの労働者などの仲間に支えられている。

（4）「一人は万人のために、万人は一人のために」という狭山思想といわれる考えは、労働者の団結の思想である。

①石川さんの運命を民衆としての自己の運命とみて闘う。②差別、被差別のしょく罪的なものではなく共同闘争として組織するものである。

（5）学習と運動、認識と行動は一体のもので、行動の中から学習課題が生まれ、学習から次の行動が生まれてくる。知識を記憶するのが学習ではなく、生活状況を切り開いていく力として学習をとらえる。

（6）民衆の運動の盛り上がりに対し、国家権力は絶えず分裂をもちこむ。民衆の内部からの融和思想とも闘わねばならない。

これらの確認点は組合本部（共産党系）の「係争中の政治問題を公教育へ持ち込むのは教育の中立性に反する」という非難への、学校教育として狭山差別裁判糾弾の闘いから何を教育内容として学ぶのか、生徒に何を学ばすべきなのかについての教育労働者としての回答でもあった。

糾弾権の法的確立に向けての狭山闘争

戦前、労働者のストライキは犯罪と見なされ、国家権力の弾圧を受けた。だが、先人たちの血の闘争が、戦後労働運動の権利として法的に確立された。差別に対する糾弾権はまだ法的には確立されていない。

矢田教育差別事件の第二審判決（一九八一年）は糾弾について、「差別というものに対する法的救済には実際上限界があることにかんがみると、被差別者は法的手段をとることなく、みずから直接、差別者に対し、その見解の説明と自己批判を求めることが許されよう。……人間として差別に対する耐え難い情念を抱く以上、法的秩序に照らし、相当と認められる限度を超えない手段、方法による限り、かなりの厳しさを帯有することも是認されよう」と判示している。

部落解放同盟は一九七四年、二十九回大会で「被差別統一戦線」を提唱した。その後の反差別共同闘争の発展は、狭山差別裁判の糾弾闘争の前進に負うところが大きいのである。糾弾闘争の積み上げのうえに「糾弾権」が公知されるのである。狭山闘争を差別糾弾闘争として闘うことが、その闘いの歴史性からみても、広範な労働者大衆の結集軸になってきたのである。

いま、人権擁護施策推進法により、二年以内に教育、啓発についての基本方策の提言、五年以内に人権侵害に対する被害者の救済に関する基本施策の提言を「審議会」は行うことになっている。

この提言に質を与えるのは、「糾弾こそ最大の啓発である」との観点から、大衆の参加する糾弾闘争の展開にある。

狭山闘争を差別糾弾闘争として部落大衆と労働者の共同闘争として闘うところに、綱領の理念実現の活路が開かれてくると確信する。

大逆事件と部落

日露戦争を期に社会主義思想が普及するに及んで、大逆事件をデッチ上げて一挙に弾圧にのりだした。が、大逆事件に連座させられた紀州グループのなかに、真宗大谷派の僧侶で、新宮の部落寺院、浄泉寺の住職・高木顕明がいた。彼は愛知県出身で、一八九七（明治三十）年に赴任した。彼は檀家からお布施をとらず、按摩をしながら部落の子に読書を教え、御堂の賽銭で筆や紙、墨を買って子供らに与えたりした。一九〇四（明治三十七）年に「余が社会主義」なる一文で、

「諸君よ願わくは我等と共に南無阿弥陀仏を唱へ給ひ、今且らく戦勝を弄び万歳を叫ぶことを止めよ。何となれば此の南無阿弥陀仏は平等に救済し給う声なればなり。諸君よ願くば我等と共に此の南無阿弥陀仏を唱えて貴族的根性を去りて平民を軽蔑することを止めよ。何となれば此の南無阿弥陀仏は平民に同情之声なればなり。諸君願くば我等と共に此の南無阿弥陀仏を唱えて生存競争の念を離れ共同生活の為に意義あらん限り心零（霊）上より進み社会制度を根本的に一変するのが余が社会主義である」と述べている。真宗大谷派は、死刑判決の日に彼を擯斥処分し、「恐懼に耐えざる巳切なり……将来王法為本の宗意に基きて益々国家の稗益に尽すならん」との表明を出し、天皇権力に屈服した。助命電報が発せられたのは全国でも新宮の部落からだけだった。

朝日新聞
13版　1996年（平成8年）4月2日　火曜日

大逆事件に連座の高木顕明
除名処分取り消し
85年ぶりに 真宗大谷派

多くの社会主義者が弾圧された大逆事件（一九一〇年）で逮捕され、獄中死した真宗大谷派（本山・東本願寺＝京都市下京区）の僧りょ、高木顕明（一八六四―一九一四）に対して、同宗派は一日、八十五年ぶりに宗派からの除名処分を取り消した。被差別部落の人たちと交わり、非戦運動に身を投じた顕明への評価が高まったためだ。二日開かれる「全戦没者追弔法会」で、能邨英士宗務総長は「高木顕明師は万人は平等と確信していた。宗門は彼の生き方を深く理解してほしい」と話す。

高木　顕明

顕明は一八九九年、和歌山県新宮市で真宗大谷派の住職になった。被差別部落の人の貧しさを見かねて、子どもたちに鉛筆やノートを買い与えたり、寺を出て生活を共にしたりすることもあったという。一方、幸徳秋水ら社会主義者やクリスチャンらとの出会いから、当時の仏教界が戦勝祈とうする中、非戦運動を展開した。

秋水らと親交があったことから、大逆事件に連座。一九一一年一月に死刑の判決を受け、同日付で真宗大谷派から除名処分された。判決の翌日、無期懲役に減刑されたが、一四年に獄中で自殺した。

戦後、大逆事件の真相解明が進むにつれ、同宗派は顕明の思想、生涯を検証してきた。戦後五十年の昨年六月、過去の戦争協力を反省して、「不戦の誓い」を決議すると同時に、能邨宗務総長は顕明の名誉回復に取り組むことを表明。これまで、同和推進本部が中心になって、顕明の生涯を学ぶ研修会を開いてきた。

大逆事件　一九一〇年に起きた社会主義者、無政府主義者に対する弾圧事件。明治天皇の暗殺を計画したとの容疑で数百人を逮捕、二十四人が死刑を宣告された。うち十二人が無期懲役になったが、幸徳秋水ら十二人が死刑に処せられた。

西光万吉の天皇主義

獄中転向と国家社会主義へ

水平社宣言の起草者の中心であった西光万吉は、農民運動に身を投じ、地主に搾り取られる小作人としての部落民の解放を共産主義の実現に求め、日本共産党に入党しました。

だが一九二八年三月一五日に治安維持法で検挙され、懲役五年とされました。一九三二年獄中で転向し、出獄後ファシズムの大日本国家社会党に入党しました。

大日本国家社会党は「君民一如の搾取なき新日本の建設」を目指して一九三四年三月一〇日に石川準一郎を党首として結成されたもので、労働組合や農民組合を擁していました。

綱領には「天皇制を以て我国最適至上の国家体制と信じ」「現行資本主義の無政府経済組織…の改廃を期し」「集中的計画経済の施行…の達成を期す」「国民はその生存の自然的基礎（土地及び資源）に於いて、平等の権利を有するものと信じ…世界の過当占有国に向かって要求」し「アジア民族及び有色民族の解放…を期す」としています。

生存権の主張の下にアジア侵略を合理化する思想でありました。

錦旗革命と陸軍パンフレット

一九二三年九月一日の関東大震災の時京都にいた全国水平社の幹部は上京し、「大震災の混乱に乗じて天皇を京都に迎え、全国の部落民が立ち上がって革命を期す計画」をし（荊冠の友　一九六六年、阪本清一郎談）、阪本、西光、三重県の田中佐武郎が信越線で大宮まで行き、焼け野原の東京にたどり着いています。だが、自警団に朝鮮人と間違えられ引っ張られそうになり、いわゆる「錦旗革命」は失敗しているのです。

しかし、現状を天皇主義によって改革しようとする主張は早くからあったわけで、大日本国家社会党の掖上支部の「街頭新聞」には陸軍パンフレットといわれる「国防の本義とその強化の提唱（一九三四年一〇月）」を抄録し、戦争遂行のための統制経済を支持し、戦争経済のため私有財産への制限が社会主義への道と考えたわけです。

奉還主義と皇産主義

西光万吉は大日本国家社会党の中央党務委員として活動の中核になる一方、赤地に金鵄の党旗を作成しています。「金鵄」は記述による神武天皇が大和に向かう時道案内した鳥でありますが、西光万吉は「金鵄はもとより単なる武力的象徴ではない。それは高天原からきた高い政治的理想の光の表現」と述べています。

彼は「君民大如搾取なき高次的タカマノハラを展開せよ。」（一九四四年）と主張しましたが、それは大化改新の時に天皇の命令で土地や財産を没収した公地公民と班田収授法による土地分配のように「農業生産面から地主を精算し、工業生産の面から資本家を追放し…生産必要物資の配給機構から営利性を一掃」しようとするものでした（偶感雑記）。それは天皇の祖先の天照大神等が住んでいたという神話の「高天原」を理想社会とし、天照大神は母性愛の現れで、「天照大神を中心に皆がみんな赤ん坊として真実に同胞として楽しく生活していたやうな国」として、それを実現しようとするものです。それは共産主義ならず「皇産主義」と呼ばれるものでした。

アジアへの侵略も「いわゆる八紘一宇は…高天原の国際的展開である」（偶感雑記）として支持し、加担していったのです。

戦後和栄隊創設を提唱

戦後天皇制と侵略戦争に手を染めたことに責任を感じて、二度ピストル自殺を試みましたが未遂。再軍備、自衛隊に反対して、「和栄隊」を創って東南アジア等の新しい国づくりに協力すべきだと主張しました。

五　全国水平社一〇〇年〜部落解放と天皇制との闘い

天皇制と戦争と全国水平社

二〇二二年五月一六日の昨日は沖縄復帰五〇周年記念式典がテレビ等で報じられていた。今日の新聞は一面がそれだった。しかし、新聞もテレビも決して触れないことがある。それは、沖縄を売り渡して米軍基地を作ることを推進したのが、今の天皇のおじいさん、天皇裕仁だったということ。日本国憲法に天皇は政治的発言をしてはいけないという条項があるにも関わらず、一九四七年五月六日にマッカーサーと会い、米軍が日本全国の基地を自由に使って駐留してほしいと依頼している。共産革命によって天皇制が廃止になることを恐れたのだ。そして同年九月二〇日、ＧＨＱの政治顧問であったシーボルトさんに手紙を送る。「沖縄を二五年から五〇年、あるいはそれ以上、主権は潜在的に日本にあるとして、米軍の駐留を要請する」、と書いている。すなわち、沖縄を売り渡したのは天皇制。天皇制の維持というのが大きな問題だった。この天皇制というものに新聞もテレビも全く触れない。

全国水平社創立一〇〇年の集会においても、天皇制と戦争との関係と部落問題という側面について、なかなか触れない。今日は、特に、今のようなロシアのウクライナ侵攻、ナショナリズムというものが浮かび上がってくる中で、この戦争というものと全国水平社、天皇制、この三つがどう関わっているのかという側面を中心に話をさせていただく。

（二〇二二年五月一六日、部落問題に取り組むキリスト教連帯会議総会の記念講演より）

水平社宣言の今日的意義

水平線

水平線にはデコボコがない。阪本清一郎さんが、船で満州から帰ってくるときに、水平線を見て「これだ」と思い、水平社というネーミングを思いついたと言われている。

全国水平社は関東大震災の前の年、一九二二年三月三日、京都岡崎公会堂において設立大会が開かれた。ざっと二〇〇〇人集まったと公式記録が発表されているが、五〇〇人ぐらいだという説もある。全国各地から大勢の人が集まり、泣き寝入りはしない、差別をされた場合には断固立ち上がり、糾弾をし、その考え方を改めてもらうのだという、自らの運動によって対話をするという水平社を作り上げていく。

シベリア出兵

ロシア革命が起こったあと、この社会主義の国を潰してしまえということで、アメリカと日本は、シベリアを分割してアメリカと日本で分け合おうという密約を結んだ。そして、日本はシベリアに出兵していく。一九二七年に引き上げるが、一九三一年まで樺太に軍隊をおき、八億円、当時の国家予算が四〇億円だから、国家予算の五分の一にあたる戦費を使って、社会主義を潰して日本の領土にするという企みが行われていく。

米騒動

こういう状況の中、一九一七年頃から米騒動が起こってくる。お米がどれほど高くなっても、陸軍はお米を買う。そうすると、お米屋は米を売らずに蓄えて、値段を吊り上げてから売ろうとする。

米騒動は富山から起こる。富山はお米の産地だが、富山のお米を京都や東京に売らないでほしいと、富山の漁村の女性たちが県庁に押しかけて要請する。それが米騒動の始まり。沖縄も入れて全国で、お米屋さんに、今までどおりの値段で売ってくれるようにと言って、昨日までの値段のお金を置いたまま、お米を自分で掬って持っていく。何も暴動を起こして、家を潰し、略奪しようとしたのではない。

およそお米の値段が二・五倍になった。このとき、騒擾罪で捕らえられた者が全国では一・八%だが、部落民は約一〇%が捕らえられている。部落民に対する蔑視、部落民ならやりかねないという偏見を利用して、米騒動の大きな騒擾の原因は部落民だということになった。

民族自決

水平社の機関誌である『水平』の第一号に「欧州戦乱の産物として世界の一角から乱打された民族自決の暁鐘《ぎょうしょう》は、吾々民族に強い強い刺激を与えた。黎明を告げる鐘の音が、吾々民族の耳朶に響いた秋、民族中の有識者は双手をあげて踊り狂った」とある。米国ウイルソン大統領の民族自決の提唱である。

水平社宣言は西光万吉さんだけで書いたのではなく、福島市出身の印刷工で、東京で働いていた平野小剣さんが手を加えて書いていく。彼は、築地本願寺で民族自決団を結成したビラを撒いて、部落差別をなくそうという運動を展開していく。自分たちを民族と呼んでいる。

また、松本治一郎さんは「我々の先祖は、石器時代、棍棒だけを持って戦う民族であって、鉄を持ってやって来た侵入者によって征服させられた先住民族である」ということを書いている。松本治一郎さんは、アイヌと同じように先住民族説を取られていた。彼の中にも、「一つの民族」という概念が部落民を捉える一つのキーワードになっていた。

融和運動との決別

「長い間虐められて来た兄弟よ、過去半世紀間に種々なる方法と、多くの人々とによってなされた吾等の為めの運動が、何等の有難い効果を齎《もた》らさなかつた事実は、夫等のすべてが吾々によつて、又他の人々によつて毎に人間を冒涜されてゐた罰であつたのだ。そしてこれ等の人間を勦《いたわ》るかの如き運動は、かへつて多くの兄弟を堕落させた事を想へば、此際吾等の中より人間を尊敬する事によつて自ら解放せんとする者の集団運動を起せるは、寧ろ必然である」。

これは水平社宣言の前半で、有名な文章。人間を勦るかの如き運動は、人間を堕落させると言う。「可愛そうだな」と言っているような考え方ではだめなのだ。自分たちが差別しているということを自覚させないといけない。だから、これは部落問題ではなく、部落外問題なのだ。

その勦るかの運動の中で、解放運動に属していたものがある。融和運動家で和歌山出身の岡本弥は、部落解放の方法としてこんなことを言っている。「部落の美人を保存し、ブスは結婚させず、美男美女をふやせ」、「由緒ある部落に華族、士族の娘たちを与えて、身分を引き上げさせてもらう」というような発想が融和運動として出されてくる。

こういう状況の中、青年たちは、後に日本共産党の書記長を務める佐野学の『特殊部落民解放論』、自ら立ち上がって、労働者と団結して、共闘しながら解放運動をやらなくてはいけないという考え方を知ることによって、全国水平社を作っていく。

水平社宣言

水平社宣言の今日的意義の一つは自力解放。水平社宣言の真ん中あたりに「**吾々の祖先は自由、平等の渇仰者であり、実行者であった**」、これは平野小剣の民族自決団の文章。「**陋劣なる階級政策の犠牲者であり男らしき産業的殉教者であったのだ**」。男らしさというのは、ジェンダーの視点から問題だが、当時はこういうことだった。

「**ケモノの皮剥ぐ報酬として、生々しき人間の皮を剥取られ、ケモノの心臓を裂く代価として、暖い人間の心臓を引裂かれ、そこへ下らない嘲笑の唾まで吐きかけられた呪はれの夜の悪夢のうちにも、なほ誇り得る人間の血は、涸れずにあつた。そうだ、そして吾々は、この血を享けて人間が神にかわらうとする時代にあうたのだ**」。

運命は神によって開かれるのではない、運命は自分で切り開くものだ、宿命ではないのだという考え方。神に代わって自分の運命は自分で切り開いていくのだ、そういう時代なのだと言う。「**犠牲者がその烙印を投げ返す時が来たのだ。殉教者が、その荊冠を祝福される時が来たのだ。吾々がエタである事を誇り得る時が来たのだ**」。自ら、差別語であるエタという言葉を使っている。それほど、自覚を持って、水平社宣言が自力解放ということに進んでいく。

「**水平社は、かくして生れた。人の世に熱あれ、人間に光あれ**」。

差別の冷徹な心を溶かす熱と、あらゆる人間の存在を照らし出し、陰日向なく照らす太陽の光、そういう光によって存在というものを明らかにしていく、そういうような時代を我々は求めるのだという宣言だ。

あらゆる差別との闘い

荊冠旗は、ゴルゴダの丘でイエス・キリストがユダヤの独立の王となるということで、ピラトが処刑していくときに被された荊の冠、血塗られた冠をデザインしたもの。しかし、現在の部落解放同盟の旗は、荊冠旗が四分の一しかない。残りは労働者の赤旗。血をもって闘うという意味。部落解放の運動は労働者や虐げられた民衆と一緒になって共同の闘いなのだということを表している。熱も光も部落民にだけ当たればよいのではない。あらゆる障害、差別、これをなくしていく運動をやっていこうというのが、実は水平社宣言の主張であり、綱領と荊冠旗の中にも現れている。（前掲記念講演より）

西光万吉の皇産主義と松本治一郎の「世界の水平運動」批判

日本国憲法に潜む万世一系の血の思想

現在、日本国は天皇、皇族、国民の三つの身分から成り立っている。身分は「生まれ」（門地、出自）による特権の付与又は権利のはく奪を伴っている。天皇、皇族は税金による国家予算からの支出で生活が保障される特権があるが、選挙権、被選挙権がない。国民でないからである。一方国民は選挙権、被選挙権があるが、納税・勤労の義務及び保護する子どもの普通教育を受けさせる義務がある。

憲法第一四条の法の下の平等も「すべての国民は法の下に平等であって……社会的身分又は門地により……差別されない」とある通り天皇、皇族には適用されないのである。では一四条の社会的身分とは何か、宮沢俊義東大教授（当時）「憲法Ⅲ」で「部落民、朝鮮人」を指すと解釈している。憲法制定時、被差別部落民を社会的身分と認識し、「差別されない」と想定していたといえる。

天皇は「日本国の象徴であり、日本国民統合の象徴」（憲法第一条）として機能する社会的根拠は、建国神話に基づく神の末裔としての聖なりとする血統・血筋の連続性への信仰にある。

憲法二条で「皇位は世襲のものであって」とあり、皇室典範第一条に「皇位は皇統に属する男系の男子がこれを継承する」とし、第九条に「天皇及び皇族は、養子をすることができない」と男系による血の継続性を規定している。この血のスペア（代替品）として宮家がつくられている。

この日本国憲法の天皇の地位の規定は、明治期の大日本帝国憲法を引き継いだものである。大日本帝国憲法第二条は「大日本帝国ハ万世一系ノ天皇之ヲ統治ス」、第三条には「天皇ハ神聖ニシテ侵スヘカラス」と規定し、天皇の統治権の根拠を「ケガレなき神聖なものとみなす血の連続性」においている。

日本国憲法での天皇の「象徴」規定は、民衆の支持・承認とが合わさって象徴として機能するとされる。つまり、日本民衆の天皇・皇族を「やんごとなき人」とみなすカリスマ性は聖なる存在としての承認を意味している、だからこそ「国民統合・国民の意識統合、日本人としての共同体意識」の要とされる。国民の統合作用として最も機能しているのは、「元号」の使用である。一世一元の制により天皇の践祚とともに元号が変わり、元号により時間が区切られていく。永遠に流れ行く時間を区切る超自然的な力、神的な力を天皇が持っていると見なす事柄である。昭和何年に生まれ平成何年に結婚したかなど常に人生の時間を天皇の即位後何年目かを意識させられ、常に個々の人生を天皇にひきつけて考えさせられるのである。

天皇の神的な力は、天皇が長期旅行にいく時は建国神話にある三種の神器のレプリカの剣と勾玉を携行しなければならぬように虚構の遺物への物神性によって与えられている。これがなければ唯の老人ということになるという訳である。

聖と賤の対立意識―部落解放同盟の課題

天皇明仁が即位して間もなく、一九九〇年一月に東洋大学図書館の地下食堂のトイレに差別落書きが発見された。

「天は高く地は低い　そこに何の疑問があるだろう（一行不明）天皇は限りなく尊く特殊部落民は際限なく卑しくけがらわしい、そこに何の疑問があろうか。俺は正義と天皇の名において穢多・非人を根絶させる」とあった（「解放新聞」一九九〇・一・二三）。天皇制と部落を聖と賤の対立意識で捉えている証左である。

故松本治一郎部落解放同盟委員長は「賤族があるから貴族ができたのではなく、貴族があったから賤族ができた」（政界ジープ第九号・一九四七年）と述べた。いわゆる「貴族あれば賤族あり」の言説である。もし世界中に家が平屋だけなら二階という概念は生まれない。二階、三階があるから一階という概念が生まれるのと同じ理屈である。

貴賤・浄穢の対立意識には血統・血筋意識が内包されている。天皇ヒロヒトが「小腸の十二指腸と空腸の接合部分が狭くなって食物の通過障害が起きていることが判明した。席上『明治天皇以来、五体にメスを入れたことはない。手術すべきでない』との意見があった」（毎日新聞一九八七年一〇月二日）。「この日も四〇〇ｃｃの輸血、陛下の血液はＡＢ型。輸血については手術前から『陛下のお体に庶民の血を入れるのはどうか』と、こだわる意見もあったが『陛下はこれから子孫を残すわけではないので（血統の血の純粋性に）問題はないと考えて納得した』と手術にかかわった宮内庁関係者は語った」と報じられている。医師団というインテリ集団なのに「輸血をすれば献血者の子どもが生まれるとでもいうのだろうか。

これほど聖なる血の信仰、聖体・玉体思想が天皇のカリスマ性を支えているのである。

部落差別も結婚差別事件にみられるようにケガレ意識と結びついた血統・血筋意識の迷信に由来する一面が今もある。これが「イエ意識」と結びついている。

二〇一一年三月の部落解放同盟第六八回全国大会で決定した綱領で「現在の部落差別問題とは、自由と平等を原理とする近現代社会でも、前近代から引き続く長い歴史の中でつくられてきたケガレ観的浄穢思想、血統主義的貴賤思想、家父長的家思想などにもとづく差別意識やそれを温存・再生産する明治期以降の新たな社会構造や法制度のもとで再編された部落差別の存在によって、被差別部落に属するとみなされる人びとが、人間の尊厳や市民的権利（職業・教育・結婚・居住の自由などの基本的人権にかかわる根幹的権利）を不当に侵害されている許し難い社会問題である」と規定している。

基本目標として「身分意識の強化につながる天皇制および天皇の政治利用への反対と戸籍制度などの人権を侵害する法や制度の改廃」を設定し、「天皇制……に反対」を明言している。

天皇制と家制度─穢れ観と部落差別

明治維新後四民平等になったといわれるが実は身分差別の再編成にすぎなかった。一八六九（明治二）年に天皇─皇族─華族（旧大名、公家）─士族（旧武士）─卒族（旧足軽）─平民（旧町人　農民）─エタ・非人の身分差別が決められた。一八七一（明治四）年賤民解放令により「エタ・非人等」は平民に編入されたが「新平民」と俗称された。

この族籍・（族称）は世襲され、身分登記簿に記載された。一九一四年には身分登記簿は廃止され、戸籍簿に記載されることになった。族籍は卒業証書などに書き込まれた。

国民の七％の士族は、九〇％の平民に対して優越感をもち、蔑視された平民層はより下の階層を被差別部落民に求めて、それより上だとする自意識の安定を求めたのである。この身分序列意識は「良い家柄」「悪い家柄」意識として法的裏付けをもって維持され、結婚時の釣書や「家格が釣り合わぬは不縁の元」などの風習を生みだした。本家・分家の支配─被支配関係も「家」制度が生み出したものである。

男子、しかも長子相続中心による血筋・血統を中心とする戸主の「家」制度は、天皇家の庶民版であり、このことによって天皇を国父、皇后を国母とする家父長的国家体制の社会秩序が形成されたのである。

一九四七年に旧民法は廃止され、一九四八年の新民法では「家」制度や族籍・族称が廃止されたが、戦後日本国憲法下でも「イエ意識」として、家柄・血統意識が引き継がれているのである。

そのうえ部落差別は、異端とみなす人々を血筋にいれたくないという排除の根拠を「ケガレ」の迷信においている。ケガレ（＝穢れ）意識の核は、江戸時代に「えた身分」の役負担として課せられた斃《へい》牛馬の処理や死刑執行など死穢（死のケガレ）触穢にかかわったことにある。刑吏故に「不浄役人」という含葉が生まれた所以である。

ケガレ意識は今も日常生活を支配している。ケガレは凶事、災いの因とされ、葬式を出すとケガレが人に感染しないようにするため人に会わないで喪に服する忌引休暇、元旦から他人の家にケガレをもち込まないために年賀状を欠礼する通知の喪中葉書などは社会的慣習になっている。

このような不合理的な伝統的浄穢観や貴賤の血統意識が、聖なる天皇制と賤なる部落という尊卑の二項対立意識の精神的土壌をつくり出しているのである。

虚構の神武天皇陵の創設と洞部落の移転

神武天皇陵は幕末の公武合体政策として創り出されたものである。孝明天皇の妹和宮と徳川一四代将軍家茂の結婚の翌一八六三年、幕府は宇都宮藩に調査させ、畝傍山下の「神武田」と呼ばれる国源寺跡の「ミサンザイ」という「高さ一尺ばかりに円く残りたる小塚二つ」（谷善臣　山陵廻日記）を神武天皇陵と見なし円墳に整備した。朝廷からの使いがきたとき畝傍山麓の「洞部落の上方に一夜作りの新道を開き、全部落二〇〇余戸をむしろで囲った」と伝えられている。

一九一三年、後藤秀穂は「皇陵史稿」を著し、「驚くべし、神地、聖跡、この畝傍山は甚だしく、無上極点の汚辱を受けている。……畝傍山の一角、しかも神武御陵に面した山脚に御陵に面して新平民の墓がある。……しかもそれが土葬で、新平民の醜骸はそのままこの神山に埋められ霊土の中に、ただれ、腐れ、そして、千万世に白骨を残すのみである」とのべた。

一九一七年の米騒動の最中、奈良県庁は「全村移転を命令した。当時の洞部落は、戸数二〇八戸、人口一〇五四人、下駄表四九戸、下駄靴一九戸、麻裏一四戸などで他は雑業であった。田畑は五ヘクタールしかなかった。

奈良県庁の示した移転理由は、「山すそで日当たりが悪いから下駄表の乾燥に困るだろう」「移転すれば金が入ってきて借金が返せるぞ」「神武天皇陵を見下すのはおそれ多い（神武兆域を眼下に見下すのは恐懼にたえざること）」等五点であった。

自主的な献納願による移転とすることで、天皇からの御下賜金を得て、積み立てていた共同貯金とを合わせて橿原神宮に隣接する田畑を宅地として購入し、街路を碁盤の目にするなど整地した。だが農作用の田畑はとられ、宅地も畝傍山麓の旧村の四分の一の一万坪とされ、一六八戸が押し込められた。家屋は各戸の借金で建てざるを得ない犠牲が強いられた。一九二〇年のことだった。

橿原神宮は一八九〇（明治二三）年に創建され、一九三八年から一九四〇年にかけて、紀元二六〇〇年記念事業として第二次神域拡充が行われた。全国から延べ一二〇万人の建国奉仕隊が植樹作業に動員され、一五万坪の神宮外苑の森が創られた。日米開戦の一年前である。「金鵄《きんし》輝く日本の栄ある光身に受けて　今こそ祝えこの朝《あした》　紀元二六〇〇年ああ一億の胸は鳴る」の歌はラジオから流され、全国の学校で唱和された。国威発揚、戦意高揚の国民精神大動員運動であった。

神武天皇陵と橿原神宮は、国策により徹頭徹尾虚構と部落差別の上に創り出されたものである。

皇族に目障りと官憲による別府、的ヶ浜部落の焼打ち

全国水平社が創立された三週間後の一九二二（大正一一）年三月二五日・二六日、大分県別府市の浜辺にある「弓掛松」という巨木を、別府で開かれる日本赤十字社の総会に出席する総裁である皇族、閑院宮載仁《かんいんのみやことひと》親王がお召列車から見るというので、その下にある掘立小屋の部落が見苦しいということで警官によって焼払うという事件が起こった。当時の新聞は「十数名の警官山窩退治に貧民部落を焼く　居住権ある納税住民は激高し　放火の告訴をすると騒ぐ」と報じている。だが『大分県警察史』（一九四三年七月刊）では、「その頃波静かなる別府市的ヶ浜には一九棟の乞食小屋がずらりと並んで、天下の醜観を呈していた。」「松の根を藁架をして雨露凌ぐ位で、一見住居とは見な做され難き程度に巣喰った山窩の一群が何時とはなしに出来上がった」（安東末雄警部述懐）「二人の竹細工職人を除く外は、強窃盗の前科者、辻占売、白痴《ママ》、癩《ママ》患者の類であった。それが粉々たる臭気を発散しながらぞろぞろつながって別府町内を徘徊し……押し売り、袖乞をする、……浴客に不快不安の念を与え、公安上にも、犯罪予防上にも甚だ憂鬱にして有害なる存在だというので、別府署では一同に因果をふくめて小屋を破壊させ、それを波打際に積み重ね、三月二五日午前十時ごろ、巡査十数名が立会って焼払ってしまった」とある（豊州新報再録）。

住民が自ら焼いたとされているが、それは全くの嘘である。野党、憲政党の尾崎行雄らが、的ヶ浜部落焼打ち事件を政治問題として取り上げ、調査にのり出したので、鈴木検事総長は「問題は被害者である住民が焼き払うことに同意したかどうか、これを調べる必要がある」といわざるを得なくなったと大阪毎日新聞は伝えている。

警察すなわち国家権力が住民の家を焼払ったとすれば、万人を納得させる理由が必要である。その理由

が、皇族が松の木を観賞するという戯れ事の為となると天皇制批判に発展してしまう。このことを恐れて、自発的に焼払ったとしているのである。自分の住居を自ら焼払う者がいないのは当然だからである。

被害者救済の住居再建の木材調達に奔走していた本願寺の布教師、篠崎蓮乗が的ケ浜隠士の筆名で書いたといわれる「的ケ浜事件の真相」には次のように書かれている。

> 二五日の朝、一三〜一四人の警官がやってきて、「お前達はもうここに居ることはならぬ。今直ぐ立ち退け!!　立ち退かん様ならこのまま小屋に火をつけるぞ!!」と言われた。……「せめて皆が仕事から帰るまで、このままここに待たして下さい。帰り次第立ち退きますから」とただただお願いしていたが、遂にそれは聞き入れられなかった。……「何をグズグズするか！」と叱られ、叱られ一つずつ荷物を片付けた。
>
> 午後一時ごろ、再び巡査等は町の掃除人夫まで連れてきた。……「……そのまま火をつけてしまえ!!」「一寸待って下さい。その小屋の材木は私の物ではなく、地主から借りているんですが、そのまま焼かれては困ります」「エヽ面倒臭い。打ち壊して焼け!!」そこらにあった包丁で屋根を破った。…この日焼かれた家が二二戸。
>
> 二六日午前九時頃から、前日の焼き残り小屋を焼払うべき昨日の巡査が再び押しかけてきた。

明らかに警察による一方的焼打ちである。
的ケ浜部落は山窩部落・非人部落といわれ竹細工や土木作業に従事する者が多く、戸数一六軒八〇名、うち在郷軍人五名、勲八等一名、納税者七名であった。が警察は「前科者癩者《ママ》等社会的に排除すべし」との社会意識の差別偏見を前述の豊州新報記事のように利用し、焼打ちを正当化したのである。

的ヶ浜焼打ちのくやしさを解放歌に

全国水平社は米田富を別府に派遣し、篠崎蓮乗と共に各地で事件の真相を訴え、救援と水平社の成立を急いだ。

米田富さんは全国水平社機関誌『水平』創刊号に米坊主の筆名で焼打ち事件を怒りをこめて激しく糾弾している。

放火は愚か過って火を失しても何とか彼とか言ってフン縛るお役目の人が、今度は反対に他人の家に放火した。理由は偉い人の御目障りだとある。而して此方も好んで汚い所に住んでいるのではない。第一偉い人が目障りだから焼き払へと御意があったか否か？　己等の毎日扱っている憲法の中にも住居の自由は認めてあるが、汚い家は焼き払へとは書いてあるまい。さすれば明らかに憲法違反であり、刑法上の問題であらねばならぬ。

米田富さんは松本治一郎さんらと共に多くの人を闘いに立ち上がらせ、翌一九二三年五月一日に全九州水平社の創立大会が開かれ、柴田啓蔵さん作詞の「解放歌」が歌われた。

柴田啓蔵さんは、旧制松山高校（現愛媛大学）一年生で、文学を志し小説を『破戒』の作者島崎藤村に送り、将来を嘱望されていた。福岡県飯塚の被差別部落出身の彼は全国水平社の成立を知って本部に連絡をとった。本部から近藤光さんが来て、「僕は革命ロシアに行って来た。ロシアの諺に〝涙は憂いの救けにならない〟という言葉がある。千年来の涙の谷から、今、解放の炎が上がったのだ」と熱っぽく語り、柴田啓蔵さんに水平社の運動に参加することを訴えた。

柴田啓蔵さんは文学の志を捨て、故郷福岡に帰るため船で別府に向かい、桟橋につくや否やすぐ近くの的ヶ浜部落に向かった。焼き払われた部落はすっかり灰になってしまった家を前にして、行くあてのない住民がむしろで囲った掘立小屋をつくっていた。柴田さんはくやし涙をこらえきれず「もう部落民は泣き寝入りしないぞ」と心の底から叫び、的ヶ浜部落焼打ち事件のくやしさを歌詞に込めたのである。解放歌五番の歌詞は、

ああ、虐げに苦しめる
三百万の兄弟よ
ふみにじられしわが正義
奪い返すは今なるぞ
涙は憂いのためならず
決然たって武装せよ

となっている。オルグに来た近藤光さんの文言が入れられている。

皮肉にも、解放歌は権力エリートを育てる旧制一高（現東京大学）の「あ、玉杯に花うけて」の寮歌の節回しで今も唄われ、解放の意欲を鼓舞しつづけている。

大分水平社は一九二四年三月一日に結成された。的ヶ浜部落焼打ち事件後二年目の春であった。

平野小剣と満州事変、西光万吉らの錦旗革命

天皇制反対を運動綱領にかかげている大衆団体に、部落解放同盟がある。その綱領実現のための共闘

関係構築に必要なことは、アジア太平洋戦争、侵略戦争に対する戦争責任を明らかにし、その痛恨の思いを反転のバネとして、組織内の意思形成を行うことである。

反戦、反天皇制への意思形成のために、西光万吉や松本治一郎への「タブー」を打ち破り、歴史過程の中に位置づけ、天皇制ナショナリズムにからめ取られた加害責任・戦争責任を明らかにする必要がある。水平社宣言は西光万吉が起草したものとされてきたが、平野小剣が添削して作成に関わっていたのである。西光万吉は一九六七年五月に「『水平社宣言』について」（『部落』第二一六号、『荊冠の友』第一一号）と題し、「当時平野さんに大添削をしていただいても、それほど添削して下さったことも忘れて、自分だけで書いたように思いこんでいました」と告白している。

全国水平社は反天皇主義者集団ではなかった。天皇を差別の元凶ととらえてはいない。民族自決団を名乗った平野小剣は「我等民族の祖先は最も自由と平等の渇仰者であって、又実行者であった。そして最も偉大なる殉道者であった」という一九一九（大正九）年築地本願寺の同情融和大会で撒いた檄文の思想を、水平社宣言に「兄弟よ、吾々の祖先は自由、平等の渇仰者であり、実行者であった。陋劣なる階級政策の犠牲者であり男らしき産業的殉教者であったのだ」との文言に結実させた。

だが彼は「我らの主は唯一人のみ在わすのみである」とのべ、最終的には国家主義者とし、一九二八年八月「内外更始倶楽部」を結成した。

綱領「一、皇道ニヨル新日本ノ建設ヲ期ス、一、被圧迫者ノ社会的、政治的、経済的解放、一、覇道文化ヲ克服シ全アジア民族ノ解放」を唱えた。天皇主義と大アジア主義である。

一九三一年九月一八日の関東軍による柳条湖での南満州鉄道爆破の満州事変に関係したともいわれている。「木下浩『平野重吉（小剣）略年譜』によると、平野は爆破に関連して『二百メートル以内の現場に日本人の民間人としていたのは自分だけ』だという。木下は平野が「軍の特務機関に従っていた」

としており、「思想月報」でも「満蒙問題に関して策動す』とあることなどから、平野は関東軍とつながりながら満州事変に深く関わったと言われている」と朝治武は『差別と反逆　平野小剣の生涯』（筑摩書房　二五九頁）で紹介している。

西光万吉、阪本清一郎、三重県の田中佐武郎は、一九二三年九月一日の関東大震災の時京都にいたが、「大震災の混乱に乗じて天皇を京都に迎え、全国の部落民が立上って革命を期す計画」をした（『荊冠の友』阪本清一郎談　一九六六年）。彼らは信越本線で大宮までいき、焼け野原の東京にたどり着いたが、自警団に朝鮮人とまちがえられて、ひっぱられそうになった。こうして「錦旗革命」といわれる革命は失敗したのである。

西光万吉の国家社会主義への獄中転向

水平社宣言の起章者の中心であった西光万吉は農民運動に身を投じ、地主に搾り取られる小作人が多い部落民の解放を共産主義に求め、日本共産党に入党した。

普通選挙法の施行で三〇歳以上の男子に選挙権が与えられ、八人の無産政党系代議士が出るにおよんで政府は同時に施行した治安維持法で、一九二八年三月一五日、共産党員への大弾圧をおこなった。西光万吉も検挙され、懲役五年とされた。一九三二年、獄中で転向した西光は出獄後、ファシズムの大日本国家社会党に入党した。

大日本国家社会党は「君民一如の搾取なき新日本の建設」をめざし、一九三四年二月一〇日に石川準一郎を党首として結成されたもので、労働組合や農民組合を擁していた。

綱領には「天皇制を以て我国最適至上の国家体制と信じ」「現行資本主義の無政府経済組織……の改廃を期し」「集中的計画経済の施行……の達成を期す」「国民はその生存の自然的基礎（土地及び資源）

に於いて、平等の権利を有するものと信じ……世界の過当占有国に向かって要求」し、「アジア民族及び有色民族の解放……を期す」としている。生存権の主張のもとに、アジア侵略を合理化する思想である。

西光万吉は大日本国家社会党の中央常務委員として活動の中核になる一方、赤地に金鵄の党旗を作成した。金鵄は記紀にある神武天皇の弓の先にとまり敵軍の目をくらました鳥だが、彼は「金鵄はもとより武力的象徴ではない。それは高天原からきた高い政治的理想の光の表現」とのべている。

希望の光が射さない闇のような差別社会を黒地で表現し、ローマ帝国の支配に抗するユダヤの民の王とみなされゴルゴダの丘で十字架にかけられて処刑された時、頭にかぶせられ真赤な血で染まった荊の冠をあしらった「水平旗」を描いたその手で、金鵄の党旗を描くのは天皇制への屈服に外ならない。

戦争に勝たねば、差別はなくならない―西光万吉の奉還主義と皇産主義―

西光万吉は「君民大如搾取なき高次的なタカマノハラを展開せよ」（一九四四年）と主張した。それは大化改新のとき天皇の命令で、豪族の土地を没収し公地公民として奉還し、班田収授法で口分田として土地を再分配したように「農業生産の面から地主を清算し、工業生産の面から資本家を追放し……生産必要物資の配給機構から営利性を一掃」（偶感雑記）しようとするものであった。

この天皇社会主義ともいう考えは、天皇の祖先とされる天照大神らが住んでいた「高天原」を理想社会とし、天照大神は母性愛のあらわれで、「天照大神を中心に皆が楽しく生活していたような国」を実現しようとする共産主義ならぬ「皇産主義」といわれるものである。

彼は掖上村戦時対策協議会に農業生産力をたかめるため一九三八年一二月に「神田創定案」を提案した。

それは、政府から資金融資をうけて、不在地主の土地を信仰団体が購入し、伊勢神宮に奉納し、団体は土地所有権をもたず、団体は使用権を持つのみで、耕作権は譲渡はできない。国には地租相当の特別税を支払い、伊勢神宮には毎年一定の初穂を奉納するというものであった。この協同農業共同体の構想は村会議員の阪本清一郎の尽力で努力目標との合意がなされたが実現はしなかった。

むしろ政府は一九四四年から個人の貸付により土地を購入させる「自作農創設維持政策」をすすめた。また小作料統制令により高率小作料の抑えこみが実施された。

皇産主義の実現―土地や財物の再分配のためには土地と物資が必要であるがゆえに、海外への侵略戦争を肯定する必然性をもっていた。「戦争に勝たねば差別は無くならない」という論理である。彼は「八紘一宇とは私においては……高天原の国際的展開である。権力国家の帝国主義的侵略であってはならぬ事もちろんである。にもかかわらず私は今度の戦争に加担した。理由は前記の如く、そこに苦悩があった」と「偶感雑記」に戦後になって、反省的に記している。

だが当時は、きわめて排他的な抑圧民族として八紘一宇・大東亜共栄圏・五族協和の信奉者であったのだ。一九三九年一月に奈良県会議員になった西光万吉は、九月に中国東北部すなわち偽満州国を視察し、『日本論叢』一一月号に『わんとうろうとう』雑誌」として視察紀行文を発表した。「わんとうろうとう」とは「王道楽土」の中国語読みで、彼はこの偽満州国の建国スローガンを「高次的タカマノハラの展開」と考えていたのである。

彼は「ミミズがもち上げた土糞のような農村の土の家」とか、子どもたちを「土から現れた二本脚の裸虫」「全身土でできあがり、もちろん、脳漿も心臓も泥で造られているであろうこの奇怪な裸虫」と記している。

この記述のように、かつての全国水平社宣言の「人間は尊敬すべき存在」という思想も植民地支配への憤りも、民族連帯の表明もない。醜い天皇主義者の差別の目線が感じられる。

「満州移民」は一九三二年より始まり、敗戦まで約二二万人が送りこまれ、うち部落民は過剰人口として資源調整事業の名で約五万人が分村移動させられた。

移民は無人の荒野を開拓するのではなく、中国民衆の耕作地を接収または極めて安い値段で買収する形で行われた。だからこそ、敗戦から二日後の一九四五年八月一七日、土地を奪われた中国民衆が、熊本県の被差別部落から分村移住していた来民《くたみ》開拓団を襲い、二七五人が集団自決するという悲劇が生まれたのである。

戦後西光万吉は戦争加担の自責の念から、母校の掖上小学校の忠魂碑の前で二度ピストル自殺を試みたが、未遂におわった。そして再軍備、自衛隊に反対して、かつての植民地として侵略した東南アジアの国々に日本の育年を派遣して、医療や農業、工業などの専門技術で国づくりを援助する「和栄隊」をつくることを提唱した。

だが、侵略戦争への積極的な加担の罪は深く重い。

和栄隊の構想は部落解放全国委員会を部落解放同盟に改称した一九五五年八月の第一〇回全国大会で、西光万吉により特別提案され、一九五七年一二月の第一二回大会で奈良と和歌山県連から「和栄政策の確立要請に関する件」として提案され可決された。

日本社会党の一九六六年大会で同党和歌山県連から提案されたが、非武装中立の向坂派代議員の野次と怒号の中で協議がなされず議長裁決で執行委員会預かりとなった。結局社会党は平和政策として「和栄軍縮」の四文字を入れるに止まった。

西光万吉は国連に期待しリー事務総長に英文の手紙を出したが取り上げられなかった。

イギリスがアジア諸国の生活向上のための資本と技術援助を行うコロンボ計画を発表すると日本政府も参加した。それは派遣技術者や研修生を受け入れることにより、修得させた企業の技術により自社製品を使用させ、賠償金や海外援助資金を企業が回収するという経済侵略の側面をもっていた。この構造は中曽根康弘、橋本龍太郎が国会議員一期目に議員提案してつくられた「海外青年協力隊」にも引き継がれている。

西光万吉の皇産主義といい和栄隊構想も現実の帝国主義の支配の論理を補完するものとされ、その実現は歴史によってはね返されたのであった。

松本治一郎の戦争協力——「世界の水平運動」を批判する

部落解放同盟は、反差別の国際的連帯運動を「世界の水平運動」を行うと表現してきている。

部落解放同盟は一九九七年の綱領改正で、反差別国際連帯運動を前文で「世界の水平運動」とし基本目標で「われわれは、アジア・太平洋地域を軸として世界の水平運動を展開し、差別なき平和な世界の建設に邁進する」と提唱した。以後「世界の水平運動」という用語がたびたび登場する。

「一九八八年に『世界の水平運動』をめざして結成した反差別国際運動は……」(二〇〇一年部落解放同盟第五八回全国大会方針)

「松本治一郎先生が提唱された『世界の水平運動』、上杉佐一郎元委員長時代に創設し、国連NGO登録をした反差別国際連帯運動、これは『水平社宣』を国際的に広げていっている」(二〇〇二年一月一四号　解放新聞での組坂繁之委員長の発言)等がある。

「世界の水平運動」とは松本治一郎が戦時期にのべた用語で、侵略のアジア・太平洋戦争を欧米列強からのアジア解放戦争と位置づけた「大東亜共栄圏」思想と同義語で血塗られた言葉なのである。

松本治一郎は一九四二(昭和一七)年三月二四日の第七九回帝国議会衆議院建議委員会で「私ハカネガネ支那事変勃発以前ヨリ……日支対米英ノ戦サコソガ押シ拡ゲラレタル世界ノ水平運動デアリ、東亜ヲ救ウ道ナリト主張シテ参ッタノデアリマス」（同委員会議録）とのべている。

日本の侵略戦争を「世界の水平運動」と表現している歴史的用語であって、戦後、「戦争は最大の人権侵害であり差別である」として展開している反差別国際運動を表す言葉として使うべきではない。

小生はこの主旨を二〇〇二年の部落解放・人権研究所の総会で提起し、組坂繁之部落解放同盟中央執行委員長にも文書で要請した。その結果用いられなくなったが、最近また紙面に散見するようになった。組織員への教宣活動、質が問われているといえる。

また松本治一郎が委員長であった一九三八年の全国水平社大会で「日本民族の大陸発展に貢献せんことを期し、国策移民の遂行に協力する」として、中央融和事業協会のすすめる部落経済厚生運動としての「満州移民」に荷担し、中国侵略を支えたのである。

戦争のための「同和教育」から、反差別の「解放教育」へ転換させた教師たち

同和教育の語源は、天皇裕仁の一九二五年の即位の時の勅語に由来するとされている。「人心惟レ同シク民風惟レ和シ汎ク一視同仁ノ化ヲ宣ヘ、永ク四海同胞ノ誼ヲ敦クセンコトヲ……」の印の二字をとり「同和」としたといわれる。被差別部落民は勿論のこと朝鮮民族も天皇の赤子として一視同仁の日本臣民であるとする民族性を奪う「同化」「皇民化」の思想の表現であった。それゆえ「永ク四海同胞ノ誼ヲ敦クセヨ」と訓辞しているのである。一君万民の天皇制への帰依の強制であった。

文部省は日米開戦の翌年、一九四二年八月に「同和教育への道」を発表し「戦時体制の確立に向かって挙国一致、国民総力の発揮が強く要請せられるようになった。ここにおいて一部同胞に対する差別の問題の解決は、いよいよ急を要することになった」とのべている。文部省は融和教育に関する訓令を発し、差別の陋習の撤廃について教育関係者の奮起を要望した。「教育が近年に至って皇国の道に則って

国民を錬成するの趣旨を闡明《せんめい》にするに及んで、益々明白になった」とのべている。

さらに同和教育の目的を「社会一般を対象として国民一体の精神を強調する『融和促進運動』と、部落の人々の満州移住、時局産業への進出、農村生産力の拡充計画への参加等目標として労力の再配分を図る『資源調整事業』の二に重点をおいて、これが実施に努めることになった」としている。

侵略戦争遂行の施策に他ならない。

戦後、部落差別に伴う教育課題にとりくむ教育を戦中と同じ「同和教育」という名称で実践されてきた。一九五〇年代「今日も机にあの子がいない」に象徴される部落の子どもたちの「長欠・不就学の克服」、一九六〇年代の進学・受験競争から切り捨てられた子どもたちの荒れの克服として「『非行』のエネルギーを解放のエネルギーに」転化する取組みが行われた。

一九七〇年代は「親は何故失業し、離婚せざるを得なかったのか等の現実認識と支え合う仲間づくり」と「差別に対する科学的認識の育成」、一九八〇年代の「学力保障と進路保障、就職差別撤廃の闘い」、一九九〇年代の「多文化共生と表現活動（太鼓演奏）や在日韓国人・朝鮮人・障害児との共生」へと発展してきた。同和教育があらゆる差別に反対する「解放教育」として子どもたちにセルフエステーム（自尊感情・自己肯定感）とエンパワーメント（挑戦し自分の可能性を引き出す）とアーサーティブネス（非攻撃的自己主張）の諸能力を培ってきたのである。この発展的転換を支えたのは、狭山差別裁判糾弾闘争に牽引された反差別統一戦線の前進とそれに内実を与えてきた教師たちの「地域の教育力の形成」への努力であった。

その成果の一つが、天皇制を差別と侵略の元凶と捉えて、祖父母らと共に闘った天皇ヒロヒトの休日による国家葬反対の同盟登校であり、多くの地域で部落外の子どもも参加する共同の取組みとなった。

天皇を戴く戦争国家を撃つ反天皇制の闘いを！

「貴族あれば賤族あり」「もし本当に『天皇がいるから差別がある』というテーゼが真実であるとするならば、それは日本国民にとって悲劇以外の何ものでもない」「このテーゼが真理なら、日本国民は『差別の根源を統合の象徴としている国民』ということにならざるを得ない。当然に、第一条は、〔憲法〕第一四条が規定する『法の下の平等』とも矛盾することになる」（〔〕は筆者）との問題意識から、皇学館大学助教授新田均が雑誌『正論』二〇〇一年三月号に、「西光万吉と『神の国』―部落解放と尊皇という二者統一の道」を発表した。

内容は西光万吉の奉還主義と皇産主義の紹介であるが、天皇制の存在を是とする立場からの再評価の提起である。だが時代性（背景）やその主張の帰着する加害の戦争責任や西光万吉自身の自己批判へは言及されていない。時代錯誤というか「歴史はくり返される。一度目は悲劇として、二度目は喜劇として」のマルクスの言葉を想起せざるを得ない。

だが「喜劇だ」といってうそぶいてはおれない状況が起こっている。自民党「日本国憲法改正草案」の歴史の舞台への登場である。天皇を元首として戴き、天皇の憲法遵守義務をなくし、元号を制定し、日本国民へ国旗・国歌の尊重の義務を課すことを規定している。

「日の丸・君が代」の卒・入学式での教職員への起立斉唱の義務的強制により、子どもたちに国家への忠誠表明は当たり前で、不起立で教師が処分されるのは悪いことをしたからだ、国家に逆らうのは「非国民だ」という観念を刷り込んでいる。集団的自衛権をめぐる解釈改憲で憲法九条の戦争放棄条項は事実上廃棄され、戦争国家への変質が本格化した。

血を流しても守らねばならぬ日本の価値とは何か、忠誠の対象として天皇制への国民精神大動員運動が進行している。

天皇制存続の論議ではなく、共和制の私擬憲法運動を！

民主の主の字は王の頭に釘を打つ

二〇二一年一二月二二日、安定的な皇位継承のあり方を議論する政府の有識者会議は報告書を岸田文雄首相に提出した。皇位継承策については示さず、皇族数の確保が喫緊の課題だとして

①女性皇族が結婚後も皇族の身分を保持する。子は皇位継承権を持たず、配偶者も一般国民。現在の女性皇族には十分留意する。

②旧宮家の男系男子が養子になり、皇族に復帰する。旧一一宮家の子孫を想定、皇位継承資格は持たない。

③旧宮家の男系男子を法律で直接皇族にする。

等の内容であった。

旧皇族すなわち旧宮家の男子は軍務に就き、戦争犯罪人ともいうべき存在であることは次頁コラムの通りである。

天皇制を心の絆とする共同体意識づくりとしての『日の丸・君が代』と天皇教護持の自衛隊

権力は権威を伴ってこそ保たれる。旧統一教会と癒着等でドミノ倒しのように大臣が次々と岸田総理

旧皇族とは何か

天皇主義者が主張するのは、戦後に皇籍離脱した「旧皇族」を「皇族」に戻し、そしてその男子たちと天皇家の女子を結婚させ、「『男系』皇族」を生ませることである。

「旧皇族」とは明治維新期に作られた一族

ここで言われる「旧皇族」とは、全て江戸末期に10人の妻を持ち70歳で死ぬまでに17人の男子と15人の女を設けたといわれる伏見宮邦家の子の子孫である。彼は「北朝第3代崇光天皇（1384－1398）の男系の子孫」であるとして、明治維新後の天皇制強化の中で、11人の男子が傍系宮家となった。そして明治天皇の4人の女子は、竹田宮、北白川宮、朝香宮、東久邇宮と結婚することでその4宮家を権威つけそれぞれ重要な地位を占めた。

軍部に組み込まれアジア侵略の尖兵となった宮家

徴兵令と同じ1873年に「皇族海陸軍従事の令」が発せられ、皇族の男子は軍人となった。彼らは軍隊内で特別優遇され、大将、元帥となり軍国主義、侵略の尖兵となった。

1893年の台湾「征討」には北白川宮能久が出征し現地で病死した。彼は「台湾平定の英雄」と祭り上げられ、台湾全土に約60社の神社が建立された。その子である竹田宮恒久は日露戦争に従軍した。陸軍では、閑院宮載仁（元帥）が、1940年10月までの9年間、陸軍軍令系統の最高位である参謀総長の任にあり、皇族という地位を利用して陸軍の権益と方針を代表し、海軍では伏見宮博恭王（元帥）が、真珠湾攻撃の寸前の1941年4月まで、海軍軍令部総長を9年間も勤めている。このことを見ても、天皇と皇族たちが戦争で大きな役割を果たしていたかを示している。

朝香宮鳩彦（大将）は、1937年、日中戦争の「上海派遣軍司令官」となり、12月13日、南京の陥落にともない、馬上姿も颯爽と、南京に入城した。閑院宮春仁（大佐）は、1937年に、「北支方面軍」（華北）の参謀となり、翌年、除州攻撃に参加、敗戦直前には満州の寧安の戦車第5連隊から、国内へ転勤となった。竹田宮恒徳は1943年に大本営参謀としてフイリピン攻略戦、ガダルカナル作戦に参画した。その後満洲の参謀本部に勤め、731部隊の参謀でもあった。敗戦間近には安全のため国内へ転勤となった。

「旧皇族」を売り物に出世した竹田恒和

皇族をありたがる風潮を利用して、元皇族やその子ども達が種々の団体の名誉職を務めている。中でも有名なのが「旧皇族」を利用してJOC委員長となり、IOC委員を勤め、東京五輪招致に関連して贈賄容疑で辞職した竹田恒和氏である。その息子は有名な「明治天皇の『玄孫』」を売り物にしている「ネトウヨ」作家・学者・文化人・ラーメン店経営者の竹田恒泰氏である。

関西わだつみ会機関誌

「海」菅野三郎論文より

大臣の任命責任を回避する為、辞任という形で更迭している現政権への国民の信頼は無い。しかも社会の所得格差は拡大し、職場は正規職員と非正規職員に分断され、非正規職員も下請・派遣・パート等に分断され、企業ナショナリズムも労働組合も活力を失っている。

かつて、経団連の御手洗富士夫会長（キャノン社長）は「企業も日の丸を揚げ、君が代を唱い、日本人として団結せよ」と檄をとばした。国際競争に打勝つ「日本人意識」とは何か、それは、天皇崇敬を心の絆とする共同体意識である。

元自衛隊幕僚会議議長の栗須弘臣は「日本国防軍を創設せよ」（小学館文庫　二〇〇〇年）で「自衛隊は国を守ると言うけれど、それを国民の生命・財産を守ることだと誤解している人が多い。政治家もマスコミも往々そういう言葉を使うが、国民の生命・財産を守るのは警察の役目である」自衛隊の任務は「自衛隊法にも書いてあるが、国の独立と平和を守る」のだとし、その国とは「天皇制を中心とした我が国固有の国柄を持つ家族意識・国民意識である」と述べている。これは戦時中の国体論と同じである。

象徴（シンボル）はギリシア語で「シンポロン」といい、「片割れ」という意味である。「片割れ」の一方の国民の受容・

日本共産党は「天皇制廃止・共和党実現」を党綱領から削除した。

年代	日本共産党綱領
1922	
1945	天皇制の廃止、共和制の実現
1961	天皇制の廃止、軍国主義の一掃、君主制を廃止し、民主共和国をつくる
1994	
2004	天皇制度は、憲法上の制度であり、その存廃は将来情勢が熟したとき、国民の総意によって解決すべき

天皇制をなくし、共和制を目指す議論と運動が始まっている

1、「天皇制条項の削除を！」堀内哲等　二〇〇九年、ＪＣＡ出版「生前退位・天皇制廃止・共和制日本」堀内哲編　二〇一七年、第三書館

2、「琉球独立への道—植民地主義に抗う琉球ナショナリズム」松島泰勝　二〇一二年、法律文化社

国連の琉球民族は先住民族であるとの規定に則り、民族自決権・土地や資源の返還・賠償・補償を求める権利の行使等で基地撤去のため、国連の脱植民地化特別委員会を通じ、日本から独立し、「琉球自治共和国連邦」の実現を目指す。

まさに「天皇教」である。このような宗教性を持った天皇のカリスマ的権威性に根拠を与えているのが神武天皇の第一代天皇として即位したとされる二月一一日の旧紀元節、今の建国記念の日なのである。「君が代」はこのような「天皇教」への賛美歌の役割を果たしている。憲法では第二〇条三項に「国民及びその機関は宗教教育その他いかなる宗教的活動をしてはならない」第二項では「何人も宗教上の支持が合体して、機能するということである。

このように天皇が「国家と国民統合の象徴」として権威を持って存在し得る根拠は、多くの国民が信じている「神武以来の聖なる血の連続性」にある。憲法でも「皇位は世襲である。」と規定されている。天皇は大嘗祭で大衆的に明らかになったように、真夜中の神事として天照大神等の祖霊と合体することによって「神格性」「聖性」を身につけた宗教的主体なのである。国家神道の踏襲である。

島薗進東京大学名誉教授は、「国家神道と戦前・戦後の日本人」（河合ブックレット）で、宗教という語の意味を広くとると「聖性を基盤としたその社会の精神的秩序を特定伝統をひきながら構成しているもの」（一八頁）と見ることができると述べている。

行為、祝典、儀式又は行事に参加することを強制されない」と規定されている。

「日の丸・君が代」の起立斉唱の拒否の闘いは、このように民主主義の確立の為の闘いである。

歴史の轍を一歩前へ

ネパールは二〇〇八年毛派の土地解放闘争で政権を奪取し、王政廃止の憲法を作成。

タイは国王への不敬罪撤廃要求から、王政廃止の世論が高まり、デモも起こっている。

日本共産党は、二〇〇四年に政策・活動指針である党綱領から、年来の「天皇制の廃止・共和制の実現」を削除した。憲法第九条の「交戦権の否定、陸、海、空の戦力の不保持を、自衛隊を後書きにおいて明記する事で先行条項を否定できるという法理の適用を絶対阻止し、現憲法の堅持を運動方針とする以上、第一章の天皇条項は抱え込まざるを得ない。機が熟した時に解決を期す」との主旨は、男系男子の皇位継承者がいなくなった時と考えているかもしれない。

国連は二〇〇三年に、アイヌ民族と琉球民族を「先住民族」と認定した。二〇一三年に国会は、アイヌ民族を「先住民族」と認めた。国連は、国家からの分離・独立は認めないが、「自治権」を認めるとしている。アイヌ民族は、北方四島を含めた自治権を「アイヌ協会」を通じて要求している。

沖縄で、石垣島出身の松島泰勝龍谷大学教授は、グアム島の「チャムロ族」と連携して、国連の植民地特別委員会に入り、国連の指導で、信託統治から独立を勝ち取るべく、共和制の憲法草案を発表している。川満信一元沖縄タイムス記者や仲里効らは基地撤去・非戦の独立した共和社会を目指して「琉球共和社会憲法C案」を発表している。「琉球共和社会憲法の潜勢力」（未来社刊）、天皇制無き人民主権の「共和政」志向の私擬憲法運動の与論化の運動である。

日本では自由民権運動の中で、人民の革命権を認める植木枝盛の「東洋大日本国国憲按」や五日市憲法（世襲の上帝としての天皇制を認めている）など私擬憲法が輩出した。

戦後日本国憲法に鈴木安蔵や森戸辰男らの「憲法研究会」の提案が入れられている。

小田実さんらの市民の意見３０の東京や関西での経験がある。

日本は立憲君主国といわれている天皇皇族、国民という身分制がある。身分とは生まれついた「血統」による権利の有無が左右されるものである。「秋篠宮眞子さま」が民間人と結婚すると「眞子さん」と敬語で呼ばれなくなる。本来民主主義は人間平等であるべきものである。民主主義はギリシア語で「デモス・クラチア」という。人民による統治である。

中江兆民は「民主の主の字を解剖すれば、王の頭に釘を打つ」と喝破している。

リンカーンの言うように「人民の　人民による　人民のための政治」の実現のための共和制の論議を始めるべきである（この項、前掲記念講演より）。

Ⅲ部　部落史こぼれ話

部落史こぼれ話

第一話　けじめと身分制度

『広辞苑』（岩波書店）で「けじめ」を引くと「差別」の漢字が当てられ、区別、わかち、わけめと共に卑しむ、疎外の意味が書かれています。

「けじめをくう」とは卑しまれる、軽蔑される、人に疎外される（＝のけ者にされる、排除される）の意味であると述べられています。

元結（髪の毛をくくるひも）の身分制

殿様……絹
侍……木綿
町人……紙こより（水引）
農民……わら
えた……わら　腰ひももわら
非人……わら　髪は束ねるだけ

「けじめ」はなぜ「差別」と書き、卑しむ意味を持つのでしょうか。

故原田伴彦（大阪市大教授）は、「関ケ原合戦前後」で髪締め（元結《もとゆい》）の身分制度による違いを述べ、江戸末の世間見聞録にも、この頃百姓共が傲慢になって決められた元結いをしていないと非難しています。

髪の毛をくくる（毛締め）に上のような身分差別がありました。

いまでも相撲の力士はチョンマゲをくくるのに町人身分の毛締めを引き継いで、紙の水引を用いています。

「けじめをつける」とは、「木綿で毛を結ぶ武士の子なのに、わらで毛を

結ぶ百姓の子のような行いをしてはいけません」というように、「身分にふさわしい行いをせよ」という意味になります。

ここから「きちんとすること」を「けじめをつける」ということになったと考えられます。

また「けじめ」は、「褻《け》を締め出す」すなわち日常性を締め出し「晴」の状態にすること、日常生活のごたごたをなくすことを意味するのだと言う説もあります。

第二話　ぞうりかくしの歌と長吏坊

ぞうりかくしの歌の部落差別性

一九七二年兵庫県明石で開かれた兵庫県教育委員会主催の「わらべうた大会」の課題曲が、部落差別を助長するものとして削除されました。その課題曲は「ぞうりかくし」の歌でした。

「ぞうりかくしの歌」は「げたかくしの歌」とも言われ、江戸時代から各地で子供の遊び歌として唄われていました。ぞうり・下駄や靴の片方を並べ、みんなで歌をはやし立て、ひとつひとつ「ぞうり」等を押さえていき、最後の歌い終わったときの「ぞうり」持ち主が鬼となり、目をつむっている間に物陰に自分らのぞうりを隠すという遊び方が一般的で、最近まで広く行われていました。

ぞうりかくしの
きゅうねんぼう
はしのしたの　ねずみが
ぞうりをくわえて
チュッチュクチュ
チュッチュク饅頭は
だれがくった
だれもくわない　わしがくた
表のかんばん三味線屋
うらからまわって三軒目

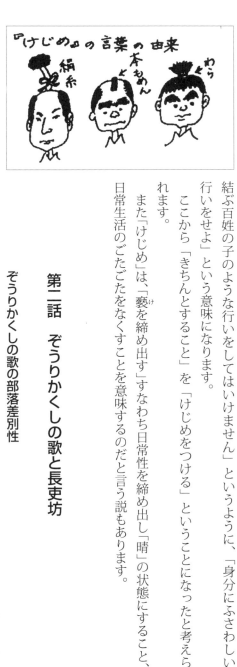

「ぞうりかくし　きゅうねんぼう」は、関西では「げたかくし　ちゅうれんぼう」という場合が多いのです。「きゅうねんぼう」は「ちゅうれんぼう」で「長吏坊」のことであり、「長吏」とは関東地方では「えた部落」を指します。つまり、この歌は「草履（または下駄）を隠した部落の者は、橋の下でネズミのようにぞうりをくわえてチュッチュクと逃げ回っている。チュッチュク饅頭は誰が喰ったのかと聞くと、誰も喰わない、ワシが喰ったと居直って、表の看板は三味線屋だが裏から回って三軒目に入ったぞ、（用心しいや、部落の者は泥棒かもしれんからな）」という意味になり、許しがたい部落差別の歌といえるのです。

全同教初代事務局長の証言

盛田嘉徳大阪教育大教授は「ぞうりかくしの歌」（部落問題調査研究会「調査と研究」第三・四合併号　一九六四年六月『盛田嘉徳部落問題選集』に所収）の中で「子どもたちが草履をかかえてこそこそかくし合っている自分たちの姿から、貧しい雪駄直しの姿を連想し、差別と圧迫に苦しめられて世をはばかり、人を恐れるみじめな様をネズミに見立ててあざけり笑った差別的な意味の歌である」（二二九頁）とし、「ちゅうれんぼう＝長吏坊」の考察に紙数を費やしておられます。また「全国同和教育研究協議会の初代事務局長をされた中村吉治氏（京都市立初音中学校長）から承った話」として、「氏の少年時代（明治三〇年代）奥丹後地方でも草履かくしの遊戯が行われていたが、その時例の草履かくしの歌を歌って鬼を決めると、鬼に決まった子がすぐに定められた数を口早に唱えだし、他の子は一斉に草履を隠すために走り出す。その一斉に駆け出すときの声が確かに『エッタ』と叫んでいたということである。」と紹介されています。

「チュッチュクねずみと誰がいうた」が原型か?

「ぞうりかくし歌」は地方によって表現が変わっています。大阪では草履は「じょうり」です。「徳島県板野郡松島辺では……(中略)……『草履隠しくねんぼ、まないたの上に、麦や米やつんどいて、よりつくよりつく、よって行く行く』と歌い」(岩波文庫『わらべうた』二五〇頁)とあります。

愛知県の知多半島では、チュックチュク饅頭を「チュックチュクねずみと誰がいうた」「誰も言わない、わしがいうた」と歌っていて、これが古い形であろうと盛田嘉徳教授は述べています。また神戸市では、「ピンピン、ピンピン　三味線屋」と歌っているとも紹介されています。

しかし共通しているのは「くうねんぼう=長吏坊」という一節であり、部落蔑視の歌の性格は共通しているようです。

司馬遼太郎の「ちょうりんぼう」記述の自己批判

「長吏」について、司馬遼太郎は『竜馬がゆく』の中での「ちょうりんぼう(馬鹿め)!」の表現について、一九八三年一二月、部落解放同盟京都府連が確認会を持ち、「今後印刷される『竜馬がゆく』では該当部分を削除・訂正するよう処置をとった」と語ったといいます。

司馬さんは「作品を書くときは、主人公の方言に習熟してから書く癖があり、この時も古い土佐弁を学ぶため現地で取材ノートを作った。その中にこの言葉があった。そのときは単にののしりの言葉と思い使った」と新聞紙上で述べています。また「本来日本語を考え続けているつもりでいながら、長吏とちょうりんぼうとがつながっていることに気づかなかったことは、限りなく恥ずかしい」「私自身、原意味を知らなかったということは自分に対して許し難いし、さらには人間の尊厳に対するはなはだしい甘さというべきである」と述べ、「私は……人間という神聖な

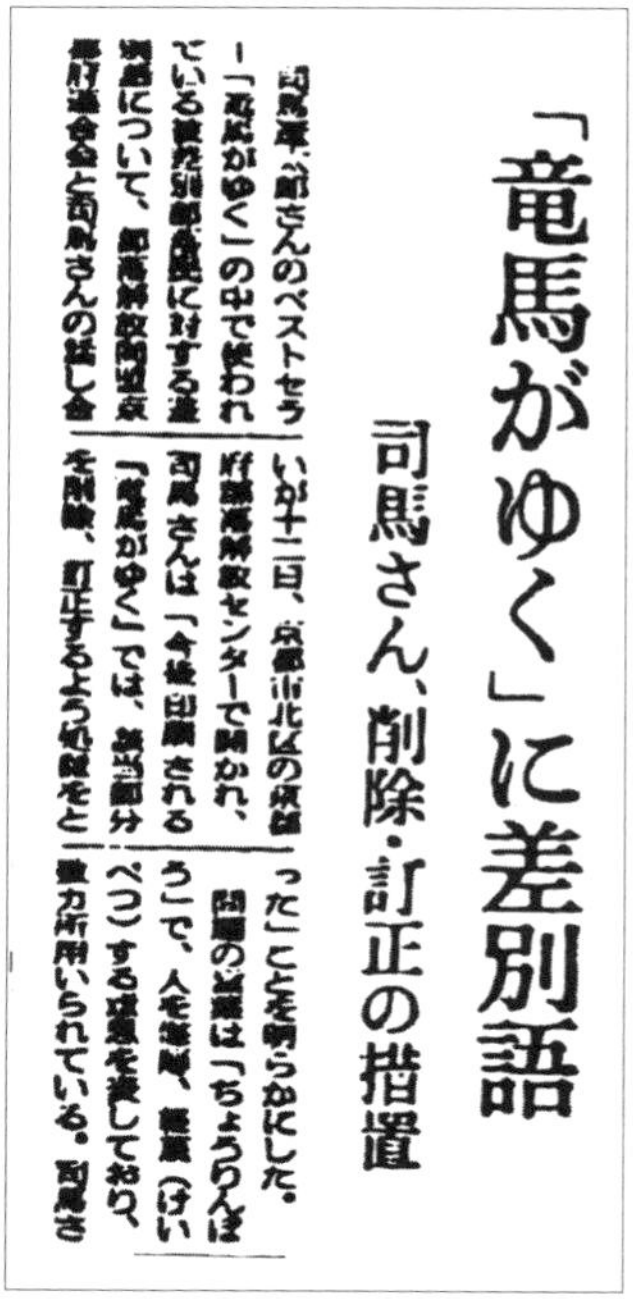
「竜馬がゆく」に差別語
司馬さん、削除・訂正の措置

司馬遼太郎さんのベストセラー「竜馬がゆく」の中で使われている被差別部落民に対する差別語について、部落解放同盟京都府連合会と司馬さんの話し合いが十二日、京都市北区の京都府部落解放センターで開かれ、司馬さんは「今後出版される「竜馬がゆく」では、該当部分を削除、訂正するよう処置をとった」ことを明らかにした。問題の言葉は「ちょうりんぼう」で、人を侮蔑、軽蔑（けいべつ）する意味を表しており、数カ所用いられている。司馬さ

存在に対して陳謝する」と自己批判しました。

事の発端は、一九八三年九月「京都新聞」に「伏見区の酒造メーカー数社が宣伝の一つとして募集した『銘柄クイズ』で『竜馬がゆく』の伏見寺田屋の場面を参考に創作した文章が使われ、その中に『ちょうりんぼう（馬鹿め）』との表現があった」と新聞は報じています。が、広告会社は作者に無断で使用していたのでした。

「ちゅうれんぼう　ちょうりんぼう　くうねんぼう」など部落への賤称語はまだ「生きている」のであり、死語になっていない厳しい差別の現実がある証拠であるといえます。

部落差別は「わらべうた」という優しい形で広まり、被差別者を傷つけていくことにも注目して、点検することが必要です。

第三話　「かごめ」は遊女の逃亡を非難する歌かも？

かぁごめ　かごめ
かぁごの中の鳥は
いついつ出やぁる
夜明けの晩に
鶴と亀がすべった
後ろの正面だぁれ

「かごめ」はカゴメソースの町から広まった

「かごめ、かごめ」の歌は、現在の千葉県野田市から広まった歌です。かごめは篭《かご》の目、すなわち「鶏を飼うためにかぶせておく竹かご」の目のことですが、なぜ「め」がつくのでしょうか。

清水公園内の像

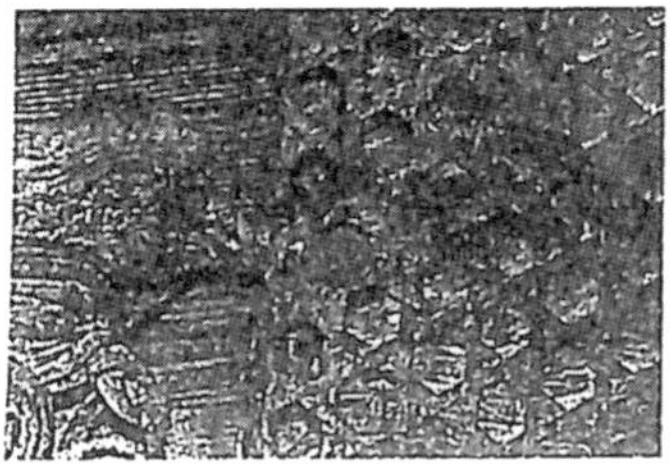

愛宕神社の欄間風彫刻

雲にのった衣冠束帯の貴族

岩波文庫の「わらべうた」(二四二頁)によると、もとの意味は「身を屈《かが》めよ」だったが、後に鴎《かもめ》の意味にとって「篭の中の鳥は」と続けたのではないかと推察しています。

千葉県野田市内の清水公園には、かごめの歌で遊んでいる幼児の石造りの一対の像が歓迎ゲートのように設置されています。台座にはかごめの歌の歌詞が刻まれています。

また市内の愛宕神社には「かごめ・かごめの歌」にまつわる江戸時代の欄間風彫刻が残されています。愛宕神社は、九二三（建長元）年に創建された火災除けと安産の神として信仰され、焼失後一八二四（文久七）年再建されたと伝えられています。再建の時、石原常八によって彫られた欄間風彫刻が、本殿裏の左下の台座近くにあります。

右下の竹籠の中の鳥を「早く出ておいで」というばかりに、外から一羽の鶏がカゴメ模様の竹籠をつついて破っている図柄があります。中央に尾長鶏をかきだいて涙を流し号泣する女性が描かれています。尾長鶏は遊女として売られる娘で、号泣しているのは、母親でしょう。竹籠の上には雲にのった男の人が、「待て待て」といわんばかりに両手をひろげて、駆け寄る様が彫られています。現地ではヤマトタケルノミコトだといわれています。

野田は一六六一年から醤油製造の町として栄え、今も

「キッコーマン」醤油の町として知られています。江戸時代、多くの男たちが働き、近くの関宿等の色街に通ったりして「カゴメ・カゴメの歌」を持ち帰り、伝えたのだと考えられています。

カゴメは囲女で遊女

「かごめ・かごめの歌」が遊女を歌ったものだという記述は、江戸時代の一七七九（安永八）年刊行の、市場通笑と鳥居清長による黄表紙（本）に書かれています。

「かごめ・かごめ籠の中の鳥」と題して、「籠の中の鳥とは、遊郭に入った女人を示し、『いついつである』とは、すなわち年季明けはいつなのかを心配することを歌ったもの」とあります。これは、関裕二『「かごめの歌」に秘められた卑弥呼』（フットワーク社　五四頁）に紹介されている一文です。

このように「かごめ」は「囲女・かごいめ＝遊女」のことだと言われています。彼女たちは家が貧乏なため、普通、一〇年の年季奉公分の給料を前借りして親に渡し、自分は色街で身を売る遊女になって組関係者に囲われ、監視されていました。「かごめ、かごめ＝囲い女《かごめ》、囲い女、遊女さんよ、いつこの苦しい色街から出ることができるのだろうか。夜が更けてしーんと静まり返るのは夜明けだけれど、鶴と亀＝結婚、駆け落ちしようとしたがすべった、すなわち失敗した。そんなへまをしたのはだあれ？」という意味に解釈できるのです。つまり、一〇年の年季奉公を終えても、利息があるとか理屈をつけて色街に縛り付けておこうとする現実から、「にげる」という形で自由の身になろうとしたことに対して、「そんなことをしても無駄なこっちゃ」と非難する組関係者の立場から歌ったものともいえます。

かぁごめ　かごめ
かぁごの中の鳥は
いついつ出やぁる
夜明けの晩に
鶴と亀がすべった
後ろの正面だぁれ

遊女は非人とされた

江戸時代、遊女は一代限りですから賤民の中でも「非人」身分とされていました。非人は無宿者、島帰り、遊女、心中の生き残りなどが身分を貶《おと》されてつくられたものだったのです。

はじめは遊女は穢多身分とされ、穢多頭弾左衛門《えたがしらだんざえもん》は吉原の遊郭から年に六〇〇〇両（現在の約四億八千万円）の金をピンハネする権利を持っていました。穢多身分は親代々続くのですが、遊女は子供を産んではならないことになっていたので一代限りとなっていました。一代限りの賤民は非人です。非人頭の車善七《くるまぜんしち》はそこに目をつけ、弾左衛門にピンハネの権利を要求し乱闘となりましたが、二回目の乱闘後、幕府は遊女を非人とみなし、車善七にピンハネの権利を与えたのでした。

第四話　ヤブ医者と解体新書

部落出身の医者をヤブ医者といった

「ヤブ医者」とは腕の悪い、病気治療の下手な医者のことをいいますね。では、なぜ「藪医者」と、竹藪のヤブ（藪）が使われているのでしょうか。

室町時代は「野巫」（ヤブ）と言われ、「祈祷で病気を治します」と地方周りをしていた田舎の祈祷師のことを意味しました。これがヤブ医者のマイナスイメージの始まりです。

本田豊氏は、『部落史を歩く』（亜紀書房　一七七頁）の中で「加賀における籐内《とうない》の職業としては、専門的知識を必要とした医者や産婆が少なからず存在していた。藩内の各地に散在して「藪」の中に住んでいたことから、「ヤブ医者」の言葉が出たと言われている。」と述べています。

加賀藩では、非人は「籐内《とうない》」と呼ばれ、彼らは牢番・処刑・死体のかたづけ・目明かしなどをさせられ、穢多身分を支配する立場にありました。穢多身分は死牛馬の処理や皮づくりをさせられていました。

一向一揆の加賀では、特に籐内によるスパイのネットワークが強化されたといえます。また、籐内の役割である「はりつけ」などの刑吏は無料奉仕だったので、食べていくためにはほかの仕事が必要でした。売薬行商や医療活動もそのひとつでした。

万病の薬「牛黄《ごおう》」で治療

牛を解体すると、一〇頭に一頭くらいの割合で「牛黄」と呼ぶピンポン球くらいの「かたまり」が出てきます。万病に効く妙薬とされていますが、実は胆石で、消化を助ける胃腸薬なのです。これを一サジかいて病人に与え回復力をつけさせたので、貧乏人からは有り難がられたわけです。「牛黄」は、薬の道修町を歩いた赤井英和のTV「なにわ友あれ」の中で一グラム八〇〇〇円と報じられていましたが、ピンポン球くらいのは五〇グラムはありますから、四〇万円もする高貴薬だといえます。

竹藪を家の周りに植えさせられた

この籐内医者の住居は外見上見苦しいので、「下にい〜、下にい〜」の大名行列の殿様たちに見せられないと、成長の早い竹を植えて目隠しをしたことから、その竹ヤブ（藪）の中から出てくるドサ回りの医者として「藪医者」という表現が生まれたと考えられます。藪医者の、「医術の下手な医者」というマイナスイメージには部落差別が重なっているわけです。しかしニセ医者だったわけではありません。江戸時代は今のように医師資格のための国家試験はなかったのですから。

日本初の解剖学を支えた部落の人々

医学知識を持った賤民をマイナスイメージで捉えるのは間違っています。日本近代医学に画期的な貢献をしたオランダの医学解剖書「ターヘル・アナトミア」を訳し、『解体新書』として刊行する直接の動機となったのは、刑吏としての行刑役をさせられていた「えた」身分の者の正確な体の内部構造に関する知識だったのです。

一七七一年（明和八）年三月四日、杉田玄白や前野良沢らは、千住骨ヶ原の刑場で刑死した老婆の腑分《ふわ》け（解剖）を見ることになりました。杉田玄白の『蘭学事始』には、執刀の予定のえたの虎松が急に病気になったので、祖父の九〇歳の老屠が腑分けをしたことが書かれています。

> 一、これより各々《おのおの》打連《うちつれ》立ちて骨ヶ原の設け置きし観臓の場へ至れり。さて、腑分《ふわけ》のことは、えたの虎松《とらまつ》といへるもの、このことに巧者《こうしゃ》のよしにて、かねて約し置きしよし。この日もその者に刀を下さすべしと定めたるに、その日、その者俄かに病気のよしにて、その祖父なりといふ老屠《ろうと》、齢《よわい》九十歳なりといへる者、代りとして出でたり。健《すこや》かなる老者《ろうしゃ》なりき。彼奴は、若きより腑分は度々手にかけ、数人を解きたりと語りぬ。その日より前迄の腑分といへるは、えたに任《まか》せ、彼が某所をさして肺なりと教へ、これは肝《かん》なり、腎《じん》なりと切り分け示せりとなり。

玄白達は「観臓《かんぞう》」することで「ターヘル・アナトミア」の解剖図の正確さを知って感激し、家路につく途中で明日より翻訳に取りかかる決意をこもごも語り合い、苦労の末三年後の一七七四（安永三）年に『解体新書』を刊行したのでした。

なぜ医者は自ら解剖しなかったのか

当時は陰陽思想により男と女の体の構造は正反対で、女の心臓は右にあると考えられていたのです。医者自らが解剖しなかったからわからなかったのです。

杉田玄白らの「観臓」の一七年前の一七五四（宝暦四）年、我が国で初めての解剖が行われました。天皇家に使えていた医師・山脇東洋は門人の小杉玄適ら三人の藩主である小浜藩の酒井忠用《ただもち》が一七五二年に京都所司代になったのを機会に、解剖を願い出て許可されたのです。一七五四年二月五日京都の西土手仕置き場で処刑された屈嘉という男の死体を六角獄舎に運び、死牛馬の処理で刀さばきの上手な「えた」身分の者に解剖させ、山脇東洋ら門人はそれを観察（観臓）しました。気管から肺に息を吹き込むと肺は大きく膨らみました。左右の肺の間から心臓が現れたとき、生命の源を見た感動で一同どよめき、「心臓は開花しようとする蓮のつぼみのようだ」と後に書き記されています。その結果を『蔵志』という解剖の本にまとめました。

部落のマイナスイメージをプラスイメージに転換─部落問題を組み込んだ視野に医学の発達史を

なぜ山脇東洋も杉田玄白も自ら執刀して解剖しなかったのでしょう。部落出身の作家・川元祥一さんは、『蘭学事始』に「その日より前までの腑分けといえるのは、えたにまかせ」とあることから、蘭学者でも「穢《けが》れ」の観念があったからだと述べています。（『被差別部落の生活と文化史』より）

その影響からでしょうか。あの骨ケ原（小塚原回向院）の観臓記念碑（一九二二年）には、「此地ニテ刑屍ノ観臓セラルルヲ見テ……（中略）……我国西洋医学ノ濫觴《らんしょう》（＝始まり）ナル」とあるだけで、部落の人の功績については書かれていませんでした。

最新の一九五九年（一九〇二年に移転）の日本医史学会・日本医学会・日本医師会らの「蘭学の泉はここに」（東京築地聖路加国際病院前ロータリー内）には「千住骨ヶ原で解体を見たとき」と記すだけで、「執刀せず見るだけ」に対する疑問や部落の人々の尽力についてはやはり書かれていません。

NHK第二放送で一九九七年四月から始まった「蘭学事始とその時代」（講師・片桐一男青山学院大学教授）のテキスト一一三頁には「執刀に当たる虎松が急に病気のため、その祖父の九十歳になる老人が代わりに刀を執ることになっていた」「定められた執刀者が取り出し」とあり、部落問題に触れていません。また、小川鼎三著『解体新書』（中公新書）の九頁には、「腑分けの執刀者は九十歳の健やかな老人で賤しい身分の者であり」と書かれ、「観臓」については一五頁に「当時の解剖では普通医者は執刀せず、賤しい身分の者がやるのを医者は傍観するのであった」とあり、「賤しい身分」とし「えたの虎松」の原文の記述の再録をさけています。

部落問題をきっちりと組み入れて日本の医学史を語ることが、部落へのマイナスイメージをプラスに変えていく力になるのだという自覚が大切なのだと思います。

第五話　俳句に見る部落問題（奥の細道）

うき世の外の　春富みて　翁

刀狩する甲斐の一乱　曽良

芭蕉（一六四四〜一六九四）は曽良と共に一六八九（元禄二）年「弥生も末の七日」即ち三月二七日（陽暦五月一六日）江戸を出発し、五月二四日（陽暦七月一〇日）に最上川川畔の大石田の高野平右衛門亭で開かれた句会での作です。

生命輝く春は万人に来る

句会は五・七・五と詠み七・七を受けて「連句」としてまとめられるのです。翁(芭蕉)の句は、「世間からさげすまれ、付き合いを拒否されてのけ者にされている穢多村にも、春は平等にやってきて、花木も命輝いている」との意味はすぐに読み取れます。

阿部喜三男著久富哲雄補『詳考奥の細道』増訂版（日栄社　一九七九年）では富むは花などで富むとするが、生活の豊富をいうのであろう」との解釈も行っています。「穢多村が富む」ということと「刀狩の甲斐の一乱」とはどんな関係があるのでしょうか。

刀狩する甲斐の一乱とは

同書は甲斐の一乱を反逆、反乱と解釈して木曽の義仲の子孫の「木曽義昌が勝頼にそむいて織田信長についたこと」と述べています。一五八二（天正一〇）年一月のことです。一〇〇年以上後の江戸時代に人々の共通の記憶として句会で納得されていく事実としてはインパクトが弱い。刀狩との関係も不明であるといえます。

甲斐の一乱は長篠の戦い

甲斐の一乱は、武田家の戦乱のことで、人々に知られているのは、一五七五（天正三）年の「長篠の戦い」であると考えられます。

織田、徳川連合の鉄砲隊の連続射撃により、武田方の将兵一万余が泥土の中に屍《しかばね》をさらしたのが、「長篠の戦い」の設楽原《しだらがはら》の合戦でした。

刀を狩り集める清目《きよめ》集団

名和弓雄著『長篠・設楽原合戦の真実』（雄山閣　一九九八年）には、合戦場には死体と共に鉄砲、槍、刀、弓矢などの武器が放置されているが、農民を使って後片付けさすと武器を隠し持って、一揆の武器になる危険がある。そのため、戦死体がまとっている甲冑具足を回収、再生し、土中の鉛製銃弾を掘り出し、鋳直して商品化し、鉄砲も換金する。屍体は埋め、焼き捨てるか、水葬礼にする勝利者と契約した「戦場の掃除屋」の「下請集団」が存在したと述べてます。（同書二三二頁～二三三頁）

この集団こそ「清目《きよめ》」で、後の穢多身分とされた人々です。

死者の清めによる再生と春の息吹き

刀狩は豊臣秀吉の刀狩のように一揆防止のための刀剣類の没収という一般的な解釈でなく「刀狩り」即ち「刀集め」と理解すると「戦場で打ち捨てられた刀や鎧を集め、再生し、金銭に替え、屍体の埋葬を請け負って財を成したのは穢多身分の人々だった」という解釈が生まれます。「富みて」は「財を成す」という解釈ではなく「春の生き物の生命の躍動」と考えるべきだと思います。「冬の死のような世界から春になってすべての生物が生命が再生して輝くように、長篠の戦いで死体の葬送と武士の魂といわれる死者の打ち捨てた刀剣類を狩り集め、再生し、命を再び与えたような大切な仕事をしているのに、世間から差別されてひっそり暮らしていることよ」との意味にとるべきだと考えます。

それは「旅を栖《すみか》と」し「友人も多く旅に死せるあり」と記した、「奥の細道」の死生観に相通ずるものがあるからです。

第六話　靖国神社と被差別部落

幕末の長州藩では、高杉晋作が正規兵ではない庶民中心の「奇兵隊」をつくり、藩内の佐幕派へのクーデターと幕府の長州攻撃への戦いの主力としました。

「奇兵隊の義は、有志之者相集まり候儀に付、陪臣《ばいしん》、雑卒、藩士を選ばず」として、坊主の金剛隊や神主の神威隊などが出来ましたが、隊の中には差別があり、袖印《そでじるし》は士分は絹、庶民は晒布《さらし》でありました。

被差別部落に関しては、吉田稔麿の「屠勇取立《とゆうとりたて》」の建策によって、「一村百人に五人を選び、穢多之名目被差除《えたのめいもくさしのぞかれ》」て「平常一刀并胴腹を茂可被差免候《へいじょういっとうならびにどうふくをもさしゆるされそうろう》」と腹当ての具足をつけることを許しました。しかし、刀は一本で武士のように大小二本の刀を差せなかったのです。それは「やくざ」の一本差しと同じでした。（胴腹：戦場での羽織）

被差別部落民による奇兵隊は、「維新団」一七〇名や「一新組」「茶筅《ちゃせん》隊」などができ、倒幕の戦闘力となったのです。

高杉晋作は、「見渡せば穢多も乞食もなかりけり吉田の里の秋の夕暮」と詠っておりながら、桜山に戦死した奇兵隊士を祀る時、「門閥の習弊《しゅうへい》を矯《あらた》め、暫《しばら》く穢多の者を除之外《のぞくのほか》、士庶を不問」として、穢多身分だった者を排除したのです。

長州藩大村益次郎は、長州藩や水戸藩など全国の一〇五の官軍の戦死者を祀った招魂社を司ねる東京招魂社を、一八六九（明治二）年に東京につくりましたが、その時も「但屠卒《ただしとそつ》はこの限りではない」として、やはり被差別部落民を排除したのです。

倒幕の戦争が終わると長州藩は不必要となった奇兵隊を持て余した。二千人を常備軍として、天皇の「御親兵」としましたが、その選抜する時は功績よりも身分を重んじ、農家の次男三男ははずされて、一八六九（明治二）年一〇月解散させられました。

この解散に反対した奇兵隊員は一二月に「脱隊事件」といわれる反乱を起こし、百姓一揆と結びついて各地でうちこわしを行いました。

木戸孝允《きどたかよし》（旧名桂小五郎）は常備軍を使ってこれを鎮圧し、首謀者百数十人を処刑したのです。「一将功成って万骨枯れる」状況になったのです。

西南戦争の後、一八七九（明治一二）年に、東京招魂社は、靖国神社に改称されましたが、賊軍となった西郷隆盛らは祀られてず、皇族北白川宮能久《きたしらかわのみやよしひさ》と蒙彊神社に祀られていた北白川宮永久を各々一座とし、魂をのり移らせる鏡を一つずつにしましたが、庶民の兵士二四六万余りの人々はひっくるめて一座にしているのです。皇族だけは特別扱いしている差別の神社なのです。

第七話　原爆の図に描かれた部落差別と民族差別――「高張提灯《ちょうちん》」と「カラス」

被差別部落の被爆率二・五倍

広島市福島町は被差別部落です。爆心地から一・七キロメートルから二・五キロメートルはなれ、

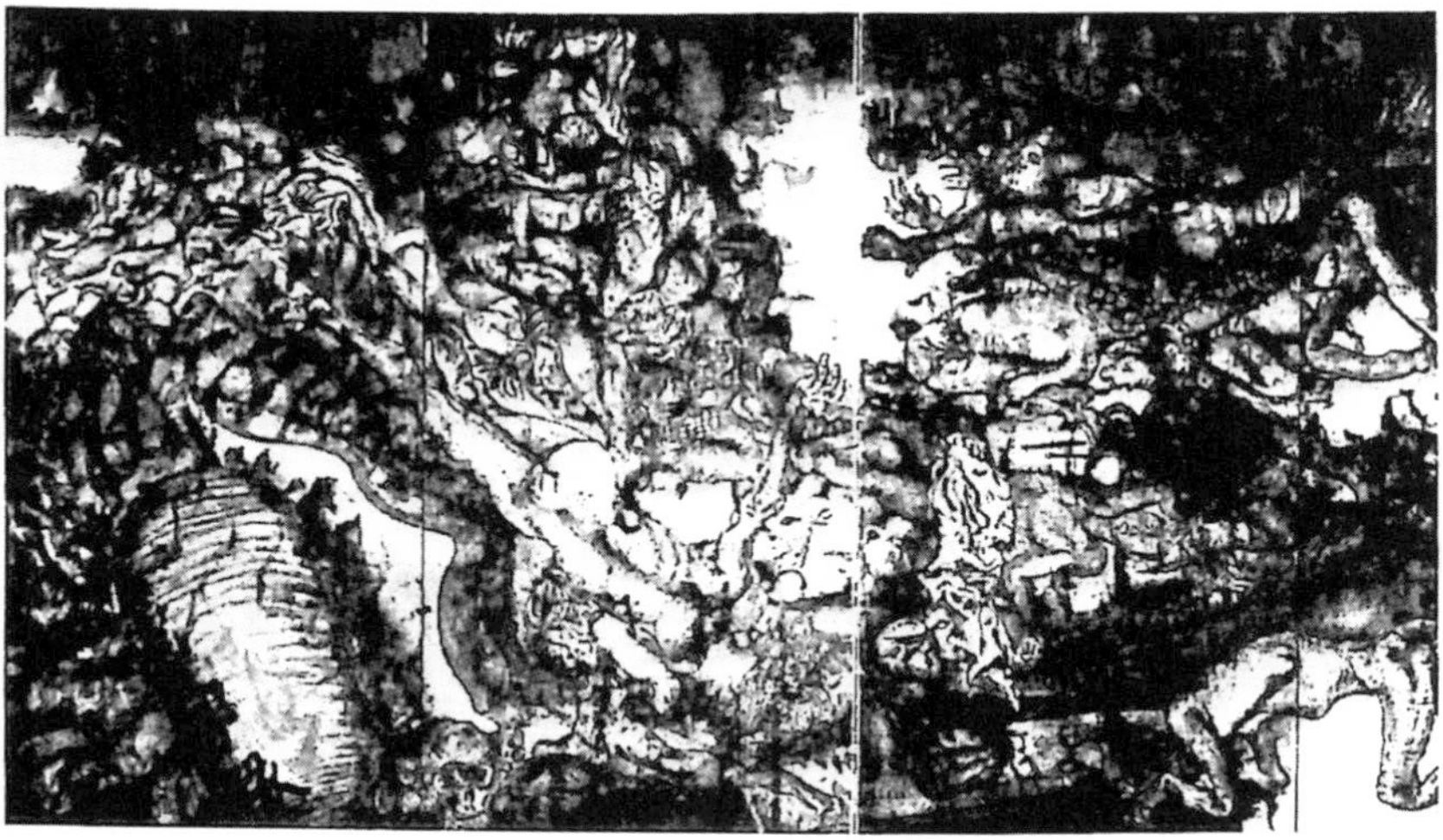

高張提灯（大阪人権博物館所蔵）

己斐川のほとりにあります。

被爆死亡率が爆心地から二・五キロメートルは一三・四パーセントなのに福島町はその約二・五倍の三三・三パーセントと高いのです。（六千人中二千人死亡）

それは軍隊によって避難することを阻まれ、残留放射能を含んだ「黒い雨」をあびたからです。

「ピカドンも部落民と朝鮮人か放火とのデマ」

「被爆後広島市内や周辺部で次のようなうわさがひろまった。『広島の西端の己斐町周辺に群居する部落民と朝鮮人が、閃光を合図に一斉に全市に放火した』というのです。」「福島町のはずれにある屠畜場前の広場に約一個中隊がテントを張っていた」のです。

軍隊による包囲の中の黒い雨

被爆後三日目に広島に入った丸木位里さんは「原爆でけがをしても歩けるものたちは郊外へ郊外へのがれて行ったのです。けれど福島町では『そこ動くな』と日本軍が高張ちょうちんを立てて見張りをしたのです。混乱に乗じて何をするかわからぬ、というのです。部隊の名は暁部隊だということです。」と述べ、「高張提灯」と題する絵を描き、原爆下の部落差別を告発しました。

【正誤表】

242頁　第三話小見出し「かごめ」はカゴメソースの町↓キッコーマン醤油

254頁　最終行　原爆下の部落差別を告発しま~~しま~~した。↓トル

255頁　以下が脱落　←

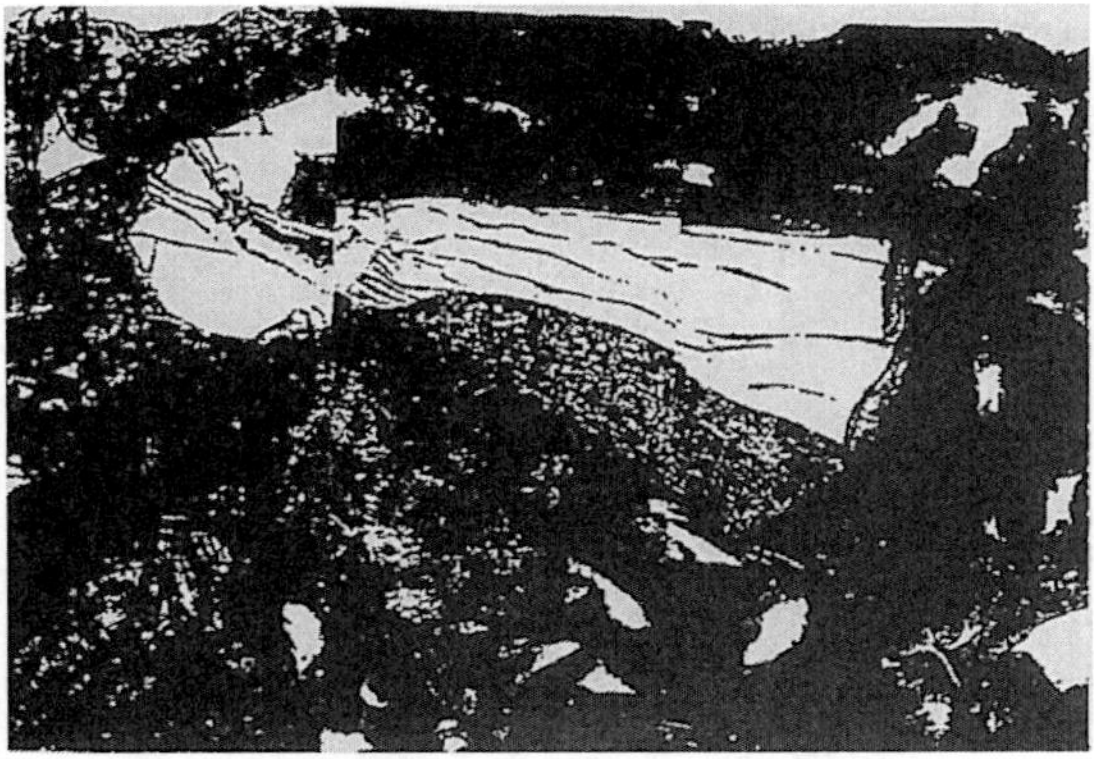

からす（「原爆の図」丸木美術館所蔵）

カラスが朝鮮人遺体の目玉をつつく

長崎では三菱造船に強制連行された朝鮮人約五〇〇〇人が集団被爆しました。

「原爆のおっちゃけたあと一番最後まで死骸が残ったのは朝鮮人だったとよ。（中略）それで一番最後まで残った朝鮮人たちの死骸のあたまの目ン玉ばカラスがきて食うとよ。どこどこから来たカラスじゃったろうがうんと来とった。カラスが目ン玉食いよる。」（石牟田道子菊とナガサキ「朝日ジャーナル」一九六八年八月一一日号）このありさまを丸木伊里さんらは「からす」と題して「原爆の図」として書きました。

原子雲の下にも部落差別、民族差別が存在したのです。

第八話　教科書無償化を勝ち取った部落の子ども達

今、小・中学校の教科書は無償（無料）で教育委員会より配布されています。しかし、行政の主体性で行われるようになったのではありません。そこには、憲法二六条の「義務教育は無償とする」という憲法の原理を実現させた矢田の部落の子ども達を含む子ども会の闘いがあったのです。教科書を無償にさせた部落の子ども達の闘いの歴史を振り返ってみます。

一九五八年勤務評定反対の闘いの中で

京都の田中部落の子ども達は府議事堂にのりこみ、教育長に「差別していないというのなら身元保証人になって就職を保障せよ」「教科書をタダにせよ」など要求しました。

矢田・日の出・加島・西成の四支部で闘争委員会をつくり、子ども達は田中部落と交流会を持ち、「不就学・長欠児をなくす対策をたてよ」「給食費を免除せよ」「教科書・学用品を無料支給せよ」など十項目の要求をまとめました。

第二六条「教育を受ける権利、教育の義務、義務教育の無償」すべて国民は、法律の定めるところにより、その能力に応じて、ひとしく教育を受ける権利を有する。

②すべて国民は、法律の定めるところにより、その保護する子女に普通教育を受けさせる義務を負ふ。義務教育は、これを無償とする。

一九五九年矢田など250人の子どもの市教委交渉

一九五九年九月、矢田・日の出・加島・西成の二五〇人の子ども達が大阪市教育委員会と交渉を持ちました。「学校での差別をやめてください」「みんな楽しく勉強できるように本や給食費・学用品を支給して下さい」と声をふりしぼって訴えました。

だが、交渉はなかなかうまくいきません。そこで「たくさんの要求を今すぐ返事できないのなら、当面させせまっている新しい教科書だけでも支給せよ」と迫りました。一一月に教科書の無償を勝ち取りました。矢田では小学校一五三人分、中学校四三人分でした。

教育闘争の歌
一、おいらは学校へ行きたいが
給食代が待っている
もしもはらわずにいるならば
先生やみんなの目が光る
二、うちの父ちゃんは靴なおし
うちの母ちゃん日雇いで
だからおいらはいつまでも
差別と貧乏で日をおくる
三、これじゃいけないと
おれたちは
みんなで話して考えた
みんなが団結したならば
差別や貧乏はこわくない

一九六二年高知市長交渉へ闘いの炎は引き継ぐ

教科書を無償にする闘いは、一九六一年高知の長浜の闘いに受け継がれました。長浜は八〇〇戸三千人の貧しい漁村です。三月七日、「長浜地区小中学校教科書をタダにする会」を結成し、二千人の子どものうち千五百人以上の署名を集め、「タダで配るまで買わずにがんばる」運動が部落外の子どもや親も入れて行われました。大衆団交で「教科書を販売し、買わない者には無償配布する」との市教委の約束をとりつけました。教科書を二千人中千六百人が買いませんでした。市教委は約束を破り、二割まで無償配布すると居直りました。しかも教師に「教科書を使って授業をせよ」と命令を出しました。高知市の教師たちはプリントを刷って授業を一カ月間続け、五月に教科書配布の予算をつくらせることに成功しました。

一九六四年全国の小中学生に教科書無償配布実現へ

こうした闘いは、一九六二年奈良柏原北方（西光万吉さんの生まれた村）や橿原市でも部落解放同盟中心に闘われました。その成果の上に、一九六三年一二月教科書無償措置法を可決させ、一九六四年四月より全国の小中学生にタダで教科書が配られるようになったのです。部落の闘い

教育についての私たちの要求

1、不就学、長欠児童をなくする対策をたてよ
2、給食費を免除せよ
3、教科書、学用品を無料支給せよ
4、先生の定員をふやせ
5、就職指導主事をおけ
6、部落の青少年を近代産業に就職させよ
7、補習授業を行え
8、旅行、遠足の費用を補助または支給せよ
9、部落の文盲《ママ》をなくしよう
10、プールを作れ

昭和三十四年八月二十九日
部落解放同盟　大阪府連合会

国際人権規約
経済的、社会的及び
文化的権利に関する国際規約
(a)　初等教育は、義務的なものとし、すべての者に対して無償のものとすること。
(b)　種々の形態の中等教育（技術的及び職業的中等教育を含む。）は、無償教育の斬新的導入……

は、部落のみの利益のための闘いではなく、日本に憲法の精神を実現していく民主主義の普遍的な価値のある闘いであり、それを子どもたちが支えているのだということをしっかり学び取ろうではありませんか。

二つの荊冠旗の意味するもの—部落の内と外が協力して差別をなくす

全国水平社の旗は、どす黒い差別を黒地にし、闘いの荊冠を赤色で表しているが、部落解放同盟の旗は荊冠の部分は四分の一で、四分の三は労働者・農民を表す赤色とし、共同闘争を表している。

なぜ、貧乏なのか。なぜ給食のタダ食いと言われるのか。なぜ教師はプラカードをかけさせ、差別したのか。

差別に立ち向かう子どもたちも、大人たちも運動の中で自己変革し成長している。

部落解放運動は、部落の利益だけでなく、憲法二六条の義務教育無償の原則の実現のように、普遍的価値、民衆の利益を守り、人権を確立する運動である。そのためには、部落の内と外とが団結して共に闘うことが必要である。

第九話　日本の伝統文化と被差別民

能の世阿弥、阿国の歌舞伎　山水河原者と庭　非人としての葛飾北斎と与謝蕪村

賤民芸術としての能と歌舞伎

日本文化の代表の能は、世阿弥（一三六八～一四四三年）が、室町時代に大成させたが、当時は「乞食の所業」と蔑視された。（後愚昧記）

歌舞伎は出雲大社の立て替え（遷宮）の資金集めの為、各地で踊りの巡業をした男装の「歩き巫女」の出雲阿国から始まっている。「歩き巫女」は時には「遊女」にもなった。その踊りは当時の流行の今様を取り入れたので流行に傾く「傾きおどり」といわれた。一六〇三年京都の鴨川の四条河原で小屋掛けして興行し、人気を博したという。

阿国の風姿は「縦バ異風ナル男ノマネヲシテ刀、脇差、衣装以下殊異相也。彼男茶屋ノ女ト戯ル体有難クシタリ。京中上下賞翫スル事不傾」と記されている。念仏踊りの黒編み笠をかぶり、鉦をうちながら、胸にはクルスの頸飾りを誇らしげにかけていたといわれている。

出雲阿国の風姿

天下茶屋の由来と北斎 - 蕪村の非人芸術

茶道の千利休の師の武野紹鴎は堺の被差別部落の皮問屋

龍安寺の庭園

庭石の裏に「小太良・徳二良と刻まれている」

の出身である。京都の茅木道昭が大坂住吉に茶室を構えた武野紹鴎を慕って、住吉大社近くに茶屋を開いた。太閤秀吉が立寄り茶を喫し、毎年水耕米三〇俵を与えたとのことで、「殿下茶屋といわれたが、江戸期に豊臣色を消すため「天下茶屋」といわれるようになり、今も地名として残っていることはよく知られている。

銀閣寺の庭をつくったとされる善阿弥などの庭づくりは山水《せんずい》河風者といわれた賤民であり、城の石垣等の築城技術を発揮したのは近江の穴太《あのう》の被差別民であった。

富嶽三十六景等の浮世絵で有名な葛飾北斎（一七六〇～一八四九）は江戸本所割下水の非人小頭深川善三郎支配下の非人部落の出身である。

被差別民の創り出した日本文化の本質についての私論

生と死の「絶対矛盾の自己同一性」へ挑戦する創造性について

① 能は日本文化を代表するものであるが、能の大成者である「世阿弥」の能は、当時の公家

達から「乞食の所業」と蔑まれていた。能は死者の冥界から現世に亡霊となって現れ、恨みごと等を述べ、また冥界へ戻るというものが多い。生と死が地続きの感がある。

例えば、世阿弥が「上之花」と最高傑作としている「井筒」では、伊勢物語を題材としているが、旅の僧が初瀬の荒廃した在原寺の跡地の在原業平の墓供養をしていると、女性が現れる。業平が別の女のもとへ、竜田道を通ってかよう道中の危険を気遣う歌をよみ、紀有常の娘だと名乗って去った。即ち女は業平の妻であった。

僧は夢の中で、在原業平の装束をまとった彼女に会い、幼い頃業平と井筒（井戸）の回りで、水に顔を映したりして遊んだ話をし、女が井筒を覗くと、業平の顔になっていた。夢幻能である。「船弁慶」でも平家の亡霊が現れ、平知盛は大長刀を振い、刀で防戦する源義経を海に沈めようと、荒波の中で戦う。が、弁慶は「恨霊には刀では勝てない」と経を唱えると引潮と共に知盛らは去っていくというものである。

② 出雲の阿国（おくに）は、出雲大社の改修の為の基金を集めて回る「歩き巫女」である。阿国集団は、死者を表す黒装束に黒い編笠をかぶり念仏踊りを行ったが、阿国は男装の麗人として登場した。史書には「縦（タトエ）バ異風ナル男ノマネヲシテ刀、脇差、衣装以下殊異相也。彼男茶屋ノ女ト戯ル体有難クシタリ　京中上下賞翫スル事不傾」とある。ＳＥＸまがいのエロティックな振舞いの真似事をし、拍手喝采され多くの投げ銭を受け取ったことだろう。阿国は「傾城者」として流行を追い胸にはロザリオ、首飾りをつけていた。「傾きもの」として歌舞伎の源となった。阿国かぶきは、死の絶対的無限性に対し生の相対的有限性を対置して、限りある人生は楽しむべきもので、歓楽の一時的自己解放を肯定的に表現したものと考えられる。

③ 非人出身の葛飾北斎は、北極星を宇宙の中心として崇める「妙見信仰」者であった。

北極星のように絶対的な秩序を司るものとして富士山を描いて、庶民の生活の労苦を凝視している姿は、富嶽三六景には各場面に現れている。

絶対的不変の富士山に擬せられた神的なものと移ろいやすい無常の庶民の生活、即ち静と動の対比が造形化されているといえる。

北斎は、徳川吉宗が御庭番として創った隠密集団の川村家の一族であるといわれている。

④　山水河原者と蔑まれた庭師の創り出した枯山水の庭園も、動かざる岩と動き変化する滝や川、海原を時には白砂で表現して、龍安寺の石庭など多くの名園を創り出している。

竜安寺の石庭の岩に刻まれた「小太良・徳二郎」と読める署名は、自らの作品であるという誇り・矜持を表していると考えられる。

⑤　死の絶対性を突き破って、人間の生の情念を現出させる人間性（ヒューマニズム）の造形化・具象化こそ、被差別民の創り出した文化であると考える。これは西田哲学風にいえば「絶対矛盾の同一性」への挑戦ということができるし、そこに日本文化への創造性があると考える。

あとがきにかえて　続「部落悲惨史論の克服と解放の学力」について

一九八五年に刊行した「解放教育実践論（下）」に、大和川浄化運動や「矢田版にんげん」の地域教材の学習の子ども達の認識を分析して、「部落悲惨史論の克服と解放の学力」として収録した。この度「部落史紀行」の増補版の刊行を機に、続編を記すことにした。

①　解放の学力の構造を考えるにあたって、重要な手がかりになる文書が二つある。それはユネスコの「学習権宣言」と「国連の人権教育一〇年」の人権教育で培うべき三つの資質である。差別と貧困の中で、子守奉公や家業の手伝い等幼児労働により、就学の機会を奪われた人々が成人して、識字活動で文字を獲得され、自分の半生を綴ることで、抑圧と疎外から解放され主体性を確立するに至っている。パウロ・フレイレは識字活動を「沈黙を強いられた世界を読み取ること」と述べている。

②　識字活動を基に、一九八五年にパリで開かれたユネスコの第四回国際成人教育会議は「学習権宣言」を採択した。「学習権とは、読み書きの権利であり、問い続け、深く考える権利であり、想像し、創造する権利であり、自分自身の世界を読み取り、歴史をつづる権利であり、あらゆる教育の手立てを得る権利であり、個人的、集団的力量を発達させる権利である。」としている。

③　国連は一九九五年から二〇〇四年まで「人権教育のための国連一〇年」と定め、人権教育で培うべき資質を提言した。それは「セルフエステーム（SELFESTEEM）自尊感情、自己肯定感、かけがえのない自分という意識。エンパワーメント（EMPOWERMENT）社会的に不

ユネスコの学習権宣言	国連の人権教育１０年	渋染一揆	解体新書
自分自身の世界を読み取り、歴史をつづる	セルフエスティーム（自尊感情）	百姓と対等・平等に扱われわるべきで、囚人の着る渋染の着用を拒否する	卑賤視される身分に抗して解剖と体の構造の理解に自信
想像し、創造する	エンパワーメント（非抑圧から立ち上がる）	５３カ村の部落が結集し、嘆願書を作成する	「ターヘルアナトミア」をわずかな単語から類推し、動脈・静脈・神経などの名称を作り出した
個人的、集団的力量を発達させる	アサーティブネス（非攻撃的自己主張）	武装せず、徒手空拳の集団デモと座り込みで触書を無効とさせた	蘭学者の研究意欲を高め、日本の医学の発達を促した

利な立場におかれている人々自身が、自ら立ち上がることで、自分自身の可能性を引き出すこと。アサーティブネス（ASSERTIVENESS）非攻撃的自己主張でコミュニケーション能力を養うこと。」の三点である。

④　上記の解放の学力の構成要素たり得る二つの文書と、それを習得する方法を、小・中学で学習する「渋染一揆」と「解体新書」の教材の観点を例示する。

⑤　獲得された知識は、集団的な実践の中で、個人的、集団的力量を発達させるものとなっていくのである。

小・中学生にとって解決しなければならない課題として「いじめ」の問題がある。

点数主義の競争や管理教育から、はじき出された子供は疎外されて居場所を失い、セルフエステームが壊されて、往往にして腕力、暴力で周囲に恐怖を与えることで、自分の存在感を示す「いじめ」行為に走る場合が多い。周囲のクラスメート達は、「いじめ集団」の悲しい憤りを想像し、暴力の威圧におののくのではなく、エンパワーして、彼らの長所を見つけ、称賛し、セルフエステームを回復する場を作ることである。走るのが速い子ならリレー競技のアンカーにし、その必死の疾走に拍手を送ることで、クラスに溶け込み、アサーティブネス的状況を作り出すことで、個人も集団も質的発展を遂げるのである。

学習した知識を「じぶんごと」にする為の場を設定することが、「解放の学力」を創り出す教師の役割であるといえる。

本増補版に収録した「教科書を無償にさせた部落の子どもたちの闘い」の記録は、獲得した知識が集団的実践行動によって、教科書無償化の全国化の魁として、新しい歴史を創り出した「解放の学力」の実践録である。

⑥　部落問題学習基本視点

人間疎外と闘う「いじめ」を克服する仲間づくりと結びつけて学習する。その為には、

1　差別されている立場の子の悩みを中心に学習を構成する。

2　孤独な仲良し、あかるい（あ軽い）学級ではなく、お互いにかかわり合う仲間づくりと結びつける。

3　生活・日常体験を客観化し、その意味を明らかにして、教材化する。

フランス語で知識という単語に、「サボワール Saboir」という暗記して憶えたものと、「コネートル Connatire」という体験に裏付けされたものがある。北近江の止揚学園の子は「雪がとけると春になります」という、このような生活感覚に根ざした認識の意味を大切にすること。

4　部落悲惨史論を克服する。

部落を悲惨に描くことは、部落の子には親を恨み、絶望を与え、部落外の子には部落に生まれなくて良かったと優越心と同情のみを与えてしまう。その為部落へのマイナスイメージをプラスイメージに変え、差別への痛みと憤りを学習者全員のものにしていく。

5　教師の既成の概念・認識に変革を迫る事実を教材化すること。

本誌で取り上げた、「なぜ『けじめ』は差別と書くのか」「ヤブ医者と解体新書」「かごめ、かごめの歌の『かごめ』は囲い女で遊女」「渋染一揆」「全国水平社宣言の思想」「奥の細道における部落問題」「被差別民衆と日本文化」「教科書を無償にさせた部落の子どもたちの闘い」「一休さんの『けものの皮お寺に入るべからず』のとんち話の差別性」などは、そのような教材になりえると考える。

二〇二三年四月二八日

初出一覧

山椒太夫伝説と部落問題
「同和教育」一九八八年度　大阪府立高等学校同和教育研究会　一九八九・五・一二

最後の一向一揆を歩く
「同和教育」一九九〇年度　大阪府立高等学校同和教育研究会　一九九一・五・一〇

大和川付け替え工事と矢田部落の起こり
「わが街漫歩　矢田」矢田同和教育推進協議会　一九九四・一一・一九

大和川付替反対の百姓は人夫の民宿をした
「すいしん」二二七号　矢田同和教育推進協議会　一九九三・一一・二九

渋染一揆史跡探訪
「同和教育」一九八九年度　大阪府立高等学校同和教育研究会　一九九〇・五・一一

渋染一揆の墓石と牛窓海遊文化館の朝鮮通信使資料室
「同和教育実践の広まりと深まりを」第四集　大阪府立高等学校同和教育研究会　一九九九
三・五・一四

渋染一揆の参加者数は約一五〇〇人が妥当
「すいしん」二二五号　矢田同和教育推進協議会　一九九二・一一・一一

強訴参加数と別段御触書撤回の有無についての教科書記述批判
東京書籍への申入書　一九九八・九・一五

真崎稲荷と七分の一の命事件
矢田の文集「楓木」第九号　矢田解放塾　一九九四・七・七

吉田松陰の恋と部落問題
矢田の文集「楓木」第七号　矢田解放塾　一九九三・一一・三〇

「破戒」の風土―藤村と部落問題

「同和教育」昭和五六年度　大阪府立高等学校同和教育研究会　一九八一・五・一四
洞部落の強制移転と神武天皇陵
『解放教育実践論』下　柘植書房　一九八〇・五・一〇・一五
別府的ヶ浜焼き打ち事件と解放歌
「狭山差別裁判」七七号　狭山差別裁判取消し、無実の石川一雄即時釈放要求中央闘争委員会　一九八〇・四・一五
水平社発祥の地、奈良・柏原北方を訪ねて
「同和教育実践の広まりと深まりを」第四集　大阪府立高等学校同和教育研究会　一九九三・五・一四
山田孝野次郎の小学校教科書記述の間違い
「解放塾通信」No１　矢田解放塾　一九九六・四・一
二〇二一年度大阪府中学チャレンジテスト「一休のとんち話」出題の差別性を糾す
「けものの皮寺に入るべからず」をめぐる抗議と要求と質問―　二〇二一年九月
解放教育と天皇制
「部落解放と大学教育」第七号　全国大学同和教育研究協議会　一九九二・三・一〇
部落差別を拡大する雅子ブームの奸策
月刊「むすぶ」No２６９　ロシナンテ　一九九三・五・一
部落解放同盟の綱領・規約改正と問題点
「解放塾通信」No３　矢田解放塾　一九九七・九・一六
狭山差別裁判糾弾闘争の綱領からの削除をめぐって
「解放塾通信」No４　矢田解放塾　一九九七・一二・一
大逆事件と部落
『Xデーがやってくる』菅孝行編著　柘植書房　一九八四・八・一〇
西光万吉と天皇主義

私家版『部落史紀行』一九九七・八・一
全国水平社全国水平社一〇〇年～部落解放と天皇制との闘い　別冊飛礫4
部落差別と天皇制　闘いの軌跡　西光万吉の皇産主義と松本治一郎の「世界の水平運動」批判
つぶて書房　二〇一四・九・二
部落史こぼれ話　第一話～第四話
「解放塾通信」No３　矢田解放塾　一九九七・九・一六
部落史こぼれ話　第五話　俳句にみる部落問題―奥の細道
矢田同和教育推進協議会機関紙No３００～３０２　二〇〇〇・二・一〇、三・一〇、四・二〇
部落史こぼれ話　第六話　靖国神社と被差別部落
部落解放・人権研究所反差別部会編「海を越えてつながる私たち」二〇〇五・八・一三
部落史こぼれ話　第七話　原爆の図に描かれた部落差別と民族差別
矢田同和教育推進協議会機関紙No２８６　一九九八・八・五
部落史こぼれ話　第八話　教科書無償化を勝ち取った部落の子ども達
『改訂部落問題・人権・同和教育教材集』柘植書房新社　二〇〇九・四・三〇
部落史こぼれ話　第九話　日本の伝統文化と被差別民
『改訂部落問題・人権・同和教育教材集』柘植書房新社　二〇〇九・四・三〇

■著者　黒田伊彦（くろだ　よしひろ）

1936年生まれ、大阪学芸大学（現大阪教育大学）卒業、大阪府立富田林高校、長吉高校教諭等を経て、関西大学（社会教育計画論）、桃山学院大学（同和教育論）、浪速短期大学（部落問題論）、南海福祉専門学校（人権教育）非常勤講師を歴任。

1969、70年大阪府高等学校教職員組合書記次長専従、1973年大阪府同和教育指導員として大阪府立高等学校同和教育研究会事務局員、解放大学第1期生の研修を経て、大阪市立矢田青少年館・青年館（矢田解放塾）へ出向、1981年から大阪府立高等学校用教育研究会理事を務む。同時に矢田地区の社会同和教育活動に従事。

1997年、大阪府立高等学校同和教育研究会理事を退任。部落解放・人権研究所反差別部会幹事、矢田同和教育推進協議会副委員長、部落解放同盟矢田解放塾副塾長他兼務。現在、すべて退任。部落解放・人権研究所正会員、全国大学同和教育研究協議会会員、全国部落史研究会会員、「日の丸・君が代」強制反対大阪ネット特別運営委員（前代表）、「竹島の日」を考え直す会副代表、東アジアの領土教育研究会顧問、大和川市民ネットワーク副代表、国土交通省大和川作品コンクール審査会委員長、「わたしたちの大和川」研究会代表。

著書『解放教育実践論（上・下）』『部落問題学習十六講』『あの日この日人権歳時記』『改訂部落問題・人権・同和教育教材集』『人権総合学習　よみがえれ！　大和川』（編著）（いずれも柘植書房新社）『川辺の民主主義（共著）』（アットワークス）

増補　部落史紀行

2023年9月10日　第1版発行　定価3,200円＋税

著　者　黒田伊彦

発行所　柘植《つげ》書房新社　東京都文京区白山1-2-10-102

TEL 03-3818-9270　郵便振替 00160-4-113372

https://www.tsugeshobo.com

印刷・製本　創栄図書印刷株式会社

装　幀　市村繁和（アジール・プロダクション）

乱丁・落丁はお取り替えいたします。　ISBN978-4-8068-0767-4　C0020

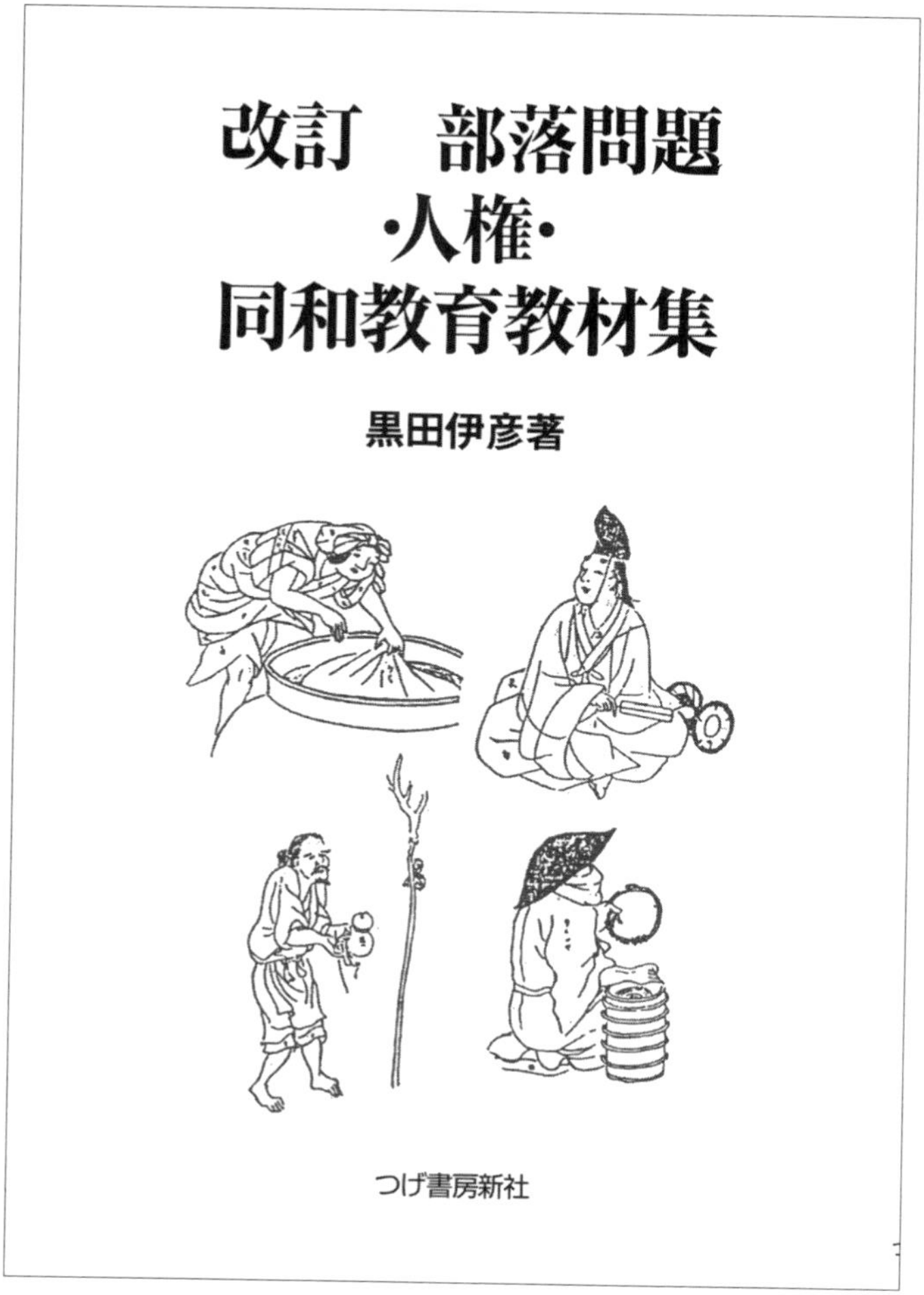

『改訂　部落問題・人権・同和教育教材集』

黒田伊彦著

定価 2300 円 + 税

ISBN978-4-8068-0596-0　C0037

人権教育は、「差別と偏見」の克服への主体性と共同性の育成です。本書は以上のような問題意識に極力応えるべき学習教材集として編集されている。

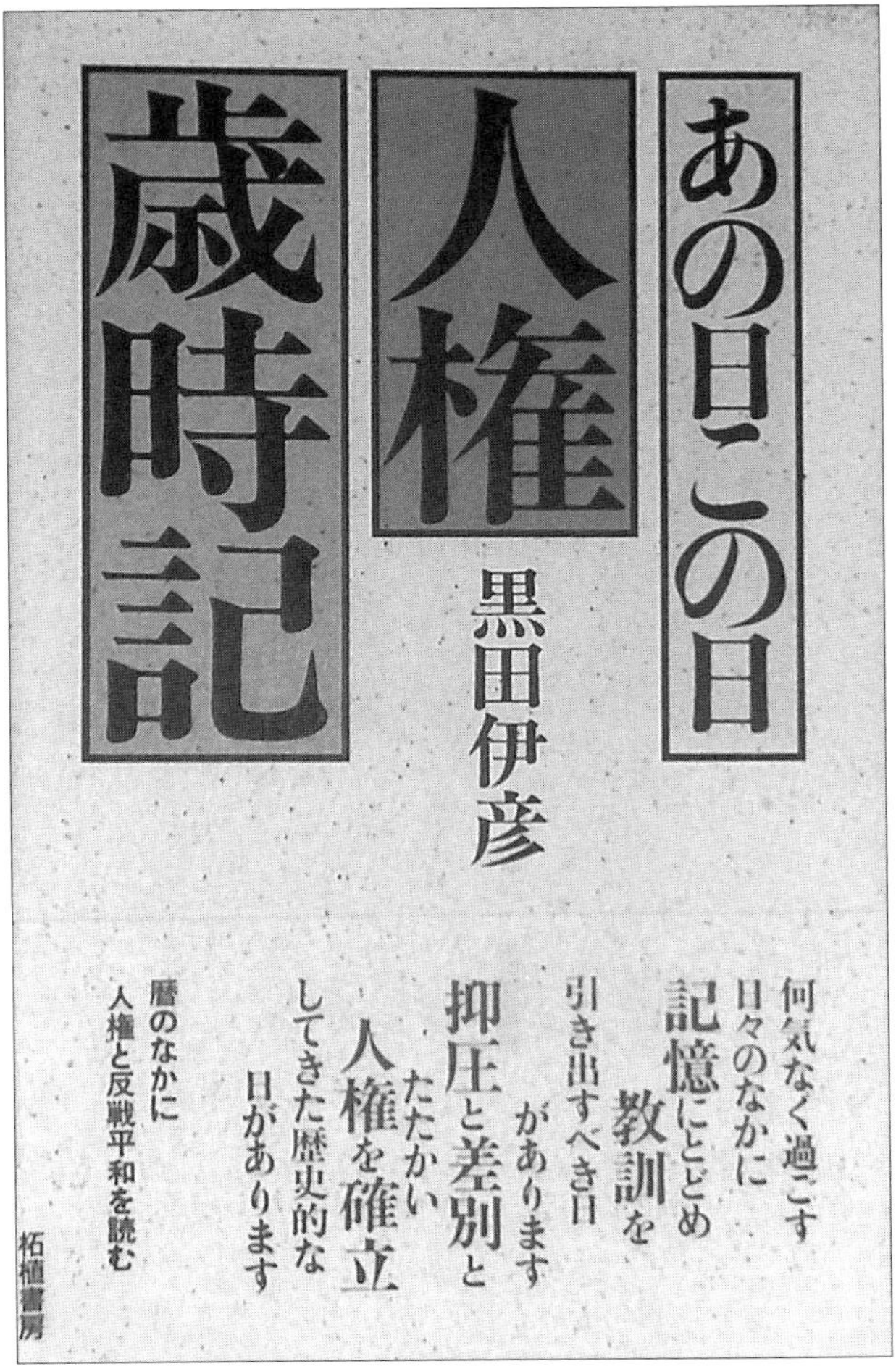

『あの日この日人権歳時記』

黒田伊彦著

定価 1200 円 + 税

ISBN4-8068-0385-5 C0037

学校で子どもたちに「先生、なぜ 2 月 11 日が建国記念の日なの。なぜ学校が休みになるの」と質問された時に、あなたはどう答えますか。

『図説　史料に基づく釣魚（尖閣）諸島問題の解決』

久保井規夫著

定価 2800 円 + 税

ISBN978-4-8068-0766-7　C0030

押しつけでなく、主体的に相互理解ができるまで、歴史的事実を明確にして検証することが大切である。そして、現実的に、日中両国の間で相互に合意できることから、相互に理解できることから始めればよい。